国家社科基金 "一带一路" 规则

（项目编

支撑共赢

"一带一路" 规则
"软联通" 的中国方案

李远 —— 著

中国财经出版传媒集团

经济科学出版社
Economic Science Press

图书在版编目（CIP）数据

支撑共赢："一带一路"规则"软联通"的中国方
案/李远著 . -- 北京：经济科学出版社，2023.7
ISBN 978 - 7 - 5218 - 4940 - 0

Ⅰ.①支⋯　Ⅱ.①李⋯　Ⅲ.①"一带一路" - 国际合
作 - 研究　Ⅳ.①F125

中国国家版本馆 CIP 数据核字（2023）第 134159 号

责任编辑：于　源　刘　悦
责任校对：靳玉环
责任印制：范　艳

支撑共赢："一带一路"规则"软联通"的中国方案
李　远　著
经济科学出版社出版、发行　新华书店经销
社址：北京市海淀区阜成路甲 28 号　邮编：100142
总编部电话：010 - 88191217　发行部电话：010 - 88191522
网址：www. esp. com. cn
电子邮箱：esp@ esp. com. cn
天猫网店：经济科学出版社旗舰店
网址：http://jjkxcbs. tmall. com
北京季蜂印刷有限公司印装
710×1000　16 开　13.75 印张　210000 字
2023 年 8 月第 1 版　2023 年 8 月第 1 次印刷
ISBN 978 - 7 - 5218 - 4940 - 0　定价：62.00 元
（图书出现印装问题，本社负责调换。电话：010 - 88191545）
（版权所有　侵权必究　打击盗版　举报热线：010 - 88191661
QQ：2242791300　营销中心电话：010 - 88191537
电子邮箱：dbts@ esp. com. cn）

前　言

志合越山海，聚力共前行。自 2013 年 9 月和 10 月国家主席习近平先后提出建设"丝绸之路经济带"和"21 世纪海上丝绸之路"重大倡议以来，共建"一带一路"由蓝图变为现实，取得累累硕果。截至 2023 年 1 月，中国已与 151 个国家、32 个国际组织签署了 200 余份共建"一带一路"合作文件。① 共建"一带一路"不仅给参与国家人民带来福祉，也推动世界向着实现共同繁荣、构建人类命运共同体的美好愿景不断前进。共建"一带一路"已经成为深受欢迎的国际公共产品和国际合作平台，是新时代十年伟大变革的标志性成果之一，也是中国共产党和中国人民为解决人类面临的共同问题提供的方案之一。

"一带一路"为世界发展做出了巨大贡献。共建"一带一路"追求的是发展，崇尚的是共赢，传递的是希望。10 年来，"一带一路"倡议的影响和成果从亚欧大陆扩展至全球，通过与共建国家实施有效的硬件、软件对接，把中国的经济发展与其他国家的发展结合起来，打造新的发展空间，创建新的发展引擎，实现各国共同发展。10 年来，中国与"一带一路"共建国家货物贸易额从 1.04 万亿美元扩大到 2.07 万亿美元，中国对共建国家进出口占中国外贸整体的比重，从 2013 年的 25% 提升至 2022 年的 32.9%。② 截至 2022 年 8 月底，中国对共建国家非金融类直接投资超过 1400 亿美元。10 年来，"一带一路"倡议拉动了近万亿美元的投资规模，

---

① 资料来源：中国"一带一路"网。
② 2013 年到 2022 年我国与"一带一路"沿线国家货物贸易额年均增长 8% ［N］．［2023 - 03 - 02］．新华网，http：//www.news.cn/silkroad/2023 - 03/02/c_1129409370.htm.

形成了 3000 多个合作项目，为当地创造了 42 万多个工作岗位，让 4000 万人摆脱贫困。①

长期以来，广大发展中国家处于由西方发达国家主导的经济全球化的边缘，部分发展中国家虽长期接受国际援助，但仍处于贫困的状态。共建"一带一路"通过构建包容性的发展平台，帮助广大发展中国家改善基础设施和民生福祉，为发展中国家创建可持续发展的综合环境，实现互惠共赢。10 年来，一大批建设项目在共建国家"落地生根"，中老铁路、亚吉铁路、蒙内铁路、比雷埃夫斯港、中缅油气管线等重大项目投入运营并产生巨大效益，造福了当地社会，实现了合作共赢。共建"一带一路"坚持以"共商、共建、共享"为原则，尊重各国人民自主选择的发展道路和社会制度，形成了相互尊重、协商合作的新发展合作范式。这种新型发展合作范式既符合时代潮流，也符合发展中国家的利益和需求，为从根本上解决发展中国家贫穷落后的问题提供了"中国方案"。

此外，"一带一路"通过基础设施"硬联通"，带动了各国理念、政策、规则、标准的"软联通"，促进了各国之间的人文合作与民心相通，前所未有地推动了世界不同文明之间的交流互鉴。截至 2022 年 8 月底，中国已累计与 30 多个共建国家和地区签署"经认证的经营者"互认协议，贸易投资自由化便利化水平持续提升。② 统计数据显示，"一带一路"共建国家和地区在建的重点基础设施项目有超过 1/3 采用中国标准（刘倩和马鑫，2023）。

近年来，国际局势出现深刻复杂变化。全球贸易保护主义抬头，掀起"逆全球化浪潮"。受新冠疫情和国际局势等影响，国际合作不确定因素增多。在新形势下，世界各国特别是广大发展中国家对追求和平与发展反而有更加强烈的需求，所以"加强互联互通"与"扩大全球开放合作"变得更加迫切。一方面，"一带一路"是构建以合作共赢为核心的新型国际关系的理想方案，为破解全球发展和安全困境提供了有效途径；另一方

---

① 余虹．共建"一带一路"助力构建开放型世界经济［N］．人民日报，2023 – 06 – 10（03 版）．

② 资料来源：中国"一带一路"网．

面，当前，我国提出构建以国内大循环为主体、国内国际双循环相互促进的新发展格局，"一带一路"通过国际产能合作，联通了国内大循环和国际循环。中国要积极肩负起维护开放型世界经济的重任，发展全球互联互通，扩大全球开放合作，推动共建"一带一路"高质量发展不断取得新成效。通过推进共建"一带一路"，中国向世界表明，中国致力于和平发展的承诺不是空话，中国将始终站在历史正确的一边，站在人类进步的一边。

既要"硬联通"也要"软联通"。近年来，美国、欧盟、日本等分别提出了各自的"互联互通"计划。这些西方国家和组织的"互联互通"计划试图强调制度规则"软联通"，以区别于"一带一路"偏重基础设施"硬联通"的特点。此外，"一带一路"建设中涉及越来越多商品、资金、人员、数据的跨境流动，非传统安全问题带来的挑战日益增多，由于目前"一带一路"共建国家的规则呈现碎片化，导致部分"一带一路"项目面临协调难、纠纷多、仲裁难、风险高的问题。因此，亟须加强中国和"一带一路"倡议国家的规则"软联通"来解决这些问题。

习近平总书记对规则"软联通"非常重视，在多个场合对规则"软联通"的目标、任务做出过重要阐述，例如，在 2017 年"一带一路"国际合作高峰论坛上指出要促进"政策、规则、标准三位一体"的联通；在第二届"一带一路"国际合作高峰论坛上指出要"引入各方普遍支持的规则标准，推动企业在项目建设、运营、采购、招投标等环节按照普遍接受的国际规则标准进行"；在第三次"一带一路"建设座谈会上再次强调把规则标准"软联通"作为重要支撑。①

从国际经验来看，规则"软联通"可以有效降低制度性交易成本，对贸易和经济增长具有非常重要的促进作用。对主权国家来说，国际规则是其参与国际事务、进行国际交往所要遵守的原则和规范。国家内部也有约

---

① 资料来源：习近平在"一带一路"国际合作高峰论坛开幕式上的演讲，中国"一带一路"网，https：//www.yidaiyilu.gov.cn/xwzx/xgcdt/13208.htm；习近平在第二届"一带一路"国际合作高峰论坛开幕式上的主旨演讲（全文），中国"一带一路"网，https：//www.yidaiyilu.gov.cn/xwzx/xgcdt/87858.htm；习近平在第三次"一带一路"建设座谈会上强调 以高标准可持续惠民生为目标 继续推动共建"一带一路"高质量发展，中国"一带一路"网，https：//www.yidaiyilu.gov.cn/xwzx/xgcdt/199698.htm。

束国内行为主体的规则。因此,"一带一路"规则"软联通"的路径既包括国际规则对国内规则的塑造,也包括国家间的规则共商对接。

过去10年,以基础设施互联互通为重点的"硬联通"已取得显著的成果,现阶段"一带一路"高质量发展应更进一步向规则标准的"软联通"转变,在巩固成果的同时加强项目的后续建设。本书将基于笔者的国家社科基金"'一带一路'规则软联通的评价指标体系研究"(项目编号:21BGJ028),通过对"一带一路"规则"软联通"取得的进展和面临的挑战深入分析,对进一步加强高质量共建"一带一路"规则标准"软联通"提出有针对性的建议。本书通过系统总结2013年以来我国在推动"一带一路"规则标准"软联通"方面进行的一系列重大理论和实践创新,展示"一带一路"在"软联通"领域所取得的伟大成就,为讲好"一带一路"的中国故事提供新的学理依据和典型案例,为"一带一路"倡议十周年献礼。

李 远

2023 年 4 月

目录
Contents

第一章

"一带一路"规则
"软联通"的理论基础

共建"一带一路"是习近平总书记深刻思考人类前途命运以及中国和世界发展大势，推动中国和世界合作共赢、共同发展做出的重大决策。10年来，在党中央的坚强领导下，推动共建"一带一路"高质量发展，取得了实打实、沉甸甸的成就。随着共建"一带一路"进入高质量发展阶段，推进"一带一路"规则"软联通"的重要性凸显。"一带一路"规则"软联通"立足于共建"一带一路"的成功实践，由合作共赢、共同发展的理念引领，无论在内涵或外延上均区别于西方发达国家主导的国家间规则互动。因此，在学理上对"一带一路"规则"软联通"的内涵和路径进行系统梳理，既具有理论价值又具有现实意义。

第一节 "一带一路"与"互联互通"

2013年9月7日，习近平主席在哈萨克斯坦的演讲中首次提出共同建设"丝绸之路经济带"倡议，并提出"五通"的概念。2013年10月3日，习近平主席在印度尼西亚国会发表重要演讲，提出共同建设"21世纪海上丝绸之路"倡议。该演讲还首次提到"互联互通""倡议筹建亚洲基础设施投资银行，支持本地区发展中国家包括东盟国家开展基础设施互联互通建设"。①

在《现代汉语词典》中，"联"的意思之一是联结、联合。"通"的意思有：（1）连接、相来往；（2）了解、懂得。因此，"联通"的基本含义包括打破障碍和相互理解。"互联互通"这一概念最早出现在电信行业中，通常是指电信网间的物理连接，以使一个电信运营企业的用户能够与另一个电信运营企业的用户相互通信或共享各自电信业务。世界贸易组织（WTO）《关于电信管理准则的参考文件》对于"互联互通"的基本定义是：与提供公共电话传输网和服务的提供者连接，从而使某一提供者的用户能与另一提供者的用户通信，并获得另一提供者提供的服务。

历史上，"互联互通"主张曾经一度是强国依据一定的战略观念推行的，往往具有强国战略意义和"帝国"野心。这种"互联互通"通常是以血与火为特征的，例如，在15世纪末地理大发现之后，欧洲与新大陆之间的"互联互通"是以军事占领、殖民统治、种族文化灭绝为代价的。

在冷战之后，全球化加速发展，随着全球价值链分工的兴起，世界各国更加紧密地联系在一起。自20世纪90年代开始，"互联互通"主要以"加强合作、共谋发展"的内涵出现在国际合作之中，成为旨在加强区域经济连接的重要概念。近年来，东盟通过自身的区域一体化实践丰富了"互联互通"这一概念的内涵。2009年10月，以"促进互联互通，提高人民能力"为主题的第15次东盟首脑会议在泰国华欣召开，会议强调推进基础设施建设，通过教育合作和能力建设加强各国民众的东盟意识和认同感。2010年10月第17次东盟首脑会议在越南河内举行，通过了《东盟互联互通总体规划》（以下简称《规划》）。《规划》对东盟国家之间互联互通建设提出了更明确的内容和合作方向，指出互联互通包含：物理的连接（physical connectivity）、机制的连接（institutional connectivity）、人文的连接（people to people）。其中，物理的连接主要包含基础设施建设，如交通、电信、电力、能源等；机制的连接包括简化贸易程序、统一贸易规则等促进贸易、投资和服务自由化与便利化的手段；人文的连接即是人员交

① 习近平. 共同谱写中国印尼关系新篇章　携手开创中国—东盟命运共同体美好未来[EB/OL]. [2013-10-04]. 人民网，https://jhsjk.people.cn/article/23103692.

往的联通，涵盖商务人士流动、跨境教育、旅游、文化交流等。

2013 年习近平主席提出"一带一路"倡议并把"互联互通"作为核心内容之一，从而赋予了"互联互通"这一概念全新的内涵。随着"一带一路"建设的展开，"互联互通"的内涵也随之不断丰富。在 2014 年 9 月的中俄蒙元首会晤中，习近平主席提出可以把"丝绸之路经济带"同俄罗斯跨欧亚大铁路、蒙古国草原之路倡议进行对接，加强铁路、公路等互联互通建设。① 2014 年 11 月，习近平主席在出席"加强互联互通伙伴关系"东道主伙伴对话会时强调，如今的"互联互通"建设，"应该是基础设施、制度规章、人员交流三位一体，应该是政策沟通、设施联通、贸易畅通、资金融通、民心相通五大领域齐头并进"，从而将"互联互通"与"一带一路"的"五通"建设联系到一起。② 在随后举行的 2014 年亚太经合组织（APEC）工商领导人峰会上，习近平主席再次强调"要精心勾画全方位互联互通蓝图"，通过硬件、软件、人员往来的互联互通，拉近经济体之间的距离，加强政策、法律和规则的衔接和融合，促进人民友好往来。③ 此外，中国还发起建立了亚洲基础设施投资银行和设立丝路基金，为互联互通有关的项目提供投融资支持。

"一带一路"互联互通对于推动共建国家共同发展具有十分重要的意义。"一带一路"共建国家大多属于发展中国家，基础设施落后、联通水平较低，这既是制约其国内经济发展的瓶颈，同时也是限制区域经济一体化和区域合作的"绊脚石"。"互联互通"，特别是基础设施的互联互通，能够突破亚欧非大陆及附近海洋的基础设施瓶颈，有助于推动共建国家经济的连接，从而产生规模经济效应和贸易创造效应。此外，"一带一路"的"互联互通"还包括软件联通，推动共建国家的对接与耦合，挖掘区域内市场的潜力，实现更大的规模经济，促进投资和消费，创造需求和就

① 习近平出席中俄蒙三国元首会晤 ［EB/OL］. ［2014 - 09 - 12］. 人民网, jhsjk. people. cn/article/25646300.

② 习近平. 联通引领发展 伙伴聚焦合作 ［EB/OL］. ［2014 - 11 - 09］. 人民网, jhsjk. people. cn/article/25997795.

③ 习近平提出共建亚太伙伴关系：互信、包容、合作、共赢 ［EB/OL］. ［2014 - 11 - 09］. 人民网, jhsjk. people. cn/article/25999179.

业，增进共建国家人民的人文交流与文明互鉴。

张宇燕（2016）提到，"一带一路"倡议可以从器物、制度、货币和理念四个角度理解和把握。那么，"一带一路"建设中的"互联互通"也自然包括四个维度，即器物维度的"互联互通"、制度维度的"互联互通"、货币维度的"互联互通"以及理念维度的"互联互通"。其中，器物维度的"互联互通"是指，通过基础设施联通和产能合作，打造跨区域生产网络，有效配置生产要素，使各参与国均可获得更高的贸易利得。制度层面的"互联互通"是指，中国同共建国家通过利用现有或重新建立双边与多边合作制度，促进国家间规则联通。货币维度的"互联互通"主要指人民币国际化的进程。观念层面的"互联互通"是指中国与其他参与国家对彼此的发展理念有更为深入的理解，寻求各方不同发展理念与价值观念中的最大"公约数"，达到"理念相容，和而不同"（金碚，2016）。

第二节 "一带一路"规则"软联通"相关概念的界定

一、关于规则

规则是一个在日常生活与学术研究中应用广泛的词语。围绕规则的基本语义、定义、基本要素、分类和特征等，已经形成了丰富的研究成果。从语义上来看，《现代汉语词典》对规则一词的解释包括三个方面：（1）规定出来供大家共同遵守的制度或章程；（2）法律和法规；（3）（在形状、结构或分布上）合乎一定的方式。在英文中，规则对应的英文单词为 rule，《剑桥词典》为其提供的解释是：规则是指一种被接受的原则或指示，其说明了做事的方式或应该去做的事，并告知什么是允许或不允许去做的。

在基本语义的基础上，许多学者对规则的概念进行了分析，关于规则的定义形成了较为一致的观点，认为规则是指"对行为体在特定情形和条件下应该采取的适当行为模式和承担的义务以及违反的后果的明确标准与规定"(严存生，2005；李明月，2017)。其中，行为体、义务、行为结果、条件以及违反的后果是规则内涵的五个基本要素(Crawford & Ostrom，1995)。

符合规则基本定义且满足规则内涵五要素的规则可被分为多种类型。根据规则的形成和变化的不同路径，规则分为"显规则"和"隐规则"。在规则的形成和变化的过程中，有政治过程和自发过程两条路径。在政治过程中，规则被明确选择出来并在一个社会共同体中通过某些代理人或代理机构实施，对行为体的行为模式进行明确规定。这种规则即为"显规则"。在自发过程中，规则是一种非意图的社会结果，是由独立追求各自目标的人相互作用而产生的。这种规则即为"隐规则"，多是以风俗习惯表现出来的行为规范(维克多·J. 范伯格，2011；刘叶深，2009)。此外，奥诺夫(Nicholas G. Onuf)将规则区分为指导性规则、指令性规则和承诺性规则。指导性规则告诉人们为达目的应如何行事，一般不具有约束力和强制执行的能力；指令性规则与法律相关，规定了违反行为会受何种惩罚；承诺性规则是指互惠的条约性规则。赫德利·布尔(Hedley Bull)从维持国际秩序的角度将国际规则分为三类：第一类规则是指当今世界政治中"根本性或宪政性的规范性原则"；第二类规则是指国家间的"共处规则"；第三类规则是指"管理国家间合作的规则"。上述各类规则体现着一些相似的特征，即被制定的(made)、被传达的(communicated)、被实施的(administered)、被解释的(interpreted)、被执行的(enforced)、合法的(legitimised)、适应的(adaptation)、被保护的(protected)(赫德利·布尔，2015)。而规则最重要的特征是其能够干预并改变行为体在各种情形下的动机结构，引导产生一个明确的结果(Elinor Ostrom，1986)。

在理解规则内涵时，需要特别注意的是，规则在内涵上与规范、法律制度等相互交叠，具有相通性和统一性。刘兴华(2012)将规范定义为带有一定指向性的规则集合体。李明月(2019)认为，广义上讲，规范包含规则等行为准则，所有的规则都是规范。科尔特尔和戴维斯(Cortel & Davis，1996)认为，规范是权利和义务方面的行为代表，规则是规范特定情形下的具体应用。

在法学领域，许多学者将法律视为规则的一部分。严存生（2008）认为，规则通常被认为是普遍认可的对人的行为的明确规定，或具有普遍性的行为模式。哈特（Hart）认为，法律是一种由第一性规则和第二性规则相结合的规则体系。富勒（Fuller，1964）认为法律是一种具有权威性的规则。在美国《行政程序法》中，规则被定义为"部分或全部有关部门声明的普遍应用性或特殊应用性以及实施、解释国会制定法律或政策的预期效果"（科尼利厄斯，2007）。

在经济学领域，规则被认为包括影响经济运行的制度、法律框架以及标准等（Stiglitz，2017）。经济领域的规则多体现在一定的经济合作制度框架之中，并以具有法律效力的协定为载体（东艳，2014）。

在国际政治领域，相关研究主要聚焦于对国际规则的分析。学者们普遍认为国际规则与国际制度具有相通性。王逸舟（1998）提到，国际规则与"国际惯例""国际制度"及"国际安排"等概念彼此相通。现实主义学者米尔斯海默（John Mearsheimer）也认为，"制度就是一套规则，规定了国家之间应该如何合作，如何竞争，规定了国家可以采取的行为模式，以及不可接受的行为类型"。此外，国际规则的概念与国际规范也存在统一性。卡赞斯坦（Katzewstein，2009）认为，规范就是"对某个给定身份所应该采取的适当行为的集体期望"，这与规则的内涵十分相近。事实上，所有规则都是规范性的，区别仅在于"规则是相较于规范更为具体的、对行为体行动的规定或禁令"（Andrew Cortell & James Davis，1996）。

从上述分析可以看出，从狭义的角度将其与法律、制度、规范等一系列术语划分清晰的边界是不可取的。李爱仙、郭晨光和刘春卉（2020）提到，规则是在指定对象和一定范围内供大家共同遵守的一种规范、制度和章程。在"一带一路"建设中，特指各参与方共同遵守的具体要求。其中不仅包含国际规则，还包括双边、多边和区域性规则等。具有约束性、针对性、国际性、时效性、可操作性等特点。王逸舟（1998）认为，从字面上来看，规则是为稳定秩序、促进共同发展或提高交往效率等目的建立的具有约束力的制度性安排。

据此，我们可以给出一个更为广义的规则的定义。规则是参与主体为了提高交流效率、降低成本而提出的能够规范行为的准则。不同的情形下规则有不同的表现形式,约束性是规则的基本属性,能产生一个明晰的结果预期。违背规则被视为对约定的背叛,其他参与者会对该违约行为进行处罚。

值得注意的是,任何的规则都不是完全中性的,制定者必然能从其中获得利益。例如,美国借助"二战"的影响,在布雷顿森林体系框架下主导建立了战后国际经济交往的基本规则。而布雷顿森林体系的建立也为美国奠定了国际金融事务中的中心地位,给其带来了巨额收益(李向阳,2005)。后布雷顿森林体系时代,随着欧洲经济的恢复和日本等国家的崛起,国际规则也随着这些国家争取自身的利益而发生改变(张乃根,2016)。规则的建立基础是设定规则的国家能从中获取利益,当遵守规则并不能带来明显的好处时,国家将会有违背规则的动机;当违背规则有利可图时,这些国家将会违背这一制度来为自己争取利益(赫德利·布尔,2015)。布鲁克斯和沃尔福思(Brooks & Wohlforth,2009)认为,领先国家总是有制定国际议程的权力,通过定义新规则要解决的问题来间接影响新规则的制定。李向阳(2006)提到,由于国际规则的非中性,规则的制定者可以从中获得巨大的额外收益。任何时期的规则都有一个基本的趋势,那就是通过维护当前的国际分工体系,将不同类型的国家"锁定"在他们现处的国际分工的位置,以维护规则制定者本身的各项优势。秦亚青(2018)认为,规则是世界秩序的基础,国际规则是全球治理的核心。基于"共商共建共享"的全球治理理念,更具公正性的治理规则需要考虑国际社会的整体利益和多数国家的重要利益。

二、"一带一路"规则"软联通"的内涵和路径

近年来,美国、欧盟、日本等发达国家和组织分别提出了各自的"互联互通"计划,这些计划试图强调"规则"。此外,"一带一路"建设中涉及越来越多人员、资金、商品的跨境流动,非传统安全带来的挑战日益增多,但由于目前"一带一路"共建国家的规则呈现碎片化,导致很多"一带一路"项目面临协调难、纠纷多、仲裁难、风险高的问题。所以亟须加强中国和"一带一路"共建国家间规则"软联通"来解决这些问题。

"一带一路"倡议提出以来，党中央和国家领导人高度重视"一带一路"规则联通问题。早在 2014 年的 APEC 工商领导人峰会上，习近平主席就强调"加强政策、法律和规则的衔接和融合"。这是国家领导人第一次将基础设施"硬联通"和规则"软联通"并列放在一起，为二者同时发展、齐头并进定下了基调。在 2015 年 3 月国家发布的《推动共建丝绸之路经济带和 21 世纪海上丝绸之路的愿景与行动》文件中，在"五通"建设的多个方面，都提到了政策、规则等方面的联通。例如，在政策联通方面，文件强调"沿线各国可以就经济发展战略和对策进行充分交流对接，共同制定推进区域合作的规划和措施，协商解决合作中的问题"；在设施联通方面，提出要"加强基础设施建设规划、技术标准体系的对接"；在贸易畅通方面，强调要"加强信息互换、监管互认、执法互助的海关合作，以及检验检疫、认证认可、标准计量、统计信息等方面的双多边合作"；在资金融通方面，提出要"深化金融合作……建立高效监管协调机制……完善风险应对和危机处置制度安排"。在 2017 年 5 月召开的第一届"一带一路"国际合作高峰论坛上，习近平主席提出"促进政策、规则、标准三位一体的联通，为互联互通提供机制保障"。在 2019 年 4 月举行的第二届"一带一路"国际合作高峰论坛上，习近平主席在主旨演讲中多次强调法治和规则。在谈及实现高标准、惠民生、可持续目标时，他强调要"引入各方普遍支持的规则标准，推动企业在项目建设、运营、采购、招投标等环节按照普遍接受的国际规则标准进行，同时要尊重各国法律法规"。在谈到中国将采取的一系列重大改革开放举措时，他多次提到规则法治，如"加快制定配套法规，确保严格实施《中华人民共和国外商投资法》"。2020 年 5 月，中共中央、国务院发布《关于新时代加快完善社会主义市场经济体制的意见》，意见指出，"以'一带一路'建设为重点构建对外开放新格局，依托各类开发区发展高水平经贸产业合作园区，加强市场、规则、标准方面的"软联通"，强化合作机制建设"。[1] 党的十九届

---

[1] 中国共产党中央委员会，国务院. 中共中央　国务院关于新时代加快完善社会主义市场经济体制的意见［EB/OL］.［2015 – 11 – 03］. http：//www. gov. cn/zhengce/2020 – 05/18/content_5512696. htm.

五中全会通过的《中共中央关于制定国民经济和社会发展第十四个五年规划和二〇三五年远景目标的建议》再次强调,"高质量共建'一带一路'需要加强政策、规则、标准联通"。在 2021 年 11 月召开的第三次"一带一路"建设座谈会上,习近平主席在谈及规则联通时指出,"规则标准'软联通'是高质量共建'一带一路'的重要支撑"。除此之外,在过去的 10 年中,我国还颁布了《标准联通"一带一路"行动计划(2015 - 2017)》《标准联通共建"一带一路"行动计划(2018 - 2020 年)》《关于推进绿色"一带一路"建设的指导意见》《"一带一路"国际商事调解中心调解规则》等涉及规则联通相关内容的文件,在国际贸易、投资融资、金融市场、争端纠纷解决、数字经济等领域取得显著成果。可见,在新发展阶段,"一带一路"的规则"软联通"已成为重要的理论和实践问题。

相比于共建"一带一路"实践的迅速发展,有关"一带一路"规则"软联通"的理论研究却存在滞后。尽管目前存在不少研究共建"一带一路"的文献,遗憾的是,学术界至今尚未能够规范化地界定规则"软联通"这个重要的概念,也没有能够系统测量和评价规则"软联通"的综合指标体系。

国外的研究往往把规则"软联通"与"软性制度"等混为一谈,如伊斯法哈尼和拉米雷兹(Esfahani & Ramirez,2003)肯定了软性制度对基础设施的促进作用,但仍未界定何为规则联通。国内学术界往往将其散落于"软联通"的宏观讨论之中,如胡必亮(2020)认为,高质量共建"一带一路"的核心内容就是互联互通,而其中建立在人文交流基础上的"软联通"(包括政策协调与沟通、规则的一体化等)对于促进高质量共建"一带一路"尤为重要。李向阳(2020)从学理上系统分析了规则"软联通"为何是"一带一路"可持续发展的必然要求。宋明顺(2020)发现,标准化有助于提升企业在"一带一路"建设中的影响力。在规则"软联通"概念的内涵上,赵明昊(2015)认为,规则"软联通"和"五通"中的"政策沟通"和"民心相通"有关,李爱仙等(2020)认为,其是政策、规则、标准"三位一体"联通之一。赵磊(2019)把金融体系的对接以及人才培养的交流合作算入其中,赵忠龙(2021)认为,"软联通"是为高质量共建"一带一路"提供地理规划、贸易标准、金融与税收、海关合作、社会保障，投资纠纷处置和审计监管等相关层面的规则标准。

众多学者对规则"软联通"进行的解读使规则"软联通"的概念更加丰富，我们结合高质量共建"一带一路"的现实需求，对"一带一路"规则"软联通"做出如下界定。"一带一路"规则"软联通"是指，"能够保障'一带一路'跨国合作与经贸活动的非物质性因素，包括制度、规则、法律、标准等方面的有效对接、协调一致和共同作用"。虽然"一带一路"规则"软联通"是关于非物质性因素，但依然是集中在社会性事实范畴的内容，一般可以和某一具体的功能领域相结合。规则"软联通"不仅包括正式的规则，还应包括非正式的准则和规范；不仅包括联通的对象，还应包括联通的效果。现实中，为了消除环境、制度、国情等导致的规则差异，政府间应遵循"共商共建共享"的原则，实现规则的联通。

第三节　国家间规则联通的路径

国家间规则联通主要包括两种方式：一是各国国内规则与国际规则的联通和互动；二是两国的国内规则在双边层面的对接和协调。各国国内规则与国际规则的联通和互动主要有三方面的内容：第一，国内规则的国际化；第二，国际规则的国内化；第三，国内规则对国际规则的改革。

一、国内规则的国际化

在国际规则与国内规则互动与联通的链条中，起点是各国国内规则的形成。国内规则是指，"由专业立法机构或行政部门制定的，在一国之内具有强制约束力的、正式的法律法规和行政规则"（Cohen，2007）。其治理对象为国内行为体，是"要求或准许某一类人或者团体以特定方式行为的一般指令性原则（general imperative principles）"（赫德利·布尔，2015）。而国际规则是指，"国际社会为稳定国际秩序、促进共同发展或提高交往效率等目的而建立的有约束性的制度性安排或规范"（王逸舟，

1998）。芬尼莫尔和斯金克（Finnemore & Sikkink，1998）研究发现，许多国际规则最初是一国的国内规则，是跨国公司等国际行为体努力使其最终演化为被国际社会广为接受的国际规则。他们提出了"规则生命周期"的概念。规则的生命周期包括三个阶段：第一阶段是规则的出现和产生；第二个阶段是规则被更广泛地接受；第三个阶段是规则的国际化。

随着国家间相互依赖程度加深，越来越多的全球公共问题出现，各国需要以国内规则为蓝本和参考，进行谈判和协商，确定共同遵循的国际规则，形成对全球治理的规则供给。一方面，国际规则能够为国际合作提供明确的预期，降低合作的成本；另一方面，规则都是非中性的，即同一项规则会对不同国家产生不同的影响，不可能完全顾及每一方的利益。因此，国家在参与全球化过程中都试图影响国际经济规则制定。在无政府的国际社会，国家是国际规则制定最主要的行为体。似乎每一个国家都有权利和机会将本国高质量的国内规则向国际社会推送，制定新的国际规则或改变既有规则。然而，各国推动国内规则国际化的过程，是一场激烈的博弈，而最终结果在很大程度上由国家权力决定（Finnemore，2014），参与者之间的权力关系在重要的国际规则制定中发挥着核心作用（Krasner，1991）。也就是说，只有在国际体系中占主导地位的国家才更有机会将其国内规则国际化。主导大国在国内规则国际化的过程中，往往并不是简单地将自己的意志强加于人，而是通过国际合作、借助国际制度等方式让其他国家共同参与。这可以从国际规则两条主要的供给路径上反映出来。

第一条路径是主导国的垂直供给，即国际体系的主导国凭借强大的国家权力，将国内规则在国际或区域层面的推广。国际规则具有公共产品的性质，拥有一定的外部性，因而会面临供给不足和"搭便车"的问题。主导国拥有强大的军事资源以及丰厚的经济资源。它们能够将这些资源转化为国际权力，在国际规则制定方面，表现为国家权力的总体分布、在某一规则领域的权力。国际权力有助于主导国家在规则制定后获得额外收益。因此，主导国愿意承担提供国际规则作为国际公共产品的责任，并通过垂直供给的方式在国际上推广。作为规则制定者的国家在提出自己的方案与倡议后，需要努获得其他国家的广泛接受与认可，使更多的国家成为规则的接收者。主导国家能够以其国际权力和资源作为支撑，通过对接受且遵守其规则的其他行为体给予奖励，如经济援助、贸易机会和政治支持等，对违背其规则的行为体予以惩罚，如孤立和制裁，劝说更多的国家将其提出的规则内化。但是，如果仅凭劝说或威胁来将本国的国内规则强加于人，实现国内规则的国际化需要花费高昂的成本且规则的合法性会受到质疑。因此，主导国往往凭借其权力与资源领导国际机制的建设，并以国际机制为依托促进国内规则的国际化。根据基欧汉和奈的定义，国际机制指"对相互依赖关系产生影响的一系列控制性安排（governing arrangement）"。国际机制包括国家间正式或非正式的协议或条约以及国际组织等。主导国可以通过国际机制更有效地建立起统一的技术标准和运作程序、推动具体领域的国内规则国际化，甚至构筑起符合本国利益的国际规则体系。

第二条路径是国际制度合作的水平供给路径，即在不存在主导国或主导国没有提供国际公共产品意愿时，各行为体通过国际机制联系在一起，共同制定和推广国际规则。这条国际规则的供给路径符合新自由制度主义的理论逻辑。从当前的国际政治实践中可以发现，国际机制对国内规则的国际化起着重要作用。然而，国家无论通过何种方式将国内规则的效力施及他国都是困难的，其代价也是高昂的。事实上，自"二战"后，为了解决信息不完全和交易成本问题，并且消除其成员改善福利的障碍，国家之间创立了大量的国际组织。国际组织不仅是主权国家开展借以展开行动的舞台，而且是具有独立实体地位的行为体。在当今社会中，国际组织的作用越来越重要，尤其是在经贸、金融、环境、人道主义等问题领域，都发挥着重要作用。由于国际组织自身的权威性，其产生的国际规则更具合法性且更容易被其他国家所接受。系统性和正式化程度比较高的规则一般会依托于特定的政府间国际组织，国际社会中也还存在大量的非政府间国际组织制定的规则和标准。成熟的国际组织会发展出新的规则和程序，创立新的行为范式，形成新的行为体利益，界定新的共同的国际任务，并且在全球传播新的社会组织模式。然而，上述国际规则的水平供给模式同样会受到权力因素的影响。就国际组织而言，很难保持完全的中立。有些国家通过联合或加入某一国际组织并对其施加影响，以达到主导乃至控制该组织的目的，使维护自身利益的行为获得合法性。不仅政府间国际组织可以作为国家将国内规则国际化的媒介，国际非政府组织活动的领域也已经涉及经济、安全、环境保护、人权等各个领域，它们虽然没有制定国际经济、政治规则的权威，但是其在设定国际标准、影响舆论、设置议程等方面有很大的影响力。因此，国家可以通过借助国际组织在制定技术标准和推动规则实施过程中发挥的重要作用来提升自身在国际经济治理中的影响力。

二、国际规则的国内化

在某项国际规则形成后，就涉及国内规则与国际规则互动的另一项重要内容，即国际规则的国内化。国际规则国内化是指，"国家赞同某项国际规则的内容，将国际规则引入国家运作方式和程序中，成为国内规则体系的一部分"（李明月，2019）。对于大多数国家来说，国内规则与国际规则相冲突是一种常态，各国将根据国内规则与国际规则对接的成本与收益做出遵循国际规则或违背国际规则的决定。国际规则国内化可以被视为一个两阶段的双层博弈的过程：第一层次（国际层次）是在国际谈判者之间的博弈；第二层次（国内层次）的博弈是就协议的问题在国内集团之间展开（Putnam，1988）。随着研究的深入，学者们发现有些国际规则被广泛普及和接受，而有些国际规则却逐渐失去影响力；相同的国际规则对不同行为体所产生的影响也不尽相同，国内化的程度也有所差别。影响国际规则国内化的因素以及国际规则进入国内的机制成为研究的重点。

国内规则与国际规则对接的成本可以分为内化前成本和内化成本。内化前成本指"进入正式内化程序之前，国家投入的用于调研、信息搜集以及谈判等方面的成本。内化成本指"国家在国际规则国内化过程中投入的成本"。影响内化前成本或内化成本的因素主要有：规则议题的敏感度、国内政治结构以及国际规则的权威性。

第一，规则议题的敏感度。不同问题领域的敏感度之所以存在高低之分，是因为不同问题领域中所涉及的国家权力对于国家主权的维护来说是有重要性之别的（田野，2006）。简单来说，某一问题具有更高的敏感度，表示这一问题更加接近国家主权的核心。因此，某一国际规则所涉及的问题领域敏感度越高，国家越需要花费高昂的成本对该规则的相关信息进行广泛地收集、对该规则在其他国家的运行情况进行细致的调研并与主导该规则的国际组织或国家进行深入谈判，以求全面掌握该规则国内化对国家主权可能造成的影响。在该国际规则正式进入国内化程序后，如果涉及的问题敏感度较高，国家需要广泛组织研究与论证，并花费较高费用进行社会舆论的引导，以改变社会的认知。此外，由于问题的敏感性，国家会进一步完善相应的组织设置、并对工作人员进行培训，还会投入更多的成本以协调各利益相关方的利益，以得到国内立法的支持，最终推动政策实践的变化。综上所述，问题敏感性会对内化前成本与内化成本均产生影响。

第二，国内政治结构。国际制度对一国内部的影响主要通过该国既定的国内结构产生（苏长和，2002）。林民旺和朱立群（2011）对相关研究进行了总结，认为国内结构是国际规范发挥影响和作用的干预力量，能够直接决定国际规范进入国内的机会。所谓国内结构，是指国家的政治制度、社会结构以及连接两者的政策网络。同时，林民旺和朱立群（2011）认为国际规则国内化过程中主要有"社会化"机制和"激励"机制两种作用机制。

第三，国际规则的权威性。李明月（2019）认为，国际规则的权威性是影响国际规则国内化的重要因素，国际规则的权威性主要表现在社会认同与规则的强度两个方面。事实上，国际规则的权威性是通过影响国内化的成本进而影响国内化的进程。首先，如果某项国际规则在国际社会中受到广泛认同，说明该规则为大量国家所内化和遵守。在这样的情况下，其他国家可以提供大量的关于该规则的信息，国家搜寻信息的成本会降低。国际规则的国际社会认可度越高，国家需要付出的内化前成本越低。其次，规则的强度高，表明该项规则清晰明确并有强有力的监督和实施机制。对于国际规则来说，强度较高则对一国的国内政治具有更大的穿透力，进入国内政治议程之后更容易实现国内化。

三、国家间的规则共商对接

国家间规则联通除了各国国内规则与国际规则的联通和互动，还包括两国的国内规则在双边层面的对接和协调。苏珊·施密特（Susanne Schmidt）曾提出双边规则共商对接的三种主要方式：规则非歧视（non-discrimination）、规则协调（harmonization）、规则互认（mutual recognition）。其中，规则非歧视是处理双边规则多样性的最简单方式，又被称为国民待遇（national treatment）。在规则非歧视的情况下，东道国对伙伴国商品、服务、资本开放边界，给予外国产品、服务、资本以及企业非歧视性待遇，但保留本国全部的管辖权，继续负责市场监管，商品、服务以及资本的提供者需要完全遵守东道国的规则（Schmidt，2007b）。在这种情形下，各国企业需要负责背负巨大的适应成本，无论他们在哪里销售产品，都需要遵守不同国家的规则。规则协调相比于规则非歧视能够更好地处理双边规则的差异性。规则协调是指，"通过制定明确的规则（包括原则、协定、条款以及其他指导性条文等）来指导各国采取政策措施从而达到国际协调的一种协调方式"（朱孟楠，2003）。规则协调涉及国家部分主权的纵向转移，主要是部分规则的制定权由国内规则制定者让渡于国际政策制定者，各国政府需要付出较高的谈判成本。规则在协调统一后，各国只能通过再次启动国家间谈判的方式来尝试修改。这种规则对接方式的优点有：第一，一国相关企业在进入其他参与方市场时，不需要付出高昂的适应成本，各国均能获得由贸易和投资增长所带来的利益。第二，如果在谈判中较好地平衡各方的政治利益，那么可以保证各方规则对接连续稳定进行（Schmidt，2007c）。双边规则对接的第三种方式是规则互认。规则互认意味着监管完全由母国负责，即符合母国监管规则、合法销售的产品可以直接进入对方国家市场。在规则互认的情形下，双方不需要面临事先协调的谈判成本，公司也不需要面临必须遵守不同国家规则和标准的适应成本，但不能再保证对向其国民销售的产品进行一定程度的监管。

对于两国间的双边规则对接，无论通过哪种方式，均需要付出一定的成本。由于国际体系的自助性质，并不存在一个完全意义上的超国家管理机构，在国际交往中经常会出现机会主义行为。同时，国家之间难以对彼此未来的政策和意图进行全面清晰的判断。这就会导致在"国际政治市场"出现信息不对称的情况。对于双边规则的对接来说，信息不确定主要体现在一国对于信息的加工处理能力都是有限的，无法将未来的不确定性全引入决策过程，因而双方均难以判断对方的未来立场（田野，2002）。信息不对称可能会导致一国的相对收益受到损失，甚至对方国家违约的风险。因此，在规则对接前，双方均尽可能收集对方全面的信息，例如，对两国规则对接的内部评价、与本国开展规则对接的意图和态度、偏好的强度，以及在未来发生变化的环境下它们愿意继续遵守合约的程度等。而这一过程需要花费较高的成本，这就是所谓的"信息成本"。在信息收集工作结束后，双方还需要就达成规则对接协议进行谈判，无论采取哪一种规则对接方式，都需要付出一定的"谈判成本"。

"二战"后，美国凭借在战争中获得的国际权力，主导构建起以其为核心的等级化全球治理多边体系（郑宇，2020）。通过这样等级化的制度安排，美国及其主要西方盟国将国内运行良好的国内规则通过多边条约的方式转化成具有合法性的国际规则。而处于等级化全球治理体系最外层的发展中国家更多的是主动或被动地遵循国际规则，实现国内规则与国际规则的对接，以参与国际生产合作和全球治理。近年来，随着发展中国家的实力进一步增强，发达国家与发展中国家之间关于国际规则制定权的战略博弈日益激烈，使共识越来越难以达成，多边合作机制的效率受到严重影响。中国作为多边主义的坚定支持者，在与"一带一路"共建国家合作中采取的规则联通模式同发达国家主导的传统的规则联通模式有明显区别。发达国家主导的传统合作机制往往是"规则导向"的，强调缔约文本的确定性、完整性以及正式的国际法地位，达到标准、接受规则的新成员方可加入体系。然后再通过规则的外溢与规则的内化遵循，实现规则的联通，加强对集体行动的协调。而中国在共建"一带一路"合作中倡导"发展导向"，主张包容性增长，不要求各国必须达到统一标准或接受统一的规则才能加入，而是从成员的实际出发，共同商定具体合作路径。[①] 在规则的联通方面，"一带一路"国际合作不是中国凭借日益增长的经济实力，在合作中一味推动国内规则的国际化，而是主要采取双边规则共商对接的模式，从双方的实际出发，协商具体的规则对接方式。

---

① 沈铭辉，张中元."一带一路"机制化建设与包容性国际经济治理体系的构建——基于公共产品供给的视角［J］. 新视野，2019（3）：108–114.

第四节 "一带一路"规则"软联通"的模式

"一带一路"倡议旨在推动中国与世界合作共赢、共同发展，以共商、共建、共享为原则，以丝绸之路精神为指引，无论是在内涵上还是外延上，均与传统的区域主义有着明显不同。"一带一路"规则"软联通"也自然具有区别于传统国家间规则互动的新模式。在"一带一路"现阶段建设过程中，中国推动形成了以"一国一策、共商对接"为原则、以法律保障型规则联通和政治保障型规则联通为主要联通方式，以机制化建设为支撑的规则联通模式（见图1-1）。在该模式下，中国推动"一带一路"规则"软联通"取得了积极的进展。

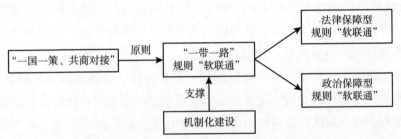

图1-1 "一带一路"规则"软联通"的模式

资料来源：笔者自制。

一、"一带一路"规则"软联通"以"一国一策、共商对接"为原则

传统的西方国际关系理论特别强调规则非中性，将国家间规则互动视为竞争和博弈。[①] 在此指导下，西方国家通常会在重点功能领域根据本国

---

① 相关研究参见：Stephen D. Krasner. Global Communications and National Power: Life on the Pareto Frontier [J]. World Politics, 1991, 43（3）; Susanne K. Schmidt. Mutual Recognition as a New Mode of Governance [J]. Journal of European Public Policy, 2007, 14（5）; Martha Finnemore. Dynamics of Global Governance: Building on What We Know [J]. International Studies Quarterly, 2014, 58（1）.

利益和国内规则的内容预先设置规则模板，之后凭借其强大的国家权力，在国家间规则互动中占据攻势地位，通过一定的奖惩机制，改变其他国家偏好，促使其他国家接受并遵守其规则模板，力图实现国内规则的国际化，利用规则的非中性，获得更大的收益。而中国则以"一国一策、协调对接"为原则推进"一带一路"规则"软联通"。"一国一策"即中国与"一带一路"共建国家基于各自基本国情与合作意向选择进行联通的规则议题、规则联通的方式以及配套的政策措施。中国始终坚持发展导向，逻辑链条为"规则冲突阻碍双边合作—对双边规则联通的共同需求—推进相关规则的联通"。在"一带一路"合作中，中国没有设定和推行一套需要"一带一路"共建国家共同遵守的"规则模板"，而是因国、因时、因势，以双方在合作中的共同需求为起点，以两国规则内容的"最大公约数"为基础推动双边规则"软联通"。"共商对接"是指在"一带一路"规则"软联通"的过程中，不是中国单方面的纵向推动，而是中国与共建国家共同发挥能动作用；不仅包括中国与共建国家间规则联通，还包括共建国家之间规则的协调对接。中国在推进"一带一路"规则"软联通"的进程中秉持共商、共建、共享的原则与"和平合作、开放包容、互学互鉴、互利共赢"的丝路精神，更多的是以开放包容的姿态平等协商，共享规则制定权，而不是从权力和博弈的角度看待国家之间的规则互动，并不强调规则制定的绝对支配权和主导权。"一国一策、共商对接"是现阶段"一带一路"规则"软联通"的重要原则，也是"一带一路"规则"软联通"顺利推进的关键。

二、"一带一路"规则"软联通"的方式

国家间的规则联通过程可以划分为两个基本环节：协调一致和有效对接。协调一致是指，两国就如何使相互冲突规则达到相通状态，达成的一致同意的规则联通安排。规则联通安排可为正式的国际条约、非条约文件或口头约定的形式。有效对接是指，规则联通安排正式生效后，作为两国共同承认并遵守的单一规则，对两国的行为进行约束，为双边合作提供有效的保障。根据规则联通安排形成过程、文本形式以及约束效力的差异可

以分为法律保障型规则联通和政治保障型规则联通两种方式。两种规则联通方式虽然具有明显的差异，但是并没有好坏优劣之分，只有适用情形之别。

1. 法律保障型规则联通

通常来说，法律保障型规则联通的过程是"两国均派出由领导人和（或）专业技术官员组成的、代表本国政府的协商团队，通过正式程序进行规则联通的协商谈判，形成一致意见后制定并商签具有正式国际法效力的规则联通安排，后经过各自国内法律程序的批准后实施生效，在两国合作中持续有效地发挥作用，以法律拘束力对双方规则相通提供保障"。将该规则联通方式称为法律保障型规则联通是因为其具有以下特征：第一，两国协商达成的规则联通安排会通过具有正式国际法效力的国际条约的形式予以确认。第二，规则联通安排的文本往往细致地对规则内容进行了描述，明确地对双方的权利和义务进行界定，包含具体的奖惩办法与争端解决机制，涉及两国部分立法权和监管权的让渡，需要经过各自国内法律程序的核准方可生效。第三，具有国际法效力的规则联通安排能够以法律拘束力保证双方对各自权利和义务的遵守，且两国的国内法律体系也会提供相应的支持和保障，对两国非国家行为体的权利和义务做出法律层面的规定。

现阶段，中国与"一带一路"共建国家关于国家间贸易、投资、交通运输等传统功能领域的规则以及非国家行为体间关于具体管理准则、技术标准、工艺规格等规则的联通往往通过法律保障型规则联通的方式进行。在贸易领域，中国和共建国家主要通过协商谈判与签署生效自由贸易协定实现双边贸易规则的相通。自"一带一路"倡议提出后，中国相继与韩国、澳大利亚等 17 个国家签署了 7 份自由贸易协定，并与新西兰、新加坡、智利、巴基斯坦、东盟实现了双边自由贸易协定的升级。① 在投融资领域，中国和共建国家达成的规则联通安排主要有双边投资协定（Bilateral Investment Treaties，BITs）、自由贸易协定中的投资条款（Treaties with Investment Provisions，TIPs）、避免双重征税和防止偷漏税协定等。交通运

---

① 中国自由贸易协定签署情况的资料来源于中国自由贸易区服务网。

输领域，中国在共建"一带一路"框架下已经与 19 个国家签署了 22 项国际道路运输便利化协定。此外，中国还与其他合作国家签署了 70 个双边和区域海运协定以及 100 个双边政府间航空运输协定（王宛，2022）。

2. 政治保障型规则联通

政治保障型规则联通的过程是"两国领导人或其他重要官员通过一些正式或非正式的合作程序进行会面和磋商，就某些规则形成共识，并以口头约定或签署非条约文件的形式予以确认，形成规则联通安排，且不必经过各自国内法律程序的批准便可生效实施"。政治保障型规则联通具有以下特征：第一，在这种规则联通方式下，双方协商形成的规则联通安排通常采用联合声明、联合公报、合作倡议、行动计划、谅解备忘录等不具有法律拘束力的非条约协议的形式，有时甚至只是口头约定。第二，规则联通安排的文本通常不会对双方的权利或义务进行明确的界定，而只是两国之间意愿和诉求的协调与对接，主要采取"旨在""希望""提倡"等措辞，通常不涉及国家主权让渡，因而不需要经过国内法律程序批准，政府甚至可以不对外公布文本而在保密状态下实施（刘晓红，2022；顾宾，2022）。第三，在政治保障型规则联通方式下，两国签署的规则联通仅对双方合作提供政治保障，而不具备法律约束力。在现阶段的"一带一路"合作中，对于国家间利益诉求的联通、发展战略联通以及一些重点议题领域治理方案的联通等一般采用政治保障型规则联通方式。

在现阶段的"一带一路"规则"软联通"过程中，中国和"一带一路"共建国家通过政治保障型规则联通方式进行协调对接的内容主要有三层。第一层是中国与"一带一路"共建国家有关合作的利益诉求的协调对接。中国在"一带一路"合作中的目标是提升区域内乃至全球的"互联互通"水平，既为本国推进跨国经济合作打破基础设施、规则制度、社会文化等方面的障碍，更是让共建国家共乘中国发展的"高速列车"，为区域甚至全球的发展创造更多机会。在"一带一路"合作中，中国愿意让渡部分非战略利益，而让共建国家实现更大的收益。共建国家基于对国情的判断和对本国利益的考量，形成其参与"一带一路"合作的具体意愿和利益诉求。例如，有些国家的诉求是借助中国的资金与经验完成一些基础设施项目的建设，还有一些国家的诉求是与中国扩大产能合作与经贸合作，也有一些国家的诉求是与中国全方位深化合作、协同发展。在共建"一带一路"进程中，中国注重与共建国家元首及其他高层官员进行双多边沟通交流，针对各自的利益诉求相互交换意见，深化双方的战略互信，对双方共建"一带一路"的方式、程度和范围达成共识。中国与共建国家利益诉求的协调对接往往会通过"一带一路"谅解备忘录或"一带一路"规划等形式进行确认。第二层是中国与"一带一路"共建国家关于双方发展战略的协调对接。各国普遍制定有本国的发展战略，为了使"一带一路"倡议能够与共建国家各自的发展战略相辅相成，而不是相互冲突，中国积极推动"一带一路"倡议与共建国家（和地区）发展战略的对接，如哈萨克斯坦的"光明之路"计划、印度尼西亚的"全球海洋支点"战略构想、匈牙利的"向东开放"政策等。第三层是中国与"一带一路"共建国家关于全球治理议题的协调。当前，世界正在经历百年未有之大变局，国际政治经济秩序进入重塑期，现行全球治理体系运转不畅，全球发展事业面临挑战，国际社会在多个议题领域需要超越传统治理逻辑的全新治理方案。在推动共建"一带一路"进程中，中国积极贡献关于全球治理的思想理念和倡议主张，探索相应的行动方案。中国在参与全球治理的过程中，既注重维护本国的战略利益，又关注国际社会整体利益。因此，中国就投融资、争端治理、环境保护、反腐败等重点领域的治理新方案与其他国家充分协商，形成一致意见。

三、"一带一路"规则"软联通"的支撑

机制化建设是"一带一路"合作中的重要内容。《推动共建丝绸之路经济带和21世纪海上丝绸之路的愿景与行动》中提到，"积极利用现有双多边合作机制，推动'一带一路'建设，促进区域合作蓬勃发展"。① "一带一路"框架下的双多边合作机制对"一带一路"规则"软联通"具有

---

① 国家发改委，外交部，商务部．推动共建丝绸之路经济带和21世纪海上丝绸之路的愿景与行动 [EB/OL]．［2015 – 03 – 30］．http：// zhs. mofcom. gov. cn/article/xxfb/201503/20150300926644. shtml.

重要的支撑作用。首先，在"一带一路"合作的过程中，双多边合作机制为共建国家之间政策的协调对接、信息的交流共享提供了平台。"一带一路"规则"软联通"的顺利进行依赖于双方充分获取相关信息，以避免因不对称信息而使规则"软联通"合作走入困境，甚至遭受损失。具体而言，双方需要充分了解以下三层信息：第一，对方国家对于双方规则"软联通"合作的真实意愿与动机。第二，对方国家国内规则体系的详细情况以及两国国内规则体系的差异程度。第三，对方国家的国情、国家利益以及国内政治结构特征等信息。首先，在收集上述信息时，两国需要花费较高的信息收集成本。而双多边合作机制能够打通两国信息交流障碍，降低信息获取费用，显著提升国家之间信息交流的频率与效率。其次，在"一带一路"规则"软联通"的推进过程中，双多边合作机制能够有效地降低合作国家出现机会主义行为的概率。两国通过规则"软联通"达成了一个需要共同遵守的规则联通安排。但是，对方国家可能仅享受单一规则赋予的权利，而不积极履行单一规则所规定的义务，以获得更大收益，或者对方国家可能由于国家利益或国家偏好的改变，不再遵守其做出的承诺，也许会因此遭受损失。双多边合作机制为相关国家在多个议题中以及具体项目之间建立了联系，一国违反规则的行为将会导致在其他议题上停止与其合作，这使违约或不负责任行为产生的消极影响扩大，违约的预期成本提高，使合作国家放弃"短期的自我利益"，有效减轻规则联通中合作国家机会主义行为的影响。

目前，中国已经在"一带一路"倡议框架下构建起较为完整的双多边合作机制体系。在双边层面，首先，双边高层互访作为政府间开展政策沟通的最高级别形式，有利于中国与其他国家增强互信、深化共识、找到合作中的利益契合点，是"一带一路"倡议框架下的重要双边合作机制（刘卫东等，2019）。其次，中国充分利用现有的双边政府间联合委员会、混合委员会、管理委员会等双边合作机制。最后，中国与相关国家共同建立"一带一路"框架下的新双边合作机制，例如，中哈产能与投资合作对话机制、中匈双边"一带一路"联合工作小组等。在区域多边层面，首先，中国积极促进"一带一路"倡议与已有多边合作机制对接，为共建"一带一路"提供机制保障。上海合作组织、中国—中东欧合作机制、中国—东盟合作机制等区域多边合作机制的重要成果文件中均明确表示支持与"一带一路"倡议对接。其次，中国与共建国家搭建了多个区域性或次区域性合作机制，例如，中蒙俄经济走廊、澜沧江—湄公河合作机制，使"一带一路"倡议框架下的双多边合作机制体系更为丰富。此外，中国倡议设立的一些国际组织也相继成立。其中，重要当属亚洲基础设施投资银行与金砖国家新开发银行。在全球多边层面，中国重视发挥联合国对"一带一路"倡议的支撑作用，大力推进"一带一路"倡议与联合国体系的对接。目前，中国已经同联合国开发计划署、联合国工业发展组织等十余家联合国机构签署"一带一路"合作文件。

第五节 "一带一路"规则"软联通"的影响因素

在共建"一带一路"过程中，国家之间的规则"软联通"主要受到两个方面因素的影响，一是与规则特征相关的因素；二是与共建国家的特征相关的因素。具体而言，规则特征方面的影响因素主要包括：规则的国内制度层级、两国相关规则的差异性、规则议题在双边合作中的重要性。共建国家特征方面的影响因素主要包括：共建国家的信誉与风险、共建国家与本国的规则"软联通"基础以及共建国家与本国双边合作的机制化水平。这些因素会对国家之间规则"软联通"的可行性以及规则"软联通"方式的选择产生影响。

一、规则特征方面的影响因素

三个与规则特征相关的因素会对"一带一路"规则"软联通"产生影响。第一，规则的国内制度层级。一般来说，一项国内规则涉及的国内制度层级越高，对于国家安全的影响越大，该规则内容的敏感度越高。各国均不会轻易选择与其他国家在涉及国家安全的高敏感度领域推进双边规则协调对接。通过法律保障型规则联通模式进行双边规则联通工作尤其困难，因为各国的国内立法机构与监管机构通常不会将高敏感度领域的立法权与监管权让渡。因此,一项规则的国内制度层级越高,双边规则联通的可行性越低,则两国会偏向通过政治保障型规则联通模式开展双边规则联通。第二,规则的差异性。一方面,在某一功能领域,两国相关规则的差异大,反映出两国对这一相关内容的理解和认识存在较大偏差,利益契合点较小,规则联通的基础较弱;另一方面,两国规则的差异越大,两国协商制定规则联通安排的技术难度越大。因此,两国在某一议题领域规则的差异性越大,双边规则协调对接的可行性越低,两国更倾向于选择政治保障型规则联通模式。第三,规则内容在双边合作中的重要性。若某一规则的内容属于双边合作中的重要领域,则两国有更强的动力推动双边规则的协调对接,更容易凝聚共识,各自国内政治体系与社会力量对规则"软联通"也更容易形成一致意见。此外,对于双边合作中的重要领域,两国倾向于选择具有更强约束性的规则联通方式,以有力地保障双边合作顺利进行。因此,规则内容在双边合作中的重要性越高,则双边规则联通的可行性越高,双方倾向于选择法律保障型规则联通方式。

二、共建国家特征方面的影响因素

"一带一路"规则"软联通"产生影响的国家特征方面的因素可能有以下三个。第一,共建国家的国家信誉与国家风险。国家间的规则"软联通"会受到信息不对称的影响,可能出现道德风险和逆向选择问题。因此,当中国认为对方国家信誉较差、国家风险较高时,在规则联通工作中,会投入更高的信息搜寻成本、监管成本以及惩罚成本,规则"软联通"可行性较低。同时,该国将倾向于通过政治保障型规则联通的方式与对方国家就利益诉求、发展战略、合作原则和意向等进行对接,而不轻易通过法律保障型规则联通的方式对双方的权利与义务做出硬性规定。第二,共建国家与中国规则"软联通"的基础。当两国在多个功能领域实现了规则相通,规则体系差异较小,抑或是两国间存在多个双多边合作机制,则说明两国规则"软联通"基础较好。两国的规则"软联通"基础越好,规则"软联通"的可行性越高,则两国会尝试在更多的功能领域通过法律保障型规则联通方式实现双方规则的相通。第三,合作国家与本国双边合作的机制化水平。两国合作的机制化水平高,意味着有更多的双多边合作机制为两国规则"软联通"提供更强的机制支撑,导致两国推进规则"软联通"的成本较低、风险较小且释放的正外部性较强,因而两国开展规则"软联通"的可行性较高,且双方倾向于在更多的领域通过法律保障型规则联通方式实现两国规则的相通。

第六节 本 章 小 结

"一带一路"规则"软联通"是共建"一带一路"进入高质量发展阶段之后的重要工作内容,其内涵是"能够保障共建'一带一路'跨国合作的非物质性因素,包括制度、规则、法律、标准等的协调一致和有效对接,化国家间的规则冲突为国家间规则相通"。"一带一路"规则"软联通"的过程实质上是中国与"一带一路"共建国家之间规则协调对接的互动过程。长期以来,国家间规则互动普遍由西方发达经济体主导。它们预先设计符合自身利益的"规则模板",凭借强大的力量,在规则互动中占领有利地位,以各种方式使其他国家遵守该"规则模板",并将该"规则模板"向全球层面扩散,力图打造为全球层面的国际规则。中国"一带一路"规则"软联通"立足于共建"一带一路"的成功实践,由合作共赢、共同发展的理念引领,无论在内涵或外延上均区别于西方发达经济体主导的国家间规则互动。因此,西方学者提出的国家间规则互动理论并不适用于"一带一路"规则"软联通","一带一路"规则"软联通"在实践中也表现出区别于西方的模式:以"一国一策、共商对接"为原则、以法律保障型规则联通和政治保障型规则联通为主要联通方式,以双多边合作机制为支撑。面对国际社会日益激烈的规则竞争,中国应通过科学合理的政策路径,推动"一带一路"规则"软联通"的进一步发展,为共建"一带一路"打破规则障碍,营造良好制度环境。

第二章

"一带一路"规则"软联通"
指标体系研究

规则"软联通"是共建"一带一路"进入新阶段后的重点工作，是共建"一带一路"高质量发展的重要支撑。虽然规则"软联通"的重要性已获得了学术界与实践部门越来越多的共识，但目前国内外尚缺乏能够系统测量和评价规则"软联通"的综合指标体系。而规则"软联通"的测量与评估研究的缺失使我国政府部门无法获得至关重要的决策依据。本章将定量评估中国与其他国家在贸易规则、投融资规则、争端解决规则、合作机制化四个领域的联通性水平的发展趋势及目前进展。评价结果显示，自2013年"一带一路"倡议提出以来，中国与其他国家的规则"软联通"取得明显成效，规则"软联通"指数由0.091上升到0.225。然而，中国与不同区域国家的规则"软联通"水平和发展速度存在明显差异。

第一节 "一带一路"规则"软联通"
评价指标设计

"一带一路"规则"软联通"的重要性已获得了越来越多的共识，但目前国内外都很少有人关注对"一带一路"规则"软联通"的测量和评价问题。本章基于"一带一路"规则"软联通"理论以及中国与其他国家规则"软联通"发展实践，综合运用交叉学科的方法，构建了"一带一路"规则"软联通"评价指标体系，并系统全面地收集数据，通过科学的统计方法，计算得到"一带一路"规则"软联通"指数。之后，本章利用"一带一路"规则"软联通"指数，对中国与各国规则"软联通"水平的发展趋势、时空异质性等方面进行分析与检验。梳理出中国与各国、各区域规则"软联通"水平的发展脉络及现状，进而为"一带一路"规则"软联通"的高质量发展提出具有科学依据的政策建议。

一、指标选择与数据来源

"一带一路"规则"软联通"是指，"能够保障'一带一路'跨国合作与经贸活动的非物质性因素，包括制度、规则、法律等方面的有效对接、协调一致和共同作用"。在"一带一路"实践中，规则"软联通"覆盖"一带一路"跨国合作和经贸活动所涉及的全部功能领域，主要包括贸易规则联通、投融资规则联通、纠纷调解规则联通以及合作机制化等方面。因此，本章在上述四个方面设计指标，并系统收集数据，形成了"一带一路"规则"软联通"的评价指标体系（见表2-1）。

表2-1   "一带一路"规则"软联通"评价体系

方面指标	分项指标	基础指标	指标说明	属性
"一带一路"规则"软联通"	贸易规则"软联通"	政府间贸易协定	若中国同该国（地区）签署有政府间贸易协定取值为1，否则取值为0	+
		自由贸易协定深度	自由贸易协定深度指标来自世界银行Content of Deep Trade Agreement 数据库，未签署自由贸易协定取值为0	+
		经认证的经营者互认协议（AEO）	若中国同该国（地区）签署有经认证的经营者互认协议取值为1，否则取值为0	+

续表

方面指标	分项指标	基础指标	指标说明	属性
"一带一路"规则"软联通"	贸易规则"软联通"	运输相关协定	包括航空运输协定、海运协定、汽车运输协定等。 若中国同该国（地区）签署有上述文件之一取值为1，否则取值为0	+
		税收协定	包括避免双重征税和防止偷漏税的协定等。 若中国同该国（地区）签署有税收协定取值为1，否则取值为0	+
	投融资规则"软联通"	TIPS	若中国同该国（地区）签署有包含投资条款的协定取值为1，否则取值为0	+
		双边投资保护协定	若中国同该国（地区）签署有双边投资协定取值为1，否则取值为0	+
		亚投行成员方	若该国（地区）为亚投行成员方取值为1，否则取值为0	+
		本币互换协定	若中国同该国（地区）签署有本币互换协定取值为1，否则取值为0	+
		人民币清算安排	若中国同该国（地区）签署有人民币清算协议取值为1，否则取值为0	+
		证券期货监管合作备忘录	若中国同该国（地区）签署有合作备忘录取值为1，否则取值为0	+
		银联体成员方	若该国（地区）为银联成员方取值为1，否则取值为0	+
	争端解决规则"软联通"	"一带一路"国际商事调解中心调解规则《罗马宣言》	该国（地区）有相关法律机构签署宣言取值为1，否则取值为0	+
		新加坡调解公约	该国（地区）签署《新加坡调解公约》的国家取值为1，否则取值为0	+

续表

方面指标	分项指标	基础指标	指标说明	属性
"一带一路"规则"软联通"	合作机制化	"一带一路"文件	包括合作谅解备忘录以及编制合作规划。若中国同该国（地区）签署有"一带一路"合作文件取值为1，否则取值为0	+
		当年领导人互访次数	当年中国同该国（地区）领导人互访次数累计次数	+

资料来源：笔者自制。

（一）贸易规划"软联通"

在贸易规则"软联通"中，本章从参与主体、国家政策、影响贸易的因素出发选择了以下评价指标。

（1）中国是否与该国（地区）签署政府间贸易协定。贸易协定是两个国家之间调整贸易关系的一种书面协议。该协定对两个缔约国的贸易关系有比较具体的规定，包含了贸易机构、产品价格、手续程序等对经贸行为具有重大影响的内容。因此，中国是否与一国（地区）签署共同遵守的贸易协定是贸易规则"软联通"的重要评价指标。在指标体系中，若中国与一国（地区）签署有政府间贸易协定取值为1，否则为0。中国与其他国家（地区）政府间贸易协定签署情况是根据外交部中国条约数据库提供的数据整理得到。

（2）中国与该国（地区）签署自由贸易协定的深度水平。自由贸易协定是希望消除包括关税和冗杂的规则的契约，是一种新颖且发展迅速的新型经贸合作方式。自由贸易协定深度不仅包含了传统经贸议题，还对全球经贸治理新议题的联通程度进行了衡量。奥里菲斯（Orefice）和孙玉红等（2021）国内外学者的研究证明，深度自由贸易协定无论是对货物贸易、中间品贸易还是服务贸易都产生积极促进作用。因此，中国与一国（地区）签署的自由贸易协定深度水平越高则中国与该国（地区）的贸易规则"软联通"水平越高。中国与其他国家签署自由贸易协定的深度水平数据来自世界银行提供的 Content of Deep Trade Agreement 数据库。

（3）中国与该国（地区）是否签署任一运输协定。运输协定通常包括航空、公路、铁路、海运等合作协定，能够有效降低地理位置因素带来的运输成本问题。由于国情的区别，并非所有国家都与我国签署了全部的运输协定，例如，马尔代夫仅与我国签署了国际航空运输协定。因此，中国与一国（地区）签署运输相关协定是贸易规则"软联通"的重要表现。在指标体系中，若中国与一国（地区）签署任意一项运输相关协定则取值为1，否则为0。中国与其他国家（地区）间政府间运输相关协定签署情况是根据外交部中国条约数据库提供的数据整理得到。

（4）中国是否与该国（地区）签署税收协定。税收协定是主权国家之间为了调节税收分配关系而签订的书面协议，能够有效降低"走出去"和"引进来"企业的税收负担。从区域经济一体化的发展历史来看，税收规则的联通一直以来都是国家间规则联通的重要问题。因此，我国与一国（地区）签署税收协定可以被视为贸易规则"软联通"的重要衡量指标。在指标体系中，若中国与一国（地区）签署税收相关协定则取值为1，否则为0。中国与其他国家（地区）间政府间税收相关协定签署情况是根据外交部中国条约数据库提供的数据整理得到。

（5）中国是否与该国（地区）签署经认证的经营者互认协议（AEO协议）。AEO制度是世界海关组织（WCO）制定通过的《全球贸易安全与便利标准框架》的核心制度。两国（地区）签署 AEO 协议后，一国（地区）的企业在通过对方国家海关时能享受便利化待遇，能有效降低贸易成本。截至 2022 年 2 月，中国已经与 48 个国家（地区）签署了 AEO 协议，主要集中在货物优先通关、单证审查、进口货物查验等规则上。因此，中国与一国（地区）签署 AEO 协议是贸易规则"软联通"的重要表现。在指标体系中，若中国与一国（地区）签署 AEO 协议则取值为1，否则为0。中国与其他国家（地区）签署的经认证的经营者互认协议签署情况是根据中国海关总署官网提供的数据整理得到。

（二）投融资规则"软联通"

在投融资规则联通中，从货币、资金流动和金融机制因素等方面出发选取了以下评价指标。

（1）中国是否与一国（地区）签署双边投资保护协定（Bilateral Investment Treaties，BITs）。双边投资保护协定是指两国之间为了保护国际投资专门订立的双边条约。该协定通常包含定义、投资待遇、争议解决和征收等内容，并从法律角度规定了双方权利与义务关系，是20世纪50年代以来最普遍、最基本的国际投资规则。虽然现行的许多投资协定签署于20世纪，但仍是目前双边进行投资的同行和认可的规则。因此，中国与其他国家（地区）签署共同遵守的双边投资保护协定是投融资规则"软联通"的重要衡量指标。在指标体系中，若中国与一国（地区）签署有双边投资保护协定则取值为1，否则为0。中国与其他国家（地区）间双边投资保护协定的签署情况是根据联合国贸易和发展会议 Investment Policy Hub 数据库提供的数据整理得到。

（2）中国是否与一国（地区）签署包含投资条款的经贸协定（Treaties with Investment Provisions，TIPs）。TIPs 的投资条款更多的是以促进投资自由化为目的，为促进贸易提供补充，与 BITs 强调消除投资障碍、降低投资不确定性，处理投资者和东道国间争端的功能存在区别。韩剑（2021）认为，TIPs 的投资促进和保护规则与 BITs 各有千秋，可以作为 BITs 的有效补充。因此，中国与一国（地区）签署共同遵守的包含投资条款的经贸协定是投融资规则"软联通"的重要证明。在指标体系中，若中国与一国（地区）签署有包含投资条款的经贸协定则取值为1，否则为0。中国与其他国家（地区）间包含投资条款的协定的签署情况是根据联合国贸易和发展会议 Investment Policy Hub 数据库提供的数据整理得到。①

（3）该国（地区）是否为亚投行成员方。作为首个由中国倡议设立的多边金融机构，亚洲基础设施投资银行（Asian Infrastructure Investment Bank，AIIB）以促进亚洲区域基础设施互联互通以及经济一体化的进程，加强中国与其他亚洲国家的合作为宗旨，打破了国家间资金流动的障碍，联通了不同国家间资金融通、资金使用等规则。因此，一国或地区成为亚投行成员方是投融资规则"软联通"的重要表现。在指标体系中，若一国

---

① Investment Policy Hub, https：//investmentpolicy. unctad. org.

（地区）是亚投行成员方则取值为1，否则为0。一国（地区）是否为亚投行成员方的数据是根据亚洲基础设施投资银行官网提供的数据整理得到。[①]

（4）中国是否与一国（地区）有银联体伙伴关系。银联体作为最适合地区特点的多领域、多样化的融资模式，在相关合作项目提供融资支持和金融服务、促进成员方融资规则的联通上持续发挥作用。目前，中国已经组织参与了上合组织银联体、中国—中东欧银联体、中国—阿拉伯国家银联体、中国—东盟银联体、中非银联体五大银联体组织。因此，中国与一国（地区）有银联体伙伴关系是影响两国（或地区）投融资规则"软联通"的重要因素。在指标体系中，中国与其他国家（地区）有银联体伙伴关系则取值为1，否则为0。

（5）中国是否与一国（地区）签署有本币互换协定。本币互换协定是两国央行约定，在一定条件下，任何一方可以一定数量的本币交换等值的对方货币，用于双边贸易投资结算或为金融市场提供短期流动性支持的协定文件。本币互换协定的签署有利于双方在汇率计算、金融安全等规则方面达成共识，解决离岸本币的安全性和稀缺问题。因此，中国与一国（地区）签署有本币互换协定是两国投融资规则"软联通"的重要衡量指标。在指标体系中，中国与该国（地区）签署有本币互换协定则取值为1，否则为0。中国与其他国家（地区）签署有本币互换协定的数据是根据中国人民银行官网提供的数据整理得到的。[②]

（6）中国与一国（地区）是否签署人民币清算协议。人民币清算安排是指经国家指定的、有条件的企业自愿使用人民币进行跨境贸易的结算。在人民银行规定的政策范围内，商业银行直接为企业提供跨境贸易人民币相关结算服务。在中国现代化支付系统（China national advanced payment system，CNAPS）等系统的跨境交易模式支持下，该服务主要有"清算行"和"代理行"两种经营模式。在指标体系中，中国与一国（地区）

[①] Asian Infrastructure Investment Bank，https：//aiib. org/en/about – aiib/governance/members – of – bank/index. html.

[②] 中国人民银行，https：//www. pbc. gov. cn/huobizhengceersi/214481/214511/214541/index. html.

签署人民币清算协议则取值为1，否则为0。中国与其他国家（地区）签署人民币清算协议的数据是根据中国人民银行官网提供的数据整理得到的。

（7）中国与一国（地区）是否签署证券期货监管合作备忘录。证券期货监管合作备忘录的签署意味着两国的证券及期货监督管理机构将在信息交换、机构设立、协助调查以及人员培训和交流等方面开展合作，共同维护证券期货市场的稳定发展，为金融衍生品的监管奠定基础性规则。因此，作为资本市场的有效补充，中国与其他国家（地区）签署证券期货监管合作备忘录成为两国投融资规则"软联通"的重要衡量指标。在指标体系中，中国与一国（地区）签署有证券期货监管合作备忘录则取值为1，否则为0。中国与其他国家（地区）签署证券期货监管合作备忘录的数据是根据中国证券监督管理委员会官网提供的数据整理得到。[①]

（三）争端解决规则"软联通"

在争端解决规则联通中，主要从签署的国际性协定出发选择了以下评价指标。

（1）中国与一国（地区）是否共同签署《罗马宣言》。在"一带一路"国际商事调节论坛上，来自12个国家的21个机构和代表共同签署了《罗马宣言》。该宣言是在《"一带一路"国际商事调解中心调解规则》的基础上，经过多方讨论，按照正式的程序标准，在独立性、中立性、公正性和保密性方面保持一致的原则上达成的共识性文件，是以东方智慧吸收现代调解国际经验，构建能够满足"一带一路"国际商事纠纷解决需要的调解规则。因此，中国与一国（地区）共同签署《罗马宣言》成为两国争端解决规则"软联通"的重要衡量指标。在指标体系中，中国与一国（地区）共同签署《罗马宣言》则取值为1，否则为0。

（2）中国是否与一国（地区）共同签署《联合国关于调解所产生的国际和解协议公约》（简称《新加坡调解公约》）。《新加坡调解公约》是

---

① 中国证券监督管理委员会，https：//www.csrc.gov.cn/csrc/c7ba9fd507fe24126a8dc1175f28a5ae2/content.shtml.

由联合国国际贸易法委员会历时 4 年研究拟订，于 2018 年 12 月在联合国大会会议审议通过的国际公约，中国于 2019 年 8 月签署。该公约旨在解决国际商事调解达成的和解协议的跨境执行问题，为国际调解协议的执行提供规则依据，并且建立了国际调解协议的直接执行机制，成为争端解决规则"软联通"的重要衡量指标。在指标体系中，中国与一国（地区）共同签署《新加坡调解公约》则取值为 1，否则取值为 0。中国与其他国家（地区）签署《新加坡调解公约》的数据是根据联合国国际贸易法委员会的统计数据整理得到。

（四）合作机制"软联通"

在合作机制化中，主要选取"一带一路"文件签署和当年领导人互访次数作为评价指标。

（1）中国与一国（地区）是否签署"一带一路"相关文件。在"一带一路"框架下，中国与其他国家（地区）签署的文件主要包括政府间合作谅解备忘录和编制合作规划。与中国签署"一带一路"合作文件表达了该国（地区）参与共建"一带一路"以及与中国共同发展的意愿，并根据相应的条款确定了具体领域的合作原则等。因此，中国与其他国家（地区）"一带一路"合作文件的签署是合作机制化水平的重要衡量指标。在指标体系中，中国与一国（地区）签署"一带一路"相关文件则取值为 1，否则为 0。中国与其他国家（地区）签署"一带一路"相关文件的数据是根据 2000~2020 年《中国外交年鉴》和中国外交部网站数据整理得到的。

（2）当年中外领导人互访次数。作为政府间沟通的高级形式之一，领导人互访有助于扩大合作共识，商讨并确定未来的合作原则和基本规则。在指标体系中，对当年中国领导人对外访问和其他国家领导人访问中国次数进行累计计算。领导人包括各个国家的主席、总统、总理、参众议院议长、人大常委会委员长、国务卿、首相、国王、总督、苏丹、女王。中国与其他国家（地区）领导人互访的数据是根据 2000~2020 年《中国外交年鉴》和中国外交部网站数据整理得到的。

二、测度方法

本章以 187 个国家为研究样本，通过构建综合指数评价模型来测度不同年份各国的规则"软联通"水平。主要步骤包括：第一，为了防止量纲差异和数量级差异对评价指标的影响，在完成收集后对原始数据采取标准化处理。第二，在确定指标权重的过程中，采用客观赋权法中的熵值法确定"一带一路"规则"软联通"评价体系中各评价指标的权重。第三，采用多目标线性加权函数法对所有评价指标进行加权处理，得到方面指标和各分项指标指数。

（1）数据标准化——极值法。通过极值法将评价体系中所有正向指标进行标准化处理，即：

$$Y_{\theta ij} = \frac{X_{\theta ij} - \min(X_{\theta ij})}{\max(X_{\theta ij}) - \min(X_{\theta ij})}$$

其中，$Y_{\theta ij}$ 为标准化后的指标值；$X_{\theta ij}$ 为第 θ 年第 i 个国家在第 j 个指标的标准化数值；$\min(X_{\theta ij})$ 和 $\max(X_{\theta ij})$ 分别为最小值和最大值。

（2）权重确定——熵值法。计算第 θ 年第 i 个国家在第 j 个指标的指标值在第 j 个指标下的占比，即：

$$P_{\theta ij} = \frac{Y_{\theta ij}}{\sum\limits_{\theta=1}^{d} \sum\limits_{i=1}^{m} Y_{\theta ij}}$$

其中，$P_{\theta ij}$ 代表第 θ 年第 i 个国家第 j 项指标的比重，其中 d 为年份，m 为样本数，因此，$d = 21$，$m = 187$。

（3）计算第 j 项指标的信息熵，即：

$$E_j = -\frac{1}{\ln(dm)} \sum\limits_{\theta=1}^{d} \sum\limits_{i=1}^{m} \left[P_{\theta ij} \cdot \ln(P_{\theta ij}) \right]$$

其中，E_j 是第 j 项指标的信息熵，$0 \leqslant E_j \leqslant 1$。

（4）计算第 j 项指标的差异系数，即：

$$G_j = 1 - E_j$$

其中，G_j 是第 j 项指标的差异系数，G_j 差异性越小，指标对评价结果产生的影响就越小。

(5) 计算第 j 项指标的权重,即:

$$W_j = \frac{G_j}{\sum\limits_{j=1}^{n} G_j}$$

其中,W_j 是第 j 项指标的权重。

(6) 综合指数——多目标线性加权函数法。计算第 θ 年第 i 个国家第 s 个分项指标的得分,即:

$$Z_{\theta is} = \sum\limits_{j=1}^{q} W_j \cdot Y_{\theta ij}$$

其中,$Z_{\theta is}$ 是第 θ 年第 i 个国家第 s 个分项指标的得分;q 为该指标层所包含的指标总数。

(7) 计算第 θ 年第 i 个国家的规则联通综合指数,即:

$$F_{\theta i} = \sum\limits_{s=1}^{4} Z_{\theta is}$$

其中,$F_{\theta i}$ 是第 θ 年第 i 个国家的规则联通综合指数,$F_{\theta i}$ 越大,说明该国家与我国的规则联通程度越高,反之,规则联通程度越低。

第二节 "一带一路"规则"软联通"指标的分析

一、指标的描述性统计

本章根据 2000~2021 年中国与全球 187 个国家和地区的规则"软联通"指数测算结果,将各国和地区分为五种类型,分别为规则"软联通"优越型(Index>0.7)、规则"软联通"较好型(0.5<Index≤0.7)、规则"软联通"良好型(0.3<Index≤0.5)、规则"软联通"一般型(0.1<Index≤0.3)、规则"软联通"滞后型(0≤Index≤0.1)。结果显示,2000 年,属于规则"软联通"一般型国家包括意大利、法国、英国等 16 个国家,其余国家均属于规则"软联通"滞后型国家。2007 年,越南、泰国、印度尼西亚等 50 个国家属于规则"软联通"一般型国家,其余国家属于

规则 "软联通" 滞后型国家。2014 年，规则 "软联通" 良好型国家包括泰国、新加坡、卡塔尔、澳大利亚、马来西亚、印度尼西亚、加拿大、新西兰 8 个国家；规则 "软联通" 一般型国家包括瑞士、哈萨克斯坦、韩国、巴基斯坦等 64 个国家；埃塞俄比亚、苏丹、阿曼等 115 个国家属于规则 "软联通" 滞后型国家。2021 年，韩国软联通指数为 0.71，成为规则 "软联通" 优越型国家；澳大利亚、智利、新加坡、泰国、巴基斯坦、马来西亚、哈萨克斯坦、匈牙利、卡塔尔、俄罗斯、老挝、新西兰 12 个国家为规则 "软联通" 较好型国家，其中绝大部分为 "一带一路" 共建国家；文莱、瑞士、巴西、阿联酋等 46 个国家为规则 "软联通" 良好型国家；沙特阿拉伯、马耳他、波兰、亚美尼亚等 67 个国家属于规则 "软联通" 一般型国家；坦桑尼亚、马达加斯加、巴拉圭、海地等 61 个国家属于规则 "软联通" 滞后型国家，这些国家多分布于非洲和美洲地区。

　　2000~2021 年，"软联通" 指数前 10 位的国家处于动态变化之中（见表 2-2）。2000 年，与中国规则 "软联通" 水平最高的 10 个国家分别为意大利、法国、英国、澳大利亚、日本、新加坡、丹麦、德国、西班牙以及埃及。从发展水平来看，这些国家多数为发达国家；从空间分布来看，这些国家主要分布于西欧地区。2007 年，与中国规则 "软联通" 程度最高的 10 个国家分别为越南、泰国、印度尼西亚、智利、马来西亚、澳大利亚、罗马尼亚、俄罗斯。无论是从发展水平抑或是空间分布来看，均与 2000 年有着显著的变化。这些国家大多数分布于亚洲，且多为新兴经济体。2014 年，泰国、新加坡、卡塔尔、澳大利亚、马来西亚、印度尼西亚、加拿大、新西兰、瑞士、哈萨克斯坦为规则 "软联通" 指数位于前 10 的国家。2021 年，与中国规则 "软联通" 发展状况最好的 10 个国家分别为韩国、澳大利亚、智利、新加坡、泰国、巴基斯坦、马来西亚、哈萨克斯坦、匈牙利、卡塔尔，其中多数位于亚洲和太平洋沿岸地区。且新加坡、泰国、巴基斯坦、马来西亚、哈萨克斯坦、匈牙利、卡塔尔均为 "一带一路" 共建国家。

表 2 - 2 代表性年份规则"软联通"指数前 10 位国家

2000 年		2007 年		2014 年		2021 年	
意大利	0.175	越南	0.193	泰国	0.453	韩国	0.707
法国	0.158	泰国	0.185	新加坡	0.440	澳大利亚	0.682
英国	0.130	印度尼西亚	0.178	卡塔尔	0.377	智利	0.675
澳大利亚	0.121	智利	0.178	澳大利亚	0.375	新加坡	0.673
日本	0.121	马来西亚	0.176	马来西亚	0.335	泰国	0.619
新加坡	0.210	澳大利亚	0.167	印度尼西亚	0.328	巴基斯坦	0.605
丹麦	0.119	罗马尼亚	0.167	加拿大	0.322	马来西亚	0.591
德国	0.119	俄罗斯	0.162	新西兰	0.304	哈萨克斯坦	0.578
西班牙	0.119	意大利	0.160	瑞士	0.294	匈牙利	0.572
埃及	0.114	法国	0.158	哈萨克斯坦	0.285	卡塔尔	0.547

资料来源：笔者自制。

通过定量评估发现，2000 年以来，中国与其他国家规则"软联通"水平存在明显的提升趋势，在 2000 年、2007 年、2014 年、2021 年中，中国与全球其他国家的平均规则"软联通"指数分别为 0.04、0.06、0.09、0.22，呈现明显的上升趋势。且在"一带一路"倡议提出后，中国与其他国家规则"软联通"的进展更为迅速，中国与全球其他国家的平均"软联通"指数由 2014 年的 0.09 跃升为 2021 年的 0.22。平均"软联通"指数增长幅度相较于 2014 之前年份大幅提升。

分区域来看，首先，中国与"一带一路"共建国家间的规则"软联通"程度同中国与其他国家间的规则联通程度存在明显的不同。中国与"一带一路"共建国家的规则联通程度明显高于中国与其他国家之间的规则联通程度，且两者之间的差距在不断拉大。不过，中国与共建国家及其他国家之间的"软联通"指数在"一带一路"倡议提出后，均实现了快速提升。其次，中国与各大洲国家间的规则联通程度也存在显著的差异。2000 年，中国与欧洲国家的规则联通程度最高，平均规则"软联通"指数为 0.073，亚洲国家和大洋洲国家次之且与欧洲国家存在明显差距。中国同非洲国家与美洲国家的规则"软联通"指数较低，仅为 0.019 和 0.021（见表 2 - 3）。2007 年，中国与欧洲国家的规则"软联通"程度依旧最高,平均规则"软联通"指数增长为 0.097。2000～2007 年,中国与亚洲国家的规则"软联通"程度实现快速提升,2007 年的平均规则"软联通"指数为 0.088,与欧洲国家的差距在缩小。美洲国家与非洲国家与中国的规则"软联通"程度依旧较低,并且提升有限。2014 年,亚洲国家与中国的平均规则"软联通"指数上升为 0.156,规则"软联通"水平超过欧洲,成为与中国规则"软联通"程度最高的大洲。2007～2014 年,中国同欧洲与大洋洲的规则"软联通"程度有所提升,但是提升幅度明显落后于中国与亚洲国家的规则"软联通"程度。这一时期,中国与美洲国家的规则"软联通"实现了较为迅速的发展,而中国与非洲国家的规则"软联通"程度仍没有明显提高。而在"一带一路"倡议提出后的 8 年中,中国与各大洲国家的规则"软联通"水平均实现了快速的提升,中国与亚洲国家、欧洲国家、大洋洲国家、非洲国家、美洲国家的规则"软联通"平均指数分别由 2014 年的 0.156、0.132、0.060、0.031、0.056 上升为 2021 年的 0.336、0.293、0.176、0.130、0.154。从地缘区域的角度来看,中东欧地区、欧亚地区和亚太地区是中国推进共建"一带一路"的重点区域,中国与域内国家的规则"软联通"水平在共建"一带一路"的 8 年中得到迅速提升。2014 年,中国与中东欧国家、欧亚地区国家、东盟十国的平均规则"软联通"指数分别为 0.105、0.158、0.288;2021 年,中国与三个区域国家平均规则"软联通"指数上升为 0.316、0.332、0.501。上述指标一方面说明了,中国在共建"一带一路"进程中,已经对规则"软联通"形成了足够的重视,且在促进同相关国家规则"软联通"的工作中取得了积极的成果;另一方面中国目前与亚洲、欧洲以及大洋洲等"一带一路"沿线重点区域的规则"软联通"效果较好,而非洲和美洲是中国"一带一路"规则"软联通"的薄弱环节。

表 2-3 代表性年份中国与各区域国家平均规则"软联通"指数

项目	2000 年	2007 年	2014 年	2021 年
平均	0.040	0.059	0.091	0.225
"一带一路"共建国家	0.053	0.091	0.146	0.333

续表

项目	2000 年	2007 年	2014 年	2021 年
其他国家	0.033	0.043	0.063	0.169
亚洲国家	0.050	0.088	0.156	0.336
非洲国家	0.019	0.026	0.031	0.130
美洲国家	0.021	0.033	0.056	0.154
欧洲国家	0.073	0.097	0.132	0.293
大洋洲国家	0.025	0.032	0.060	0.176
中东欧国家	0.053	0.090	0.105	0.316
欧亚地区国家	0.061	0.100	0.158	0.332
东盟十国	0.067	0.147	0.288	0.501

资料来源：笔者自制。

对四个代表性年份中各区域国家平均贸易规则"软联通"指数进行计算发现，2000 年以来，中国与其他国家贸易规则"软联通"水平有着显著的提高。2000 年、2007 年、2014 年、2021 年中国与全球其他国家平均贸易规则"软联通"指数分别为 0.022、0.027、0.032、0.055，呈现明显的上升态势（见表 2-4）。且在"一带一路"倡议提出后，中国与其他国家贸易规则"软联通"的进展更为迅速，中国与全球其他国家的平均贸易规则"软联通"指数由 2014 年的 0.032 跃升为 2021 年的 0.055，增长幅度相较于 2014 年之前有着明显的提升。

表 2-4　代表性年份中国与各区域国家平均贸易规则"软联通"指数

项目	2000 年	2007 年	2014 年	2021 年
平均	0.022	0.027	0.032	0.055
"一带一路"共建国家	0.033	0.042	0.045	0.077
其他国家	0.017	0.020	0.025	0.043
亚洲国家	0.031	0.042	0.048	0.070
非洲国家	0.013	0.016	0.019	0.025

续表

项目	2000 年	2007 年	2014 年	2021 年
美洲国家	0.013	0.018	0.023	0.031
欧洲国家	0.036	0.038	0.041	0.098
大洋洲国家	0.013	0.013	0.017	0.039
中东欧国家	0.035	0.037	0.039	0.100
欧亚地区	0.035	0.042	0.046	0.067
东盟十国	0.037	0.060	0.072	0.103

资料来源：笔者自制。

分区域来看，中国与"一带一路"共建国家的平均贸易规则"软联通"指数在四个代表性年份中均明显高于其他国家，且在"一带一路"倡议提出后，差距出现了扩大的趋势。分大洲来看，中国与亚洲和欧洲在贸易规则"软联通"方面的基础较好。在 2000 年、2007 年、2014 年，中国与亚洲国家和欧洲国家的平均贸易规则"软联通"指数明显高于非洲国家、美洲国家以及大洋洲国家的指数。在"一带一路"倡议提出后，中国同亚洲国家、欧洲国家、大洋洲国家的贸易规则"软联通"水平提升较为迅速，同非洲国家和美洲国家间的贸易规则"软联通"水平的提升相对滞缓。从"一带一路"沿线重点区域来看，中国与中东欧国家、欧亚地区国家以及东盟十国的贸易规则"软联通"指数高于"一带一路"共建国家的平均指数。且在"一带一路"建设开启后，上述三个区域国家与中国贸易规则"软联通"水平有了进一步提升。

对 2000 年、2007 年、2014 年、2021 年各区域国家平均投融资规则"软联通"指数进行计算发现，2000 年以来，中国与其他国家投融资规则联通水平有着明显提高。2000 年、2007 年、2014 年、2021 年中国与全球其他国家平均投融资规则"软联通"指数分别为 0.014、0.029、0.054、0.093，呈现明显的上升趋势（见表 2-5）。在"一带一路"建设开启后，中国与其他国家投融资规则"软联通"发展更为迅速。

表 2 – 5　　　代表性年份中国与年各区域国家平均投融资规则"软联通"指数

项目	2000 年	2007 年	2014 年	2021 年
平均	0.014	0.029	0.054	0.093
"一带一路"共建国家	0.015	0.045	0.092	0.166
其他国家	0.014	0.020	0.034	0.054
亚洲国家	0.015	0.042	0.097	0.174
非洲国家	0.004	0.008	0.009	0.026
美洲国家	0.008	0.013	0.028	0.047
欧洲国家	0.033	0.055	0.086	0.126
大洋洲国家	0.008	0.015	0.040	0.077
中东欧国家	0.014	0.048	0.064	0.143
欧亚地区	0.018	0.049	0.092	0.163
东盟十国	0.022	0.080	0.212	0.295

资料来源：笔者自制。

分区域来看，2000 年，中国与"一带一路"共建国家的平均投融资规则"软联通"指数与其他国家的平均投融资规则"软联通"指数十分接近。然而，在 2007 年、2014 年、2021 年共建国家与其他国家在投融资规则"软联通"指数上的差异逐渐扩大。2021 年，"一带一路"共建国家平均投融资规则"软联通"指数为 0.166，而其他国家的指数仅为 0.054。分大洲来看，2000 年，非洲国家、亚洲国家、欧洲国家、美洲国家以及大洋洲国家的平均投融资规则"软联通"指数分别为 0.004、0.015、0.033、0.008、0.008，欧洲国家的平均投融资规则"软联通"指数明显高于其他国家的指数。之后年份中，亚洲国家的平均投融资规则"软联通"指数快速增长，在 2014 年和 2021 年均高于欧洲国家的平均指数。中国同非洲国家、美洲国家以及大洋洲国家在投融资规则"软联通"方面的进展较为缓慢，且上述三个大洲国家的平均投融资规则"软联通"指数在 2021 年依旧处于较低水平，明显低于欧洲国家和亚洲国家的平均指数。从"一带一路"沿线重点区域来看，中国与欧亚地区国家以及东盟十国的投融资规则"软联通"指数高于"一带一路"共建国家的平均指数，而与中东欧国家的投融资规则"软联通"指数在 2014 年和 2021 年低于"一带一路"共建国家的平均指数。

由于在很长时期内,中国与其他国家在争端解决领域未签署相关的正式文件、协议等。因此,在 2000 年、2007 年、2014 年,各区域国家平均争端解决规则"软联通"指数均趋近于 0(见表 2 – 6)。而在 2014 年之后,随着一些重要文件相继签署,中国与其他国家在争端解决规则领域的规则"软联通"出现了新进展。分区域来看,2021 年,中国与"一带一路"共建国家的争端解决规则"软联通"指数高于中国与其他国家的争端解决规则"软联通"指数;分大洲来看,中国与亚洲国家的争端解决规则"软联通"指数最高,为 0.048,中国与大洋洲国家的争端解决规则"软联通"指数最低,为 0.022;从"一带一路"沿线重点区域来看,中国与欧亚地区国家及东盟十国的争端解决规则"软联通"指数高于中国与"一带一路"共建国家争端解决规则"软联通"的平均指数,而中国与中东欧国家的争端解决规则"软联通"指数低于中国与"一带一路"共建国家争端解决规则"软联通"的平均指数。

表 2 – 6   代表性年份中国与各区域国家平均争端解决规则"软联通"指数

项目	2000 年	2007 年	2014 年	2021 年
非洲国家	0.000	0.000	0.000	0.027
亚洲国家	0.000	0.000	0.000	0.048
欧洲国家	0.000	0.000	0.000	0.036
美洲国家	0.000	0.000	0.000	0.042
大洋洲国家	0.000	0.000	0.000	0.022
中东欧国家	0.000	0.000	0.000	0.018
欧亚地区	0.000	0.000	0.000	0.051
东盟十国	0.000	0.000	0.000	0.049
"一带一路"共建国家	0.000	0.000	0.000	0.041
其他国家	0.000	0.000	0.000	0.034
平均	0.000	0.000	0.000	0.037

资料来源:笔者自制。

对 2000 年、2007 年、2014 年、2021 年中国同各区域国家平均合作机制化指数进行计算发现，2000 年与 2007 年，中国同全球其他国家平均合作机制化指数相同，均为 0.003。与 2000 年和 2007 年的平均指数相比，中国同全球其他国家在 2014 年的平均合作机制化指数略有提高，数值为 0.006。2021 年，中国同全球其他国家的平均合作机制化指数出现明显提高，由 2014 年的 0.006 提升至 2021 年的 0.042（见表 2 - 7）。

分区域来看，中国与"一带一路"共建国家的平均合作机制化指数在四个代表性年份中均明显高于其他国家，且在"一带一路"倡议提出后，差距出现了扩大的趋势。分大洲来看，2000 年，中国与亚洲国家、欧洲国家、大洋洲国家的平均合作机制化指数明显高于非洲国家和美洲国家。在"一带一路"倡议提出后，中国与非洲国家的合作机制化水平提升迅速。2021 年，中国与非洲国家的平均合作机制化指数在各大洲中位于第一。而欧洲和美洲国家与中国的平均合作机制化指数在 2021 年落后于其他大洲，说明在 2021 年，中国与欧洲国家及美洲国家的合作机制化受到了一些阻碍。

表 2 - 7　　　　代表性年份中国与各区域国家平均合作机制化指数

项目	2000 年	2007 年	2014 年	2021 年
非洲国家	0.002	0.002	0.002	0.052
亚洲国家	0.005	0.004	0.011	0.044
欧洲国家	0.004	0.004	0.006	0.033
美洲国家	0.001	0.002	0.005	0.033
大洋洲国家	0.005	0.004	0.003	0.038
中东欧国家	0.004	0.003	0.003	0.055
欧亚地区	0.008	0.006	0.021	0.051
东盟十国	0.008	0.007	0.004	0.055
"一带一路"共建国家	0.005	0.004	0.010	0.049
其他国家	0.002	0.002	0.004	0.038
平均	0.003	0.003	0.006	0.042

资料来源：笔者自制。

二、各国规则"软联通"指数的时空异质性分析

(一) 核密度估计

在对中国与各国规则"软联通"指数进行时空异质性分析时,首先使用核密度估计的方法。具体来说,采用核密度估计构建中国与全球不同区域国家规则"软联通"指数的密度函数,选取 2000 年、2007 年、2014年、2021 年作为代表年份做出核密度图,并通过核密度曲线的峰值数量、整体移动趋势、曲线升降等信息系统地分析全球不同区域国家与中国规则联通水平的时间演变规律和空间差异。在计算核密度时,采用伊番科尼可夫 (Epanechnikov) 核函数,核密度估计公式为:

$$fh'(x) = \frac{1}{nh} \sum_{i=1}^{n} K\left(\frac{x - x_i}{h}\right)$$

其中, $fh'(x)$ 为核密度估计值; x 为变量; x_i 为标记点; n 为样本数量; K 为核函数; h 为带宽。最终的核密度如图 2–1 所示。

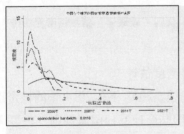
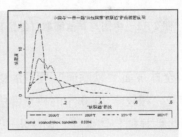
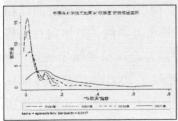
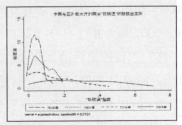

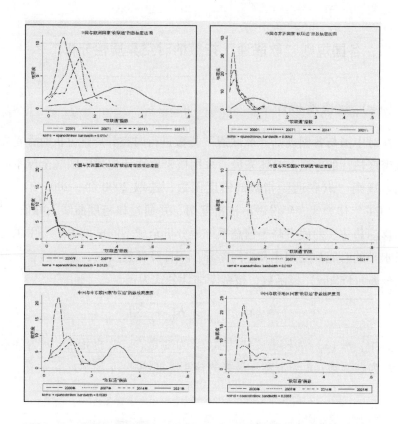

图 2-1　中国与其他国家（地区）规则"软联通"指数核密度曲线

1. 全球层面"软联通"指数的核密度估计

首先，相较于 2000 年的核密度曲线，2007 年和 2014 年的核密度曲线并未发生明显的整体偏移，反映出中国与全球其他国家规则"软联通"水平在 2000~2014 年整体而言提升有限。而 2021 年的核密度曲线相较于与 2000 年、2007 年、2021 年 3 个年份的核密度曲线，整体向右偏移，说明"一带一路"倡议提出后的 8 年中，中国与全球其他国家规则"软联通"水平呈明显的提升态势。其次，虽然相较于 2000 年的核密度曲线，2007 年和 2014 年的核密度曲线整体位置变化不大，但是在这两个年度的核密度曲线中均存在双峰，"主波峰"核密度值较高，对应的是规则"软联通"滞后型区域，相应的"次波峰"核密度值较低，对应的是规则"软联通"一般型区域。这表明在 2007 年和 2014 年,中国与不同国家规则"软联通"发展水平大部分集中在规则"软联通"滞后型区域,小部分位于规则"软联通"一般型区域,中国与部分国家的规则软联通水平有所提升。再次,2000 年和 2007 年的核密度曲线收敛在 0.2 以内,说明在 2000～2007 年,中国与全球大部分国家和地区的规则"软联通"水平较低,存在"低水平"俱乐部的收敛特征。2014 年的核密度函数出现了明显的右拖尾,表示中国与部分国家的规则"软联通"发展较为迅速,步入规则"软联通"良好型区域,成为规则"软联通"方面的领跑者。最后,相较于之前三个代表年份的核密度函数,2021 年的核密度函数宽度变大,峰值变小,这说明中国与各国规则"软联通"水平的集聚程度明显降低,差异性扩大,但并不存在两极分化的现象,大部分国家的规则"软联通"指数依旧集中于较低水平,仅有少部分国家进入规则"软联通"较好型区域和规则"软联通"优越型区域。

2. 共建国家与其他国家规则"软联通"指数的核密度估计

共建国家规则"软联通"指数代表性年份的核密度曲线的整体变化态势与全球层面的核密度曲线的整体变化趋势相似。2000 年、2007 年、2014 年 3 个年份的核密度曲线并未出现明显的整体偏移现象,而 2021 年的核密度曲线相较于之前三个代表性年份的核密度曲线,发生了明显的向右偏移。且共建国家规则"软联通"指数的 2021 年核密度曲线右偏幅度明显大于全球层面的 2021 年核密度曲线的右偏幅度,波峰位于规则"软联通"良好型区域。说明"一带一路"倡议提出后,相较于非共建国家,中国与共建国家间规则"软联通"水平的提升更为迅速,大部分国家步入规则"软联通"良好型区域中。

中国与其他国家规则"软联通"指数核密度曲线在四个代表性年份中的整体偏移态势与全球层面及共建国家规则"软联通"指数核密度曲线整体偏移态势相同。"一带一路"倡议提出后,中国与其他国家间规则"软联通"水平开始出现显著提升。此外,2000 年、2007 年以及 2014 年的核密度曲线均存在双峰。其中,"主波峰"核密度值较高,对应的是规则"软联通"滞后型区域,而"次波峰"位于规则"软联通"一般型区域。说明在共建"一带一路"开启之前,其他国家与中国规则"软联通"水平存在一定程度的分化。而在"一带一路"建设中，中国致力于提升与一切相关国家的规则"软联通"水平，消除了分化态势。

3. 各大洲国家规则"软联通"指数的核密度估计

亚洲与大洋洲国家规则"软联通"指数代表性年份核密度曲线的整体变动趋势与"一带一路"共建国家代表性年份的核密度曲线整体变动趋势相似。区别在于2021年的核密度曲线不存在明显的波峰现象。亚洲与大洋洲国家规则"软联通"指数不存在集聚现象。中国与域内各国规则"软联通"水平具有明显分散性，差异较大。欧洲国家规则"软联通"指数的核密度曲线随年份增加整体向右偏移，反映了中国与欧洲国家规则"软联通"水平，呈稳步提升态势。非洲国家规则"软联通"指数在2000年、2007年、2014年的核密度曲线均收敛在0.1左右，即绝大部分非洲国家在三个代表性年份中均位于规则"软联通"滞后型区域。2021年的核密度曲线虽出现明显右偏，但波峰仍然位于规则"软联通"滞后型区域中，反映出在2021年，中国与大部分非洲国家规则"软联通"水平较低。此外，2021年的核密度曲线出现了明显的右拖尾，说明部分非洲国家在参与共建"一带一路"过程中，中国与其规则"软联通"水平有较大改善。美洲国家在四个代表性年份的核密度曲线整体特征与非洲相似。但是美洲国家2014年和2021年核密度曲线的右拖尾比非洲国家同期的核密度曲线右拖尾更长。美洲国家2021年核密度曲线的右拖尾超过了0.6，位于规则"软联通"较好型区域，说明中国与个别美洲国家的规则"软联通"在2021年时达到了较高水平。

4. "一带一路"沿线主要区域规则"软联通"指数的核密度估计

"一带一路"沿线主要囊括三个区域，即东盟十国、欧亚地区以及中东欧区域。在计算中，东盟十国包括菲律宾、柬埔寨、老挝、马来西亚、泰国、文莱、新加坡、印度尼西亚、越南、缅甸；欧亚地区包括阿塞拜疆、白俄罗斯、俄罗斯、格鲁吉亚、哈萨克斯坦、吉尔吉斯斯坦、摩尔多瓦、塔吉克斯坦、土库曼斯坦、乌克兰、乌兹别克斯坦、亚美尼亚；中东欧区域包括阿尔巴尼亚、爱沙尼亚、保加利亚、北马其顿、波黑、波兰、黑山、捷克、克罗地亚、拉脱维亚、立陶宛、罗马尼亚、塞尔维亚、斯洛伐克、斯洛文尼亚、匈牙利。东盟地区在四个代表性年份中的规则"软联通"指数核密度曲线发生了明显的向右偏移,说明中国与东盟国家的规则"软联通"水平在逐渐提高。在 2007 年的核密度曲线中,出现了"双波峰"现象,并且两个波峰核密度值差异较小,反映出 2007 年和 2014 年,在东盟中出现了明显的两极分化趋势。2014 年及 2021 年的核密度曲线"双波峰"现象消失,说明"一带一路"建设过程中,中国与东盟国家规则"软联通"程度整体提高,且消除了在规则"软联通"上的两极分化状态。在欧亚地区与中东欧地区,四个代表性年份的核密度曲线同样随年份增加整体向右偏移,中国同这两个区域国家间的规则"软联通"程度呈现出稳步提升的趋势。同时,两个区域 2021 年的核密度曲线不存在明显的"左偏分布"的现象,波峰位于规则"软联通"良好型和规则"软联通"一般型区域,反映出欧亚地区和中东欧地区国家在整体上与中国规则"软联通"程度较高(见图 2 - 1)。

(二)规则"软联通"的空间自相关分析

空间自相关分析基于地理变量的空间数据,分析检验其相邻区域之间的相关性被广泛地用于分析变量的空间依赖性和异质性。在空间自相关分析中,常用的统计量为全局莫兰指数(Global Moran's I)和局部莫兰指数(Local Moran's I)。

1. 中国与全球各国"软联通"指数的全局莫兰指数检验

全局莫兰指数用于全局相关分析中,描述所有的空间单元在整个区域上与周边地区的平均关联程度。计算公式如下:

$$I = \frac{n}{S_0} \frac{\sum_{i=1}^{n} \sum_{j=1}^{n} w_{ij}(x_i - \bar{x})(x_j - \bar{x})}{\sum_{i=1}^{n} (x_i - \bar{x})^2}$$

其中,$S_0 = \sum_{i=1}^{n} \sum_{j=1}^{n} W_{ij}$;$n$ 为空间单元总数;x_i 和 x_j 分别表示第 i 个空间单元和第 j 个空间单元的属性值;$\bar{y}$ 为所有空间单元属性值的均值;W_{ij} 为空间权重值。全局莫兰指数的取值范围为 [-1,1]。当全局莫兰指数大于 0,表示所有地区的属性值在空间上有正相关性;若全局莫兰指数等于 0,表示地区随机分布,无空间相关性;若全局莫兰指数小于 0,则表示所有地区的属性值在空间上有负相关性。

以国家或地区间是否接壤为依据,构建空间邻接,若接壤则矩阵元素为 1,不接壤则矩阵元素为 0,矩阵的具体表示形式如下:

$$w_{ij} = \begin{cases} 1 & (\text{区域 } i \text{ 与区域 } j \text{ 接壤}) \\ 0 & (\text{区域 } i \text{ 与区域 } j \text{ 不接壤}) \end{cases}$$

使用上述全局莫兰指数计算公式,对 2000 年、2007 年、2014 年和 2021 年年中国与"一带一路"共建国家规则"软联通"指数进行全局莫兰检验。估计结果显示,当空间矩阵选择邻接矩阵时,2007 年、2014 年、2021 年的全局莫兰指数检验均在 1% 的置信水平上显著为正值,2000 年的全局莫兰指数检验在 5% 的置信水平上显著为正值,表明中国与"一带一路"共建国家的规则"软联通"水平呈现较为明显的正向空间效应。对上述四个代表性年份中国与全球各国规则"软联通"指数进行全局莫兰检验。估计结果显示,仅有 2000 年的全局莫兰指数在 1% 的置信水平上显著为正,其余三个年份的全局莫兰指数均不显著,表明从全球范围内来看,中国与其他国家的规则"软联通"水平不存在显著的空间效应。全局莫兰指数计算的具体结果如表 2-8 和表 2-9 所示。

表 2-8   "一带一路"共建国家邻接矩阵全局莫兰指数

年份	莫兰指数 I	标准差	Z 值	p 值
2000	0.191	0.098	2.115	0.017
2007	0.309	0.098	3.295	0.000
2014	0.436	0.097	4.644	0.000
2021	0.223	0.098	2.435	0.007

注:使用 Stata 15.0 计算得出;空间矩阵使用了国家邻接矩阵。

表 2-9   全球国家邻接矩阵全局莫兰指数

年份	莫兰指数 I	标准差	Z 值	p 值
2000	0.155	0.064	2.491	0.006
2007	0.077	0.065	1.272	0.102

续表

年份	莫兰指数 I	标准差	Z 值	p 值
2014	0.039	0.064	0.697	0.243
2021	− 0.029	0.064	− 0.372	0.355

注：使用 Stata 15.0 计算得出；空间矩阵使用了国家邻接矩阵。

2. 中国与全球各国规则"软联通"指数的局部莫兰指数检验

在上述分析的基础上，继续使用局部莫兰指数分析某区域 i 附近的空间集聚情况。使用空间邻接矩阵计算局部莫兰指数，并将各样本国家在局部莫兰指数散点图中的位置统计在表 2-10 中。

表 2-10　一带一路"沿线"国家的规则"软联通"指数在代表性年份的局部莫兰指数图中的象限分布

代表性年份	局部莫兰指数象限	国家
2000 年	第一象限	爱沙尼亚、白俄罗斯、保加利亚、波兰、俄罗斯、拉脱维亚、老挝、立陶宛、罗马尼亚、马来西亚、蒙古国、摩尔多瓦、斯洛文尼亚、泰国、土耳其、乌克兰、希腊、新加坡、匈牙利、越南
	第二象限	阿尔巴尼亚、阿富汗、阿塞拜疆、北马其顿、不丹、格鲁吉亚、哈萨克斯坦、吉尔吉斯斯坦、柬埔寨、捷克、缅甸、尼泊尔、斯洛伐克、文莱、印度尼西亚
	第三象限	阿曼、巴勒斯坦、波黑、黑山、卡塔尔、黎巴嫩、塞尔维亚、沙特阿拉伯、塔吉克斯坦、叙利亚、也门、伊拉克、伊朗、约旦
	第四象限	阿联酋、巴基斯坦、科威特、克罗地亚、孟加拉国、土库曼斯坦、乌兹别克斯坦、亚美尼亚、以色列、印度
2007 年	第一象限	爱沙尼亚、保加利亚、波兰、哈萨克斯坦、吉尔吉斯斯坦、柬埔寨、拉脱维亚、老挝、立陶宛、马来西亚、缅甸、斯洛伐克、斯洛文尼亚、塔吉克斯坦、泰国、文莱、乌兹别克斯坦、新加坡、印度尼西亚、越南

续表

代表性年份	局部莫兰指数象限	国家
2007 年	第二象限	阿富汗、阿塞拜疆、白俄罗斯、不丹、格鲁吉亚、捷克、蒙古国、孟加拉国、摩尔多瓦、尼泊尔、土库曼斯坦、乌克兰
	第三象限	阿尔巴尼亚、阿曼、巴勒斯坦、北马其顿、波黑、黑山、卡塔尔、科威特、克罗地亚、黎巴嫩、塞尔维亚、沙特阿拉伯、亚美尼亚、也门、伊拉克、伊朗、以色列、约旦
	第四象限	阿联酋、巴基斯坦、俄罗斯、罗马尼亚、土耳其、希腊、匈牙利、叙利亚、印度
2014 年	第一象限	阿联酋、白俄罗斯、俄罗斯、哈萨克斯坦、吉尔吉斯斯坦、柬埔寨、老挝、马来西亚、蒙古国、缅甸、泰国、文莱、乌克兰、乌兹别克斯坦、新加坡、印度尼西亚、越南
	第二象限	阿富汗、爱沙尼亚、波兰、拉脱维亚、立陶宛、孟加拉国、摩尔多瓦、斯洛伐克、斯洛文尼亚、土库曼斯坦
	第三象限	阿尔巴尼亚、阿曼、阿塞拜疆、巴勒斯坦、保加利亚、北马其顿、波黑、不丹、格鲁吉亚、黑山、捷克、克罗地亚、黎巴嫩、尼泊尔、塞尔维亚、沙特阿拉伯、希腊、叙利亚、亚美尼亚、也门、伊拉克、伊朗、以色列、印度、约旦
	第四象限	巴基斯坦、卡塔尔、科威特、罗马尼亚、塔吉克斯坦、土耳其、匈牙利
2021 年	第一象限	阿联酋、巴基斯坦、白俄罗斯、俄罗斯、格鲁吉亚、柬埔寨、卡塔尔、老挝、立陶宛、罗马尼亚、马来西亚、蒙古国、缅甸、泰国、文莱、乌克兰、新加坡、匈牙利、印度尼西亚、越南
	第二象限	阿尔巴尼亚、阿富汗、阿塞拜疆、爱沙尼亚、保加利亚、波黑、波兰、不丹、吉尔吉斯斯坦、克罗地亚、拉脱维亚、孟加拉国、摩尔多瓦、尼泊尔、斯洛伐克、斯洛文尼亚、土库曼斯坦、亚美尼亚
	第三象限	阿曼、巴勒斯坦、北马其顿、黑山、捷克、科威特、黎巴嫩、沙特阿拉伯、叙利亚、也门、伊拉克、约旦
	第四象限	哈萨克斯坦、塞尔维亚、塔吉克斯坦、土耳其、乌兹别克斯坦、希腊、伊朗、以色列、印度

资料来源：笔者根据中国与各样本国家的规则"软联通"指数在四个代表性年份的局部莫兰指数图自制。

局部莫兰指数的计算公式如下：

$$I_i = \frac{(x_i - \bar{x})}{S^2} \sum_{j=1}^{n} w_{ij}(x_j - \bar{x})$$

莫兰指数散点图中，其四个象限分别对应于区域单元与其邻居之间四种类型的局部空间联系形式：（1）第一象限代表了高观测值的区域单元被同是高值的区域所包围的空间联系形式；（2）第二象限代表了低观测值的区域单元被高值的区域所包围的空间联系形式；（3）第三象限代表了低观测值的区域单元被同是低值的区域所包围的空间联系形式；（4）第四象限代表了高观测值的区域单元被低值的区域所包围的空间联系形式。具体来说，中国与全球其他国家规则"软联通"指数的局部莫兰指数图反映出以下规律。第一，在所有"一带一路"共建国家中，中国与东盟国家规则"软联通"基础较好，且在共建"一带一路"过程中，中国与东盟国家规则"软联通"工作富有成效。具体来说，马来西亚、泰国、新加坡、老挝和越南五国在 2000 年、2007 年、2014 年以及 2021 年四个代表性年份的局部莫兰指数图中，均位于第一象限，说明这些国家一直与中国保持相对较高的规则"软联通"水平。而印度尼西亚、缅甸、文莱、柬埔寨等国家在 2000 年的局部莫兰指数图中位于第二象限，在 2007、2014 年、2021 年三个年份的局部莫兰指数图中均位于第一象限，反映出这些国家在 21 世纪之初，与中国的规则"软联通"基础较差，但是在之后年份中发展迅速，逐渐达到并保持在高水平上。第二，中国与部分"一带一路"共建国家的规则"软联通"陷入了低水平"洼地"，例如，阿富汗、孟加拉国、摩尔多瓦等在 2007 年、2014 年、2021 年的局部莫兰指数图中一直位于第二象限，即这些国家与中国的规则"软联通"水平较低，但是这些国家的邻国与中国的规则"软联通"水平却相对较高。此外，尼泊尔、波黑、不丹、阿尔巴尼亚、阿塞拜疆、保加利亚、克罗地亚、亚美尼亚等欧亚和中东欧国家在 2014 年的局部莫兰指数图中位于第三象限，而在 2021 年的局部莫兰指数图中位于第二象限，说明在共建"一带一路"过程中，这些国家的邻国与中国的规则"软联通"水平有所提高，但是其本国与中国的规则"软联通"水平却未有显著提升。第三，塞尔维亚、伊朗、以色列和印度在 2014 年的局部莫兰指数图中位于第三象限，而在 2021 年的局部莫兰指数图中位于第四象限，反映出其在参与共建"一带一路"过程中，与中国规则"软联通"水平有明显提升，但是未能发挥出辐射与溢出效应。

第三节　评价结果及对策建议

从以上对于"一带一路"规则"软联通"指标的分析可以看出，中国与其他国家的规则"软联通"水平在 2000 年后呈现出逐步提高的趋势，特别是在共建"一带一路"开启后，中国与其他国家，尤其是与"一带一路"共建国家在规则"软联通"方面实现了更为显著的提升。分区域来看，中国同"一带一路"共建国家无论在规则"软联通"基础上，还是在后续的发展上均优于中国同其他国家的规则"软联通"状况。从区域层面来看，2000～2021 年，中国规则"软联通"工作的重心出现了由西向东转移的趋势。2000 年左右，中国规则"软联通"工作的重点地区是西欧，而在 2021 年，中国规则"软联通"工作的重点地区为东盟、欧亚地区以及中东欧地区。从国家层面也同样反映出类似的情况，2000 年与中国规则"软联通"指数最高的前 10 位国家多为西欧发达国家，而在 2021 年与中国规则"软联通"指数最高的前 10 位国家更多为"一带一路"沿线地区的发展中国家。通过空间自相关检验发现，中国与"一带一路"共建国家的规则"软联通"发展情况存在着显著的空间正相关，即一国与中国的规则"软联通"发展状况受到其邻近国家与中国规则"软联通"发展水平的正向影响。此外，阿富汗、孟加拉国、摩尔多瓦等国处于同中国规则"软联通"发展的低水平"洼地"，需要在未来的规则"软联通"工作中格外关注。而塞尔维亚、伊朗、以色列和印度在共建"一带一路"过程中与中国的规则"软联通"水平有了明显提升，但是却未能带动其邻近国家与中国规则"软联通"水平提升。分规则领域来看，在贸易规则"软联通"方面，中国与亚洲国家和欧洲国家规则"软联通"基础较好且后续提升较快。在投融资规则"软联通"方面，中国同欧洲国家之间的规则"软联通"基础最好，但在此后年份中，中国与亚洲国家的投融资规则"软联通"迅速提升，成为同中国"软联通"程度最高的大洲。在 2021

年，中国与亚洲国家和美洲国家的争端解决规则"软联通"水平较高，而中国同亚洲国家与非洲国家的合作机制化水平较高。

关于推进"一带一路"规则"软联通"，今后可做好以下三个方面工作。

（1）加强规则"软联通"和基础设施"硬联通"的协同与对接。基础设施"硬联通"与规则"软联通"相辅相成，高质量的基础设施和高水平的规则相互配合，共同发挥作用，可以有效降低成本，符合各方面需求的项目和规则共同发挥作用也能够有力回应国际上对"一带一路"建设的质疑。要坚持将政府的引导作用与市场机制结合，加强重点项目的筛选和统筹推进工作，落实民生项目，强化经济合作信心，加快数字经济等更重规则联通的领域合作。

（2）充分利用现有国际规则，结合共建国家实际情况，高质量推进规则"软联通"。通过上述研究可以发现，中国与不同发展水平和地区的国家之间的联通水平存在较大差异，因此，在进行规则"软联通"的过程中，要避免追求"万能模板"，而应根据"一带一路"共建国家的国情和特点开展因地制宜的合作。把握《区域全面经济伙伴关系协定》（RCEP）的签署和实施的机会窗口，以此为平台强化与共建国家之间的战略对接；以申请《全面与进步跨太平洋和伙伴关系协定》（CPTPP）为契机，向国际高标准看齐。一切从实际出发，在合作过程中遵循灵活多变、协商共建的原则，分阶段有序推进规则"软联通"的建设工作。

（3）积极参与和推动全球经济治理机制的改革和发展。共建"一带一路"搭建了广泛参与的国际合作平台，为全球治理体系改革提供了中国方案。在多哈回合贸易谈判终止、WTO 规则供给不足的背景下，中国在不同领域展开的规则探索和标准制定，为国际组织和其他国家提供发展改革的参考，完善现有的制度。同时还能有效改善目前国际规则碎片化的情况，维护《联合国宪章》的宗旨和原则，推动有关规则"软联通"的平台化机制化建设，综合各方力量，创设服务于"一带一路"的规则标准，为中国企业"走出去"和国外企业"引进来"提供统一的新标准和规则，打破国家间的合作壁垒。

第三章

"一带一路"经贸规则联通研究

10 年来,"一带一路"走过了不平凡的历程。近年新冠疫情流行,我国与"一带一路"共建国家经贸合作不断加强,为全球经济复苏与发展做出持续、实质的贡献。随着发展模式与理念不断完善,强化规则标准"软联通"已成为"一带一路"倡议高质量发展的重要助推力。本章研究我国与"一带一路"共建国家的经贸规则联通,即国内规则与国际经贸规则联通及与共建国家的经贸规则联通。近年来,对外制度型开放、自由贸易试验区等措施显著提升我国同"一带一路"共建国家的经贸规则互认度,我国与共建国家规则联通共识正逐步扩大,经贸规则"软联通"已取得显著进展。

第一节　我国国内规则与国际经贸规则的联通

国际经贸格局变化是经济全球化持续推进的直观呈现。当前的国际经贸格局正处于变化与调整阶段,民粹主义、单边主义、逆全球化思潮的出现及经济结构体系的重构均显著削弱了国际市场与资源循环的动能,多边贸易体制受到严峻挑战,碎片化与区域化贸易合作趋势愈加明显。美、日、欧发达国家与地区试图强化在市场准入、产业反补贴、贸易便利化等传统贸易规则的支配地位,并以"高标准贸易规则"重构国际经贸新秩序。区块链、数字经济等新业态的出现强势加速新国际经贸规则的建立与优化①。但由于利益冲突，各国难以达成共识②。

近年来，我国主动参与联合国、世界贸易组织（WTO）及各国对国际经贸规则的讨论，支持国际组织健全贸易政策监督机制、完善争端解决机制，助力提高新兴市场国家与地区的经济地位，致力于在高水平贸易规则的建设与衔接中起引导与协同的角色，维持国际经贸规则平衡与包容。

一、国际经贸格局的演变及国际经贸规则重构

"规则之争""制度之争"正在引发全球产业链、价值链、供应链体系分化与重构。第二次世界大战后，由西方国家或地区主导的国际经贸规则经历了两次明显重构。首次重构在各国经济恢复时期，经贸规则谈判以非关税贸易壁垒为主。WTO 成立后，各国正式确定在多边体制下的货物贸易、服务贸易及知识产权新规则。伴随国际生产分工模式的演变与产业链条的日益完善，传统国际经贸规则体系暴露出利益分配不合理、治理成效差等不足，经贸规则适用与联通的矛盾愈发突出③。基于全球经济新形势，各国正在积极制定新的贸易政策，其也对现行国际经贸规则体系优化与拓展提出新要求。

（一）原有国际经贸规则探讨议题正不断深入

近年来，多哈回合贸易谈判推进屡次受阻，多边贸易体系逐渐弱化。为适应新形势，WTO 向全球各国呼吁深化原有国际经贸规则议题内容，强化各国对权利与义务的要求。如为提升各国贸易开放水平，各国开放承诺调整为负面清单，并优化为准入前国民待遇④；在特定贸易行业（金

---

① 常亮. 未来世界经贸格局的重塑及我国的应对策略［J］. 现代营销（学苑版），2021（9）：8 - 9.

② 薛应军. 我国深化法治互信与合作我国构建更高水平的国际经贸规则［N］. 民主与法制时报，2022 - 08 - 26（001）.

③ 东艳，郭若楠，曹景怡. 国际经贸规则与国家安全——基于区域贸易协定透明度规则的测度［J］. 国际经贸探索，2022，38（10）：4 - 20.

④ 沈伟，张国琪. 变局下的国际经贸规则重构——由中美贸易摩擦展开［J］. 上海商学院学报，2022，23（6）：44 - 62.

融、电信等）深化"零关税"措施，发挥各国比较优势。《区域全面经济伙伴关系协定》（Regional Comprehensive Economic Partnership，以下简称"RCEP"）、《全面与进步跨太平洋伙伴关系协定》（Comprehensive and Progressive Agreement for Trans – Pacific Partnership，以下简称"CPTPP"）等区域贸易协定积极推动"零关税、零壁垒、零补贴"，最大限度减免甚至取消特定产品关税，减少关税及非关税贸易壁垒，科学降低关税扭曲，期望实现贸易伙伴的对等开放与双边利益最大化。

（二）议题重点正逐步从边境前转向边境后措施

新一轮国际经贸规则制定内容已对各国政策产生影响，涉及范围扩大，内容日趋多元。国际经贸规则谈判的重点落在由"边境外"延伸至"边境内"。"边境内"并未集中在国外市场准入水平的提升，而是通过国内政策协调，消除贸易政策制定扭曲，实现国际市场间的公平竞争。同时，新国际经贸规则的议题范围更加广阔，除原有议题外，还涉及竞争政策、知识产权保护、劳工问题、环境问题等。新型经贸规则强调应建立公平、公正的竞争环境，要求国有企业中立地参与市场交易，禁止垄断，实现市场主体有序、合理、公平竞争，并明确规定劳动工资标准、工作时间等劳工问题[1]。以原有基础延伸知识产权保护客体范围，强化在表演作品、药品与生物制剂的版权保护力度，强化相关产权保护执法措施[2]。以上表明，新型国际经贸规则制定已扩展至通关前后的一系列环节，试图建立更深层次的新体系，实现全球市场开放水平全面提升。

（三）区域自贸协定成为国际经贸规则重构的重要载体

当前的国际经贸规则的确定方式仍为多边谈判。但由于近年来 WTO 争端解决机制作用功能严重削弱，难以产生实质性成果，据此，区域和双边经贸规则的构建愈发重要，区域自贸协定（Regional Trade Agreement，

---

① 蒋随 ."一带一路"倡议与全球经贸格局重构的研究 [J]. 智库时代，2020（8）：1 – 2.
② 林畅 . 创新和完善国际经贸规则推动"一带一路"高质量发展 [N]. 中国贸易报，2022 – 12 – 08（006）.

以下简称"RTA")已成为各方参与国际经贸规则重构的主要平台。现阶段，国际经贸规则推进方式正逐渐转变为先在双边与区域内进行谈判，再逐渐推广至多边贸易层面，最终在全球范围内形成广受认可的规则。各国正在随着国际与国内形势的变化调整其经贸策略，希望通过这种方式能够使部分目标一致的国家或地区建立统一战线[1]，部分发达国家或地区期望以 RTA 的签订输出符合自身利益的条款，达成相应贸易规则并逐步推广，抢夺规则制定先机。另外，众多发展中国家或地区也正在积极参与多边贸易谈判，构建适应自身利益发展的双边、区域经贸规则，以扩大自身在国际贸易规则体系重构中的话语权和影响力。

（四）新一代经贸规则更强调公平

在新一轮国际经贸规则的构建中，推动国际市场开放仍是全球拟制定经贸规则的核心理念。近年来，"东升西降"日益显现，发展中国家及相关地区的国际经贸水平较显著提升，其于全球价值链的地位与话语权也有所提高。发达国家或地区认为现行规则下，发展中国家与其相关地区获益更多，在倡导自由贸易与践行减免关税与非关税贸易壁垒的基础上，其认为"公平贸易"应被写入关于国际经济与贸易各个环节的规则中，以确保公平[2]。

以 CPTPP 为例。CPTPP 以"全面且进步"为目标，被发达国家或地区视为"21 世纪新型国际经贸规则典范与引领者之一"。从签订条款上来看，CPTPP 是贯彻"公平贸易"理念的代表性国际经贸规则范本。其涵盖的竞争政策、劳动等诸多内容均突出体现"公平"理念。例如，具体明确了政府采购程序公开的相关事宜和缔约国开放国内市场的承诺，确保信息透明度的同时，强调在各国的竞争法实施过程中的程序公正，包容性与适应性较强。

---

① 林创伟，白洁，何传添. 高标准国际经贸规则解读、形成的挑战与中国应对——基于美式、欧式、亚太模板的比较分析 [J]. 国际经贸探索，2022，38（11）：95–112.

② 于津平，印梅. RCEP 时代亚太经贸格局重构与中国的战略选择 [J]. 华南师范大学学报（社会科学版），2021（4）：5–18，205.

二、我国国内规则与国际经贸规则对接的现状

（一）制度型开放引领高水平经贸规则对接

制度型开放即"边境开放"逐渐转变为"境内开放"，并构建出同国际经济规则体系相统一的制度体系结构①，通过扩大对外开放水平的方式来促进国内制度体系的转型升级②。党的二十大因时制宜，提出制度型开放，对我国进一步嵌入全球产业链条、引导构建稳定和谐的国际经贸格局具有深刻现实意义。面对多边体制的不稳定性与世界格局变化的不确定性，我国对标国际经贸规则，扩大规则、规制、管理、标准等制度开放，这是提升利用、整合全球生产要素禀赋能力的根本要求，也是深度融入全球价值链的制度保障③。

1. 探索国际化建设路径，以更高水平的制度供给打造一流营商环境

我国依托于现有资源构建国际化、市场化、规范化的现代经贸环境，积极同国际标准相接轨，以营商环境为重点，展开深层次的规制变化和制度改进④。2013 年，党的十八届二中全会对工商登记制度提出了更深层次要求，也为商事制度改革带来了新契机。在国际公布的《全球营商环境报告 2014》中，我国位于第 96。此后，"三证合一""五证合一""多证合一"逐步在全国推广。2013 ~ 2019 年，我国营商环境在全球范围内的排名大幅上升，在《全球营商环境报告 2020》中排名提升至第 31 位。在此期间，我国相关部门与各省积极响应政策，发布了《优化营商环境条例》及因地制宜的地方政策，为国家倡议的地方创新实践提供依据。

重视打造现代化营商环境对激活市场主体，加强创新要素集聚效应，

---

① 赵伟洪，张旭. 中国制度型开放的时代背景、历史逻辑与实践基础 [J]. 经济学家，2022（4）：17 - 27.

② 张智奎. 新时代推动制度型开放的挑战与路径选择 [J]. 国际贸易，2021（7）：4 - 9.

③ 于婷. "一带一路"倡议下中外经贸关系与全球经贸格局重构 [J]. 商业经济研究，2021（3）：149 - 151.

④ 刘彬，陈伟光. 制度型开放：中国参与全球经济治理的制度路径 [J]. 国际论坛，2022，24（1）.

发挥比较优势意义重大①。但探索国际化营商建设路径并不意味着照搬发达国家或地区的经验与规则。因此，我国在对标高标准国际经贸规则的同时，应充分考虑国情，融入中国元素，赋能中国智慧，构建符合当前发展要求的营商环境评估指标体系，在沿用世界银行原有指标的前提下，创新性地引入"招标投标""市场监管""知识产权保护和运用"② 等多个指标。我国积极同国际经贸规则接轨，主动推进制度型开放，提供更高水平的制度供给，引导新国际经贸规则的构建。

2. 落实"市场准入 + 外商投资"负面清单制度设计，推进贸易便利化

"负面清单"最初主要用于国际领域对外商投资准入管理。党的十八届三中全会强调了标准化、规范化的市场准入制度，在设置"负面清单"的前提下，多元化的市场主体可按照规定，公平公正地进入清单之外的领域。党的十九大明确要求，积极推进市场准入负面清单制度在全国范围内落实。中共中央、国务院发布的《关于新时代加快完善社会主义市场经济体制的意见》再次将其列为重点任务。2022 年，《中共中央　国务院关于加快建设全国统一大市场的意见》通过实行市场准入负面清单制度，赋予市场主体更多的主动权与自主权，营造多元化市场主体依法使用生产要素，确保市场优势和作用在现代经济发展过程中的充分发挥。市场准入与外商投资相统一的负面清单制度，有助于在开放中厘清政府和市场的边界，完善国内国际双循环的现代市场体系，促进制度创新容错纠错机制的补充与完善，实现监管模式转型升级。在国际贸易"单一窗口"的支持下，对涉及不同通关环节的货物平均放行时间与口岸收费目录清单进行全面公开。③ 积极优化新兴贸易业态发展环境，重点完善制度环境，推进与贸易便利化相关的税收、市场准入、监管、法律法规等制度建设。

对市场准入"负面清单"的优化改进我国高水平开放的必由之路。我

---

① 戴翔. 要素分工、制度型开放和出口贸易高质量发展 [J]. 天津社会科学，2021（3）：93－98.

② 杨艳红，卢现祥. 中国对外开放与对外贸易制度的变迁 [J]. 中南财经政法大学学报，2018（5）.

③ 赵蓓文. 制度型开放与中国参与全球经济治理的政策实践 [J]. 世界经济研究，2021（5）.

国主动引入"负面清单"是对标国际、推进开放的一项重要举措。将负面清单扩大至市场开放则我国是智慧赋能的制度创新,落实市场准入负面清单条款的内容,在制度层面给予发展动力,都能客观反映我国制度型开放的进展。

3. 积极参与世贸组织改革,推动新区域贸易协定落实

我国主动投入世贸组织的转型升级,为实现国际经贸规则的优化与改进贡献力量。第十三届全国人民代表大会第三次会议强调,要重视为贸易和投资活动的开展提供保障。坚持遵循多边贸易体制,主动为世贸组织的转型升级贡献力量。我国致力于加强与各国经贸合作,实现互利共赢。对于试图修改全球自由贸易规则、威胁全球贸易仲裁体系等行为,要做出应对。我国开放已不仅局限于适应国际经贸规则,而是主动对接国际经贸规则、参与规则设计与完善。在 RTA 谈判中,我国既是规则制定的参与者,也是规则方向的引导者。在 RCEP 正式出台后,我国先后申请加入 CPTPP、《数字经济伙伴关系协定》(Digital Economy Partnership Agreement,以下简称 "DEPA")等多种区域贸易协定中,推动我国不断形成全方位、高水平开放的经济新格局。

作为多边主义的坚定支持者,我国始终积极为 WTO 改革贡献"中国方案"。加入 WTO 的 22 年中,我国主动同国际经贸规则相接轨,持续推进多边贸易体制的自由化、便利化、透明化。随着全球经济新形势变革,WTO 改革的过程必然伴随艰苦的谈判与多方力量博弈①,在此过程中,我国主动投入相关国际经贸规则的优化和改进中,增强自身在经贸规则调整中的影响力,坚持引导构建公平、透明、开放的多边贸易体制,坚定维护贸易投资自由化、便利化,推动建立和谐的世界经济格局。

(二) 发挥国内自贸区自贸港试验田作用,实现国际制度对接融合

建设高标准自贸试验区、高水平自贸港是我国对外开放机制体制创新

---

① 邵宇佳,艾婧. 新发展格局下对外开放与统一大市场何以兼得 [J]. 财经科学,2022 (11): 107 - 122.

的"试验田"。近年来，我国建立同国际高标准经贸规则相接轨的贸易规则体系，在践行制度型开放方面取得优秀的成绩。2021 年 11 月，国家主席习近平在第四届进博会提出，中国将在自由贸易试验区和海南自由贸易港落实高水平开放压力测试工作，依托于高水平开放平台"为国家试制度"的特色功能，加大推进服务贸易等领域规则、规制、管理、标准对接的压力测试等。① 2013 年国内首个自贸试验区在上海正式成立，此后国家在广东、天津、浙江、江苏、北京等多个省份设立自贸试验区，在此基础上构建出"东西南北中协调""陆海统筹"的对外开放格局。截至 2022 年，面向全国复制推广的制度创新成果已经达到 379 项。《中国（海南）自由贸易试验区总体方案》明确要求将海南打造为中国面对印度洋和太平洋的对外开放平台，实现外贸深化交流，自设立以来，海南自贸港已推出 1150 多项制度创新成果。我国正利用部分地区"先行先试"的有利条件，建立健全容错纠错机制，加大风险压力测试，推动不同区域因地制宜、因时制宜的高质量开放。

积极构建标准化、规范化的对外贸易平台是深化制度型开放进程的重要支撑。以自由贸易试验区为代表的开放平台既是我国深化改革开放进程的主要平台，也是制度创新的重要方法。在 2022 年自由贸易试验区建设与发展论坛上，广东带路城市发展规划研究院院长表示，中国自由贸易试验区应坚持制度创新，科技驱动，绿色引领，不断改善营商环境，持续提升国际贸易水平，提高国民经济贡献率，使其成为中国高水平开放发展"风向标"。

我国依托自由贸易试验区，加强与世界自由贸易区的通行经贸规则的联系，主动吸收和借鉴其优秀经验，肩负起在我国对外开放布局中打造开放度最高的自由经济区的职责。与国际上自由贸易区域接轨，真正做到"境内关外"②，逐步实现"经验＋模式"的"复制"与"推广"，并为全国范围内建立公开、开放、透明的市场规则奠定良好基础。

---

① 自贸试验区对标高标准国际经贸规则，深入推进高水平制度型开放 [EB/OL]. [2021 - 12 - 30]. https：//www. gov. cn/xinwen/2021 - 12/30/content_5665320. htm.

② 王明益，刘晓宇，李冉. 自贸试验区促进了企业高质量出口吗 [J]. 国际商务（对外经济贸易大学学报），2022（6）.

　　我国自贸试验区的制度创新是在学习传统的自由贸易区的制度基础上,创造性地结合我国经济发展需要的经验及模式。在国内层面侧重于服务实体经济与供给侧改革,克服结构性障碍,落实对外开放压力测试工作,为区域经贸协定谈判奠定深厚基础①。利用制度型开放强调国内制度与国际制度的有效衔接,我国创新并推广形成国际制度,利用双边规则的延伸、国际组织传播等多元化的手段形成"中国范本",有效化解"规则压力",找到实现全球经济治理创新的突破口。

三、我国与国际经贸规则对接的特点与存在的问题

　　2014 年,习近平总书记于全国两会上强调,要根据国际通行规则要求,积极构建同国际投资、贸易规则相统一的制度体系。当前环境要求我国尽快适应全球新一轮国际经贸规则变革重构的宏观背景,"变危为机",主动投身于全球经贸秩序的调整及改进中。结合国际高标准经贸通行规则的内容,我国在严格把握风险的基础上,积极投入到高水平的贸易自由化中,从内部推动现行规则、制度逐步向高标准、新规则趋近。但当前,我国与国际规则衔接仍存在客观阻碍。

(一)我国与国际经贸规则对接的特点

1. 规则制定话语权逐步提高,从现有规则接受者到未来规则倡导者

　　我国经贸规则与国际经贸规则对接是持续发展、持续进步、持续优化的过程。在此过程中,我国经历由"被动接受"到"主动参与"再到"创新引领"的蜕变。党的十一届三中全会将推进社会主义现代化建设确立为国家建设重点,我国紧抓经济全球化的时代潮流,积极推进商品和要素流动型开放经济。20 世纪 70 年代,我国各方面建设相对落后,因此话语权较弱;21 世纪初我国加入 WTO,按照世贸组织要求,我国必须遵循西方发达国家或地区主导的多边制度框架与规则体系,履行关税和非关税

---

① 韦金洪,张中秋,玉慧. RCEP 机遇下广西自贸试验区经贸合作的制约因素及优化策略[J]. 对外经贸实务,2022(11):34 – 40.

贸易壁垒的逐步削减、推动货物贸易、投资领域逐步自由化等"入世"承诺。

随着我国综合实力的提升,我国在全球经贸治理中的国际地位与话语权逐步凸显。在加入全球价值链分工初期,我国尝试通过加入国际组织主动参与国际分工,落实国际事务、履行国际责任。经济危机的爆发使我国在全球治理体系中的参与度进一步提高,贸易保护、民粹主义等逆向思潮同样对国际贸易规则提出新要求。2013 年,我国正式提出"一带一路"倡议。"一带一路"倡议是我国提出的全新发展倡议,通过与各国发展对接,推动共建国家或地区互联互通,带来更加基础层面的市场准入、劳务、知识产权等规则制定的权利共享。

我国坚持"人类命运共同体"理念,积极践行制度开放,打开"国门"的根本目的,不仅是为了推动国家或地区经济的发展,同时也是保障全球经济的稳定有序,并为其提供多元化的公共产品,主动履行大国责任。同时,我国在全球治理体系中的地位与影响力进一步提高,参与范围有所延伸,为构建"创新引领"全球经贸治理新格局奠定深厚基础。

2. 规则对接范围扩大,由商品和要素流动型开放向规则制度型开放拓展

经济全球化催生了以西方发达国家或地区为主导、多国参与的国际经贸组织,逐步形成"边境开放"的经贸规则,为商品与要素在全球范围内的流动转移提供规范。冷战结束后,各国和平发展的诉求使多边贸易体制建立健全。在 WTO 等组织的有效协调下,世界贸易壁垒大幅降低,推动了贸易进步。但原有开放模式的局限性日益显现,以 WTO 主导的多边体制,主要局限于商品与要素流动的"边境开放"规则,若仅因循"边境开放"已不能适应新形势的发展需要。

在坚持原本商品和要素流动型开放的前提下,我国积极推进制度型开放,加快建立相衔接的内部改革机制,改变以往仅"边境开放"的政策格局,逐步实现向"境内开放",包括投资便利化、知识产权保护及竞争中立等,推动区域内规则制度同国际规则制度相统一,以高水平开放带动改革全面深化。

（二）我国与国际经贸规则对接存在的问题

1. 数字贸易成为新国际贸易规则竞争新焦点，我国数字贸易规则亟待完善

基于大数据、互联网、区块链等现代信息技术的支持，数字经济在商业模式创新、贸易成本控制等方面发挥作用明显，引起全球价值链、供应链、产品链与服务链重构①。当前主流数字贸易规则不再与传统贸易条款相融合，协定内容多次升级，由贸易便利化到数据要素跨境流动与数据垄断，再到包容性与新兴经济发展。

现阶段，数字经贸国际规则主要反映在西方发达国家或地区主导下的区域贸易协定中。RTA、OEPC、G20、APEC 都出台了自身治理原则，多平台多主体共同推进，"同心圆"加速构建。在数字贸易的各类区域贸易协定中，绝大部分将数字贸易单独设章甚至单独成册。专门条款包括美国与约旦及新加坡的两项 FTA，专门章节包括 RCEP 的第 12 章、CPTPP 的第 14 章、USMCA 的第 19 章。在专门协定中，美国主导 13 项，欧盟主导 7 项，新加坡作为数字贸易新兴国家主导 4 项。《数字经济伙伴关系协定》（DEPA）、《美日数字贸易协定》（UJDTA）、《欧盟—新加坡数字伙伴关系协定》（EUSDPA）以及韩国和新加坡签署的《数字伙伴关系协定》（KS-DPA）都说明谈判领域逐渐从跨境商务到服务贸易再到数字经济的发展，高质量知识产权保护、跨境数字自由转移和个人信息安全成为谈判主要内容。

全球数字贸易规则治理呈现"四足鼎立"格局。美式模式强调数据要素的自由流动与存储非强制本地化，并试图嵌入其他国家或地区国内或区域内的数字经济治理。欧式模式强调隐私保护、视听例外与平台责任。中式模式强调互联网数据主权安全可控。新加坡模式强调中小企业包容性与数字贸易便利化②。在数字贸易规则制定方面，发达国家或地区凭借比较

---

① 李扬子，杨秀云，高拴平 . 后疫情时代数字贸易发展新趋势、困境及中国对策［J］. 国际贸易，2022（11）：57 – 6.

② 王俊，王青松，常鹤丽 . 自由贸易协定的数字贸易规则：效应与机制［J］. 国际贸易问题，2022（11）：87 – 103.

优势，在全球数字贸易中长期占据主动地位。各国在跨境数据自由流动方面达成统一共识，但我国重点在于强调国家或区域安全，与之不同。

但当前的数字贸易治理框架相对零散，数据治理与贸易治理并行且有重构趋势。同时，我国数字贸易发展时间较短，数字贸易规则理论研究与实践协调统一性较弱。首先，国内针对数字贸易的立法工作有待落实，现行相关法律主要涉及《中华人民共和国网络安全法》《中华人民共和国电子商务法》等，内容存在一定局限。同时，我国在数字贸易规则领域处于被动地位，西方发达国家或地区的主导地位难以被打破，数字贸易数据真实性、完整性的缺乏，对数字贸易的偏误估计可能负面影响数字贸易政策规则的制定。值得注意的是，随着各发达国家或地区间的合作程度提高，企业在数字贸易中的主导地位进一步增强，滋生行业垄断，对发展中国家或地区中小企业在数字贸易中发展造成严重阻碍。

各国对数字贸易的管制措施会影响数字贸易的发展走向，产生"数字面向"。因此，我国应及时优化数字贸易规则治理体系，完善数字治理与技术治理，提升金融科技与人工智能的研发与投入，充分履行大国责任，共同推动数字治理规则的协调兼容。

2. 国际经贸规则呈碎片化、广泛化，给规则对接带来困难

近年来，由于WTO争端解决机制效率低下，多边贸易受到冲击，多国选择以区域贸易为重点。双边与区域内贸易在全球贸易中的份额持续增长，逐渐演变为国际经贸合作、政治往来的主要方式。根据海关总署数据，从2010年开始，全球经济增长重心有转移趋势，发展中国家全球贸易额与比例明显上涨。经济发展促进话语权提升，其不再满足于被动接受发达国家或地区安排，现行全球贸易治理体系受到冲击，贸易格局呈多元化、碎片化。各方在发展中国家地位、国有企业、补贴等问题上产生分歧，发达国家或地区与发展中国家间的激烈博弈将成为未来一段时间的主题。

现行相关国际经贸规则多以西方发达国家或地区的现实条件与核心利益为基础，与广大发展中国家的经济体制脱节。同时，新一代国际经贸规则的构建正不断向区域靠近，更多以区域贸易协定为载体，西方发达国家或地区更易形成区域联盟，基于此，"竞争中立"原则越来越受到关注，国际经贸规则中对于国有企业的限制越来越多，而大多数发展中国家的国有企业分散在比较重要的行业领域之中，故国际经贸规则的变化极有可能会危及相关国家或地区的经济安全，破坏各国经贸关系的稳定。相对于发达国家或地区而言，我国开放起步较晚，在制度型开放、贸易自由化进程中虽已取得较大成效，但某些制度改革仍待进一步推进。

随着世界格局演变，国际经贸规则碎片化、复杂化特征一步突出，国际经贸规则可能会从发达经济体和新兴经济体的博弈演变为"两大阵营"博弈与"一对一"博弈并存，全球化与双边化、区域化同时存在，相互影响，多方利益呼声将阻碍国际经贸规则对接。

第二节　我国积极同"一带一路"共建国家或地区共商经贸规则

一、我国与共建国家或地区经贸规则联通的现状

随着"一带一路"倡议持续推进，各共建国家或地区均积极配合，解除疫情等因素产生的限制后，双边贸易展现出更强活力，贸易方式加速创新，保障体系日趋完善，贸易机制进一步走深走实，为全球开放合作、世界经济复苏注入新动能[①]，展望未来，秉持"共商、共建、共享"为原则的"一带一路"倡议正朝着高质量发展的目标前进。

（一）贸易规模持续增长

2017 年，首次"一带一路"国际合作高峰论坛召开，我国提出《推进"一带一路"贸易畅通合作倡议》（Initiative on Promoting Unimpeded Trade Cooperation along he Belt and Road），截至 2023 年 1 月底，我国已与

---

① 汤莉. 我国对标高标准国际经贸规则我国主动二字如何解？［N］. 我国国际商报，2022 - 01 - 05（003）.

151 个国家、32 个国际组织签署 200 余份共建"一带一路"合作文件。该倡议提出,要从自由化、便利化角度发展贸易,减少交易成本,进而从广度与深度多维度推进全球贸易。

在货物贸易领域,2013 ~ 2021 年,"一带一路"共建国家或地区初始货物贸易额为 1.04 万亿美元,后增至 1.80 万亿美元(见图 3 - 1),该数值同比 2020 年上涨 32.6%;在我国货物贸易总额中,"一带一路"产生的贸易额在 2013 年占比为 25%,2021 年提升至 29.1%;"一带一路"货物贸易主要集中在东盟;在共建国家或地区货物贸易总额中产生贸易额占比达 48.9%,规模有 8782.1 亿美元,在"一带一路"共建国家或地区货物贸易总额中占比 34.8%。结合海关总署统计数据可知,2022 年,我国与"一带一路"共建国家进出口合计达 13.83 万亿元人民币,同比涨幅为 19.4%。

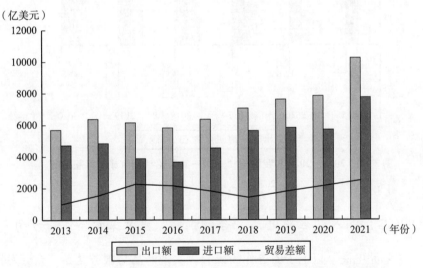

图 3 - 1 2013 ~ 2021 年我国与"一带一路"共建国家或地区货物贸易额

资料来源:海关总署、2013 ~ 2021 年《中国统计年鉴》。

我国与共建国家或地区货物贸易交易自 2013 年后累计至今总规模达 92 万亿美元。结合海关总署公布数据,我国"一带一路"货物贸易共涉及签署 140 个签署"一带一路"合作文件的国家或地区,涉及贸易总额为

1.9万亿美元，在我国货物贸易总额中占比40.9%[1]。

在服务贸易领域，仅在2020年一年，我国与"一带一路"共建国家或地区涉及的服务进出口规模达844.7亿美元；其中服务出口与服务进口规模分别为377.3亿美元、467.4亿美元（见图3-2）。服务外包业务在2020年实现快速发展，我国在2020年为"一带一路"共建国家或地区带来离岸服务外包业务涉及的交易规模达1360.6亿元，同比2019年上浮8.9%[2]。

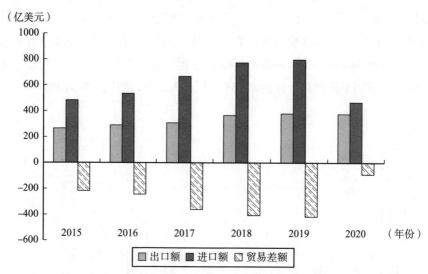

图3-2 2015~2020年我国与"一带一路"沿线国家或地区服务贸易额

资料来源：海关总署、2015~2020年《中国统计年鉴》。

（二）深入"丝路电商"合作机制，稳步探索合作新方向

"丝路电商"以电子商务作为媒介，实现产品与服务交易，充分发挥我国电子商务技术应用、模式创新和市场规模等优势，推进电子商务向国际化发展，为"一带一路"贸易开辟新空间，共同为数字经济发展明确国际规则，为古丝绸之路注入新的时代内涵[3]。2016年底至2020年，我国

---

① ② 《我国"一带一路"贸易投资发展报告2022》。

③ 董丹．"丝路电商"视角下俄罗斯海外仓建设的现状及对策［J］．对外经贸实务，2020（10）：85-88.

与 22 个国家或地区建立电子商务合作机制①，组织政企对话与企业对接，畅通交流合作渠道。2021 年，我国跨境电商进出口规模相比 2020 年上涨 31.1%，总规模达 2 万亿元②，我国网上零售额、跨境电商进出口额均逆势发展。2022 年上半年，全国网上零售额、跨境电商进出口额各为 6.11 万亿元、8867 亿元，同比涨幅达 20%③。在此阶段海关跨境电子商务管理平台验放进出口清单数量达 24.5 亿票，环比上涨 63.3%。

截至 2022 年 11 月，我国已经签署 16 个 "数字丝绸之路" 合作谅解备忘录，"丝路电商" 双边合作机制涉及国家或地区扩展至 24 个，并与中东欧国家或地区建立初步电商合作机制。在具体项目进程中，中阿网上丝绸之路等相关建设稳步有序推进④，以电商平台作为发展框架，为全球中小企业发展提供渠道。中国援非 "万村通" 项目涉及国家或地区已超 20 个。以上表明，我国与诸多国家或地区共同积极发展数字经济，成果惠及广泛。

我国进一步支持 "丝路电商" 的发展，为人工智能、区块链等先进技术发展给予支持，同步推进经贸政策法规衔接，保障各方企业的合法权益，推动海外企业加强海外营销网络建设，支持地方合作品牌打造，深化产业对接与地方合作，为我国与 "一带一路" 共建国家或地区中小微企业经贸发展提供更多的发展机遇与更大提升空间。

（三）与多国达成第三方市场合作共识，机制平台得到新提升

自 "一带一路" 倡议提出以来，我国与 "一带一路" 共建国家或地区不断丰富合作内容，就第三方市场发展形成明确与科学的发展机制。其中，我国提出的第三方市场合作模式为 "一带一路" 倡议推进提供平台支持。"平台机制" 可理解为国内企业与其他国家或地区企业以第三方市场

---

① 张锐，钱霖亮. 电商外交：概念界定与中国实践 [J]. 国际关系研究，2020 (6)：20 - 40，152 - 153.
②③《关于数字经济发展情况的报告》。
④ 张英，马如宇. 中国与 "一带一路" 沿线国家 "丝路电商" 建设的路径选择 [J]. 对外经贸实务，2019 (12)：19 - 22.

为发展点开展业务合作①。针对"一带一路"颁布多项文件，我国就第三方合作明确，"一带一路"倡议建设期间遵循公开、透明原则，在此基础上最大限度发挥优势，优劣互补，互利共赢。10 年来，我国与 14 个国家或地区签订第三方市场合作文件。同时，我国与其他国家或地区基于共识成立第三方市场合作委员会或工作组，明确合作涉及的项目、领域、内容等，以具体清单等书面正式形式加以明确，为合作顺利开展形成协调与合作机制。我国与其他国家或地区的企业在产品服务、投资、贸易、法律等诸多领域达成合作，囊括铁路、化工、油气、电力和金融等，我国也在合作中总结经验。2019 年，国家发展和改革委员会发布的《第三方市场合作指南和案例》总结归纳并剖析"一带一路"第三方合作经典案例，为中外企业合作提供指导，实现"一带一路"稳定、稳步、高效发展。

今后，我国可以以中欧第三方合作市场作为发展基础，推进我国与其他国家或地区的第三方市场建立，形成科学完善的合作机制，举办第三方市场合作论坛、成立合作基金等，实现各国技术、资金、产能等优势互补，实现共建国家互惠互利；针对重大投资项目可引入发达国家或地区技术方法进行风险评估，通过、跟踪、可行性验证等手段剖析项目，为"一带一路"合作推进营造低风险发展环境。

（四）口岸与海关推进"一带一路"共建国家或地区经贸互联互通

新时代，我国海关提出"智慧海关""智能边境""智享联通"（以下简称"三智"），旨在实现海关智能化发展，减少企业通关涉及成本支出，提高通关时效。世界海关组织、亚太经合组织、亚欧会议等国际组织与多边框架已将"三智"理念纳入相关文件及多边议程。海关总署培育了 78 项践行"三智"理念的"先行先试"试点项目，22 项涉及"一带一路"共建国家或地区合作，同时，我国将"一带一路"共建国家或地区一体化通关作为攻克重点，改革海关监管体制，调整原有作业流程，将多式联运、口岸操作、换装等纳入其中，形成"大通关"机制，实现共建国家或

---

① 多为中国企业与有关发达国家企业共同在发展中国家第三方市场开展经济合作。

地区间的信息、资源互换，形成监管、执法、检验检疫等方面规范化标准，构建全程运输规范协调机制，实现"一次通关、一次查验、一次放行"。

同时，我国海关还积极开展"经认证的经营者"（Authorized Economic Operator，以下简称"AEO"）互认合作，从通关方面为本国企业提供便利①。2017 年，我国海关牵头起草《世界海关组织"经认证的经营者"（AEO）互认实施指南》，此文件在世界海关组织会议上通过。在与我国签订 AEO 互认协议的 48 个国家和地区中，"一带一路"共建国家或地区包含 32 个。2021 年，为减少疫情的负面影响，我国与塞尔维亚、智利、伊朗、乌干达、南非五国签署 AEO 互认协议。截至 2022 年 10 月，我国共与 31 个"一带一路"共建国家签署 AEO 互认协议。

陆路口岸，是观察外贸的重要窗口。2022 年上半年，我国对"一带一路"共建国家或地区进出口增长 17.8%，较我国外贸整体增速高 8.4%。据霍尔果斯铁路口岸站统计，截至 2022 年 11 月，2022 年上半年在该口岸开行的中欧班列达 4251 列，较 2021 年上浮 9.31%；过货量较 2021 年上涨 4.73%，总规模达 448.92 万吨。现阶段，霍尔果斯通行班列线路所覆盖的国家及地区数量达 18 个，运输品类达 200 余种，增加"吊桥""界桥交接"等多样化非接触运输手段，保障物流货运畅通，充分发挥中欧班列"铁路快通"模式与"准轨换宽轨""关铁通"项目势能，保通保畅物流供应链。

（五）积极提供发展治理方案，促进"一带一路"机制化建设

"一带一路"倡议看得见的硕果使其获得更多国家及国际组织的认可，同时，我国须意识到"一带一路"项目建设是涉及生态、经贸、争端解决等一系列问题认知的建构过程。我国与"一带一路"共建国家或地区正着力建设高效统一的协调机制，整合共建国资源，协调或提供跨国社会基础设施、机制及默契信任等多层次公共产品，以上措施不仅能消除合作方疑

---

① 刘长俭，孙瀚冰，袁子文，等. 系统提升我国国际物流供应链韧性的路径 [J]. 科技导报，2022，40（14）：73 – 79.

虑与深化合作,也可以将"一带一路"建设拓展共赢,开拓可持续的发展空间。

"机制复合体"的决议执行模式是"一带一路"倡议发展过程中最高效且适合实际情况的选择。"一带一路"倡议以领导人会晤为主要方向,通过部长级会议明确整体框架,在交通、经济、人文、旅游、智库等数十个领域开展务实合作的多层次架构。现有机制组合架构在推动经贸往来、交通运输、能源合作、旅游等方面已取得一定成果,推进互惠互利的规划、机制对接,力促共建国家或地区乃至世界各国共同发展,合作共赢,也使我国以更高标准、更优姿态投身于与国际经贸规则体系的对接和互动中,通过加强政策、规则、标准联通,向发展中国家或地区推广中国发展治理的经验,为世界经济治理提供"中国方案"。同时,在"一带一路"推进中我国会与诸多国家或地区签署区域贸易协定,我国可以此作为基础,设计"中国版"区域贸易协定范本在"一带一路"共建国家或地区推广应用,通过"阶段式建设",结合贸易一体化整体框架,扩大贸易覆盖范围,形成全球高标准自由贸易区网络。在全球国际公共产品的提供方面具有极大优势,也实现了自身影响力的提升,在全球经济发展中掌握主动性。

二、我国与共建国家或地区经贸规则联通的特点与存在的问题

(一)我国与共建国家或地区经贸规则联通的特点

1. 要素禀赋互补性较强,规则对接合作国际阻碍小

"一带一路"共建国家或地区自然、经济、油气、农业等资源丰富,且与我国多呈互补趋势。如我国可通过沙特阿拉伯、伊朗进口油气资源,通过泰国、越南等进口热带经济作物,通过印度、南非等进口有色金属等。共建国家或地区虽已进入工业化发展阶段,但仍处于相对初中期,要实现进一步发展,他国助力必不可少,因此,大部分共建国家或地区迫切渴望与其他互补的国家或地区建立合作,以推动自身在基础设施建设、农业等方面的发展。我国已处于后期工业化阶段,与共建国家或地区存在阶

段化差异,资本、发展经验、适用技术极大满足其发展基本需求。基于此,我国有能力,也有必要协助共建国家或地区发挥其比较优势,确保稳定能源供给源的同时实现双方互利共赢①。我国已进入经济稳步发展阶段,与共建国家或地区发展的投资、互惠不存在附加条件,双方利益冲突小,规则对接阻力小,达成共识较为容易。

2. 合作正由"硬联通"向"硬软联通"结合过渡,塑造发展新态势

如今"一带一路"共建由强调"大写意"逐渐走向"工笔画",顶层设计以基础设施"硬联通"为重要方向,将规则标准"软联通"作为重要支撑。推动"一带一路"高质量发展,也促使由基础设施"硬联通"向各国互联互通法规和体系对接的"软联通"转型升级。加强共建国家或地区间发展规划、目标愿景、总体规划等的有效对接,扩大各方合作共识、找准合作切入点,是规则标准"软联通"的动力源泉和重要保障。从交通运输效率方面来看,保障基础设施的互联互通应作为合作共建的优先领域,同步强化"软联通",保障基础设施建设的同时,优化物流条件,提高物流周转效率。

为提高物流运输的便利化,我国与共建国家或地区间已达成多项协议,包括22项国际道路运输便利化协定、70项海运协定,还与100余个国家或地区建立航空运输协定。在与共建国家或地区的经济合作中,我国积极与共建国家或地区商签自贸协定或升级已签自贸协定,并在自贸协定协议文本中纳入知识产权、电商、数字经济等现代化议题,让"一带一路"共建国家或地区享受到真正的中国方案与中国智慧。

(二) 我国与共建国家经贸规则联通存在的问题

1. 共建国家形势复杂,商事争端解决机制存在冲突

在国际关系发展过程中,睦邻友好、互利合作是主导趋势。我国同"一带一路"共建国家或地区政治关系较为稳定,经贸往来前所未有的紧密,但各种风险因素潜在。首先,由于周边国家或地区政治制度、民族构

---

① 许创颖,于开贺. 粤港澳大湾区与"一带一路"沿线国家双向投资对经贸发展的作用机制分析 [J]. 商业经济研究,2021 (10):148 – 151.

成、经济发展水平存在较大差别，对华认知与自我认知错位，在非常规安全方面存在诸多风险因素。其次，有些国家或地区既想搭上我国经济发展的"快车"，也想让我国承担更多的国际义务①，部分国家或地区对我国还存在一定程度的不信任和猜疑。与此同时，在亚洲的区域多边架构及倡议日益增加的背景下，部分周边国家或地区采取均衡策略的倾向日渐明晰。

同时，在与共建国家或地区建立国际投资及合作过程中，国家或地区间不同商事争端解决机制表现出极大差异。如国际公约、参与国以及双边协议中，常会表现为不同投资仲裁机制。在商事争端解决上，各国司法制度差异大、裁判适用标准不同等，对商事主体难以形成有效的合法权益保护，影响法治化营商环境的搭建与发展。

2. 共建国家或地区发展水平较低且差异大，经贸规则联通环境不佳

"一带一路"倡议所覆盖的共建国家或地区总计 151 个，从经济总量来看，其在全球经济总量中占比达 30%，能源储备占比达 75%，共建国家或地区人口总量是全球人口的 63%。"一带一路"建设不仅体现于政策沟通、道路联通，还致力于实现贸易畅通、货币流通及民心相通。我国须客观正视共建国家或地区所存在的多样化特征，双方合作缺乏经验，部分国家或地区封闭且自我保护较强，经贸规则联通阻碍较大。

2021 年"一带一路"共建国家与地区人均国内生产总值（GDP）为 4647.47 美元，为 2021 年全球人均 GDP（11317.27 美元）的 41.07%；但国家或地区间极大的经济差距、贫富差距，间接使冲突加剧。同时，由于"一带一路"共建国家或地区缔结不同双边、多边或区域性贸易协议，各国承认与适用的国际贸易规则也存在较大差异，存在贸易便利化、边境措施、贸易救济规则、知识产权保护等问题上的合作与联通不畅。同时，"一带一路"部分共建国家或地区在贸易便利化、外资管理、营商环境等方面立法上相对滞后。例如，各国对国际市场的税收与贸易实践存在立法规定的差异，部分国家或地区外商投资法规存在诸多限制性规定，我国与

---

① 李博英. 构建新发展格局实现经济社会可持续高质量发展——基于中国与"一带一路"沿线国家经贸合作的实证研究 [J]. 西北大学学报（哲学社会科学版），2020，50（6）.

其经贸规则联通存在困难。

3. 规范以软法为主，实施力度相对较弱

实施"软法"的目的是建立相关的标准与规范，鼓励更多国家或地区主动参与到"一带一路"倡议的发展建设中。自"一带一路"倡议提出以来，我国长时间实施"软机制"国际合作形式，体现倡议的包容性及吸引力。但如没有相对标准的法案将难以落实各方权利义务，使今后贸易、法律等政策联通实施产生困难。为推动"一带一路"的高质量发展，我国必然要建立"软硬兼顾"规则模式。首先，为与共建国家和地区之间达成共识，我国需通过计划、方案等将落实各方权利义务，即硬法。其次，这些共建国家和地区情况相对复杂，随着"一带一路"倡议建设深入民心，其所建立的规则符合大多数国家或地区人民的心中所想，尤其在税收、航空、司法等领域中的合作。我国须签订双边协议以保障合作双方权利义务，推动倡议初衷的顺利实现。就共建国家及地区来看，达成合作的初衷及最终目的是维护秩序可持续发展。可见，以软法为主、软硬兼顾是大势所趋。

第三节 加强"一带一路"经贸规则联通的建议

全球经济新形势对我国经贸规则提出新问题，针对我国与国际经贸规则对接、与共建国家或地区经贸联通产生的种种问题，本节提出以下解决方案。

一、积极参与区域自贸协定谈判，提高制度性话语权

在新一轮国际经贸规则重构中，我国可引导各国明确权利与义务，深化关税减免、贸易投资便利化等传统议题，同时规则制定内容延伸至"边境后"措施。未来，我国在参与区域贸易协定谈判时，应有选择地接受发达国家或地区最近提出的一些改革动议，在深化数字经济、关税减免、电子商务合作、贸易融资、负面清单制度、基础设施与互联互通等领域，主

动推进制度型开放与国际标准相衔接，这既是推动国际国内规制融合的重要途径，也是国内深化改革的需要。对于知识产权、服务贸易、数字贸易规则、数据流动安全、金融货币、气候变化、高科技等存在较强的制度竞争性的领域，应积极开展对话与竞争，在参与全球经济治理的过程中提高话语权。

二、加强现有机制整合调整、推进高质量项目和高水平规则对接

新时代背景下，我国应以"一带一路"倡议为载体，强化政策体系的顶层设计，既要促进现行体制与创新体制的有机统一，又要注重经贸领域的协作，协调好周边国家或地区在经济、政治等多方关系，将"命运共同体"思想融入地区合作。另外，与周边国家或地区发展规划对接，增强双方合作。发挥经贸联委会、混委会等作用，针对重大项目建设，我国要稳步有序推进，强化合作亮点，增强与周边国家或地区间的合作信心，强化示范带动效应[①]，此外，我国还应当积极推进高质量项目和高水平规则标准对接。事实证明，"硬联通"与"软联通"相辅相成，高质量项目与高水平规则标准对接互为补充才是可持续发展之举。我国将继续切实打造成本收益合理、运作透明合规、契合各方需求、带动当地民生的高品质项目，这是对国际上质疑之声最有力的回应，是为世界经济早日启动新一轮增长贡献我国力量的直接抓手，是推动"软联通"深入发展的重要前提，是印证我国发展的时代强音。

三、加入数字经贸规则全球治理讨论，完善数字经济"中式模板"

当前，通过数字贸易实现经济高阶发展是推动我国经济增长的关键契

---

① 马万钟，梁薇，陈琼，等. 以标准"软联通"推进"一带一路"战略［C］//"标准化与治理"——第二届国际论坛论文集，2017：38－43.

机，更是建立可持续发展模式前所未有的机遇。此外，在带动新兴领域发展方面也具有无可替代的作用。我国不仅要重视数字贸易的发展，更需积极提炼数字贸易规则的"中式模板"，明确各个阶段的发展方向及发展目标，完善基础信息建设，推进其与传统行业之间的深度融合，为数字贸易发展建立产业基础。

通过发达国家或地区的历史经验可以发现，只有建立高水平的国内治理，才能真正引领国际规则制定。我国拥有全球最大的数字贸易市场，规模仍处于高速增长的过程中，为了数字经济的可持续发展，我国必然需要完善规则，为其发展提供有力保障。基于其现实需求，我国当前的主要任务即调整并建立、完善与其相关立法，并形成完备的方案。《电子商务法》《电子商务信用认证规则》《个人信息保护法》等的出台体现出我国数字贸易相关规则的制定正处于不断完善的阶段，但距离完善的数字贸易规则治理体系仍存在较大差距。未来在内容上应当着力于明确数字贸易界限，完善跨境数据流动规则，减少数字贸易发展的国内外障碍。同时，我国可以理性、务实、有选择地加入印太地区既有的数字贸易合作安排。

我国也要发挥自身建设性功能，更好地寻求更具有包容性的解决方案。例如，搭建开放式的多边协定，通过灵活的谈判框架为周边国家或地区提供充分的技术支持，以建立高标准的规范推动各方主体的高阶发展、平衡各方利益，依托"大市场优势"，将提升国际数字贸易治理话语权与扩大数字服务市场开放相结合，以搭建共同体为目标，深入谈判进程，保障结果的公平性、务实性。

就理论层面而言，数字经贸规则仍需要我国持续深入研究。结合"美式模板"的发展，能给我国数字经济发展带来一定经验，搭建完善国内规则体系，不仅是建立国内规则的必经之路，也是保障国际经贸规则的重要基石。当前，全球数字贸易迅猛发展，但是各国之间并未建立统一规则体系。表明我国当下的重要任务是深入数字贸易规则研究，紧随其最新发展，提前做好预设备案，及时有效应对摩擦及发展阻碍。加强法系研究，在关注国内数据传输的基础上更多地聚焦于跨境数据方面的管理，只有保障健康、完善的制度环境，才能为我国参与国际谈判提供强有力的制度支持，展现自身在数字贸易中的影响力及话语权。

同时，我国可以通过数字技术、数字产品与服务的输出进一步夯实中国数字经济的影响力，初步搭建以我国为"圆心"的数字贸易圈，实现由区域内向区域间的高阶过渡，目的是代表共建国家或地区参加发达国家或地区的讨论，为数字贸易规则的建立提供发展中国家的建设性意见。不断巩固、提高"中式数字贸易圈"的影响力。

四、深化国内经济体制深化改革，适应并引领国际经贸规则重构

以我国当前状况来看，有序深化经济体制改革是当下的核心任务，同时，建立高标准的市场经济，既是为了推动自身的可持续发展，也是为了快速对接国际，顺应未来的变革趋势，加速搭建市场统一制度规则，充分展现法治在这一过程中的引领、规范以及保障等功能为市场经济体制的高阶发展提供的强有力的支撑，搭建新发展格局，实现以市场决定资源配置，经济政策的灵活调整以及高阶转型。

在这一过程中，我国要关注知识产权的保护，以防止其影响自贸区试点重要功能的发挥，同时，保障高标准的自贸区网络建设，以降低外资门槛准入、提升通关便利化等作为优先推进方向，并将电子商务等新兴领域纳入后续自贸协定谈判及升级谈判中，倒逼国内体制改革，为推动经济的可持续发展提供强大而持久的动力。

同时，我国应深入研究发达国家自由贸易协定中贸易规则的新趋势，为我国企业与发达国家开展双边贸易提前做好准备。尽可能避免贸易摩擦对我国造成的负面影响，使我国在适应中进步，在进步中引领，为国际经贸活动营造健康有序、公平公正的成长环境。

五、健全多层次架构合作模式，推动国际经贸规则机制化建设

依现有模式而言，领导人会晤、部长级会议，各领域、多层次的架构机制的建立均属于非正式合作模式，问题和挑战不容忽视。解决其中存在问题不能完全依赖于复刻国际化标准，需要结合各国现实情况，建立灵活

性、务实性的复合机制，即"非正式对话机制＋正式约束机制"。其中，非正式对话机制属于软法机制，正式约束机制属于硬法机制，应根据具体情况，采取不同程度、不同深度的合作模式，并着力落实执行模式。非正式机制可通过高层会晤、双规对话机制等会建立相关协议，但是约束力薄弱。与之相配合的多边正式组织是约束力强的多边组织机构。"非正式机制＋金砖国家新开发银行"作为该执行模式的样板，让功能性机制化建设落到实处。既能发挥首脑或高层会晤的引领作用，又能在"一带一路"框架内建立或外部引入多边正式功能性组织，引导各领导人间达成政治共识，并转化为具体政策加以落实。

现如今，合作机制逐渐脱离之前的初级合作阶段，当下机制化建设应选择更高级执行模式，除非正式对话机制的建议之外，还应建立正式对话机制，并辅助自贸区、多边正式功能性组织机构，突出制度引领带动与发展规则导向。我国既要加强与"一带一路"合作条件成熟的国家商讨签订自贸区协定，又要加强与区域组织合作，这也是使我国加入新国际贸易规则"讨论组"的必经之路。

第四章

"一带一路"投资规则联通

　　"一带一路"倡议提出以来，取得了显著成果，尤其是在基础设施"硬联通"等建设方面成绩斐然。为进一步丰富"一带一路"的合作理念，探寻高质量发展之路，亟须加强规则标准的"软联通"建设。习近平总书记在第二届"一带一路"国际合作高峰论坛记者会上提到，将坚持共商、共建、共享原则，践行高标准、惠民生、可持续理念，积极对接普遍接受的国际规则标准，携手努力让各国互联互通更加有效。作为"五通"之一的资金融通是"一带一路"倡议的重要支撑，推动"一带一路"投资规则联通有助于拓宽融资渠道，降低融资成本，吸引各国积极参与金融合作。"一带一路"投资规则联通是共建国家在投资领域推动形成各方普遍遵循的规则标准，深化各主体间合作的过程。"一带一路"投资规则联通坚持共商、共建、共享原则，使共建"人类命运共同体"的理念深入人心。当前，"一带一路"投资规则联通取得了阶段性成果，我国与共建国家在投资规则的对接方面达成了一定的共识，并对国际规则产生了一定的影响。

第一节 中国与"一带一路"共建国家和地区投资合作的现状

一、中国对"一带一路"共建国家和地区投资状况

(一) 投资的整体状况

"一带一路"倡议提出以来,中国企业不断加快"走出去"的步伐,对共建国家整体投资实现了跨越式发展。截至 2021 年底,中国境内投资者在"一带一路"合作区域设立企业超过 1.1 万家,当年实现对"一带一路"共建国家直接投资 241.5 亿美元,累计投资达到 2138.4 亿美元。[①]

从投资流量层面而言,如图 4 - 1 所示,2013～2021 年中国对"一带一路"共建国家的投资规模呈现局部动荡但整体稳步上升的趋势。自 2013 年"一带一路"倡议提出至今,年投资流量由 126.3 亿美元到 241.5 亿美元,实现了接近两倍的增长。虽然 2016 年和 2018 年投资流量均出现了不同程度上的负增长,但较之 2013 年的 126.3 亿美元,仍有较大的提升。2013～2021 年中国对"一带一路"共建国家投资流量的增长速度高达 8.4%,远高于全球范围内 6.5% 的增速,上述分析凸显了"一带一路"倡议推进我国对共建国家投资的重要意义。

从投资存量层面,如图 4 - 2 所示,2013～2021 年中国对"一带一路"共建国家的投资积累不断增加。至 2021 年投资存量达 2138.4 亿美元,占同期中国对外直接投资存量的 7.7%,相较于 2013 年的投资存量扩大了近 3 倍。2013～2021 年,投资存量整体的年均增长率为 14.7%,但

---

① 中华人民共和国商务部. 商务部、国家统计局和国家外汇管理局联合发布《2021 年度中国对外直接投资统计公报》[EB/OL]. [2022 - 11 - 07]. 商务部新闻办公室,http://file.mofcom.gov.cn/article/syxwfb/202211/20221103365310.shtml.

从逐年变动角度来看，投资存量的增速在渐渐放缓。这主要是由于"一带一路"倡议提出初期，中国对"一带一路"共建国家的投资基础相对薄弱，年投资流量占总量的比重较大，因此呈现出高增速的状态。随着倡议的不断推进，投资规模持续扩大至较高的基数水平，投资增速逐渐减缓并趋于相对稳定。

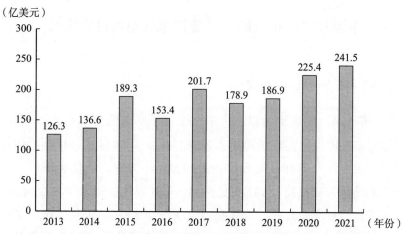

图 4 - 1　2013 ~ 2021 年中国对"一带一路"共建国家直接投资流量

资料来源：《2013 ~ 2021 年度中国对外直接投资统计公报》。

图 4 - 2　2013 ~ 2021 年中国对"一带一路"共建国家直接投资存量

资料来源：《2013 ~ 2021 年度中国对外直接投资统计公报》。

（二）投资的区域分布状况

为便于对"一带一路"投资的区域分布进行深入研究，本书参考了中国"一带一路"网的基础数据，对 63 个"一带一路"共建国家或地区的范围进行了界定，如表 4 - 1 所示。

表 4 - 1　　　　　　　　部分"一带一路"共建国家或地区界定

区域	国家或地区
东南亚（11 国）	越南、泰国、马来西亚、新加坡、印度尼西亚、菲律宾、缅甸、老挝、柬埔寨、文莱、东帝汶
南亚（6 国）	印度、巴基斯坦、斯里兰卡、孟加拉国、尼泊尔、马尔代夫
中亚与蒙古国（6 国）	哈萨克斯坦、塔吉克斯坦、吉尔吉斯斯坦、乌兹别克斯坦、土库曼斯坦、蒙古国
西亚北非（18 国）	以色列、土耳其、巴林、伊拉克、叙利亚、埃及、卡塔尔、阿联酋、伊朗、巴勒斯坦、约旦、阿塞拜疆、科威特、也门、阿曼、黎巴嫩、阿富汗、沙特阿拉伯
中东欧（22 国）	阿尔巴尼亚、保加利亚、匈牙利、波兰、罗马尼亚、爱沙尼亚、拉脱维亚、立陶宛、格鲁吉亚、亚美尼亚、白俄罗斯、摩尔多瓦、俄罗斯、乌克兰、斯洛文尼亚、克罗地亚、捷克、斯洛伐克、北马其顿、波黑、塞尔维亚、黑山

资料来源：中国"一带一路"网。

由图 4 - 3 来看，我国在"一带一路"区域以对东南亚地区投资为主，且对东南亚的投资占比远超过其他地区。这主要得益于我国与东南亚国家间良好的投资贸易往来关系，2003 年中国就与东南亚国家建立了战略伙伴关系，2010 年中国东盟自贸区启动，2022 年《区域全面经济伙伴关系协定》正式生效。加之双方地理位置接近的优势，中国对东南亚地区的投资前景依旧乐观。对西亚北非地区的投资存量居于次席，其中仅阿联酋一国的投资存量便占据整个地区的近 1/3。该区域依托资源禀赋优势，吸引了大量来自中国的投资。位居第三的区域是中东欧地区，区域内投资主要集中于俄罗斯，而对于中东欧地区其他国家，我国的投资基础相对薄弱。此外，在南亚地区的投资存量集中分布于印度和巴基斯坦，在中亚和蒙古国地区集中于哈萨克斯坦。整体来看，中国对"一带一路"共建国家投资的区域分布不均衡，主要集中于东南亚地区。而在其他区域投资存量相对较低，且主要以对区域内经济体系完备的大国投资为主导。

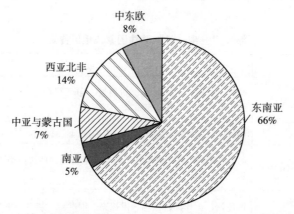

图 4-3   2021 年末中国对"一带一路"共建国家投资存量的区域分布
资料来源：《2021 年度中国对外直接投资统计公报》。

　　具体到国别角度，中国对"一带一路"共建国家投资同样呈现集中化的状态。如表 4-2、表 4-3 所示，2021 年对外投资流量位居前八的国家投资占据了对共建国家总投资的 86.4%，投资存量位居前八的国家占总投资存量的 69.4%。新加坡、印度尼西亚、越南是我国对外投资的重要合作伙伴，流量和存量两项数据均在前三名。其中，对新加坡的投资规模更是远远超出了其他共建国家，所占比重超过 30%。从全球投资视角来看，对新加坡的投资仍处于重要地位，流量占比为 4.7%，存量占比为 2.4%。鉴于共建国家间投资环境的巨大差异，我国对"一带一路"共建国家间的投资具有明显的偏好性，倾向于选择具有资源优势或经济发展基础牢固的国家。

表4–2   2021年末中国对"一带一路"共建国家投资流量前八位

排名	国家	流量（亿美元）	比重（%）
1	新加坡	84.1	34.8
2	印度尼西亚	43.7	18.1
3	越南	22.1	9.2
4	泰国	14.9	6.2
5	马来西亚	13.4	5.5
6	老挝	12.8	5.3
7	阿联酋	8.9	3.7
8	哈萨克斯坦	8.7	3.6
合计		208.6	86.4

资料来源：《2021年度中国对外直接投资统计公报》。

表4–3   2021年末中国对"一带一路"共建国家投资存量前八位

排名	国家	存量（亿美元）	比重（%）
1	新加坡	672.0	31.4
2	印度尼西亚	200.8	9.4
3	越南	108.5	5.1
4	俄罗斯	106.4	5.0
5	马来西亚	103.5	4.8
6	老挝	99.4	4.6
7	泰国	99.2	4.6
8	阿联酋	98.4	4.5
合计		1488.2	69.6

资料来源：《2021年度中国对外直接投资统计公报》。

（三）投资的行业分布状况

2021年末，我国对共建国家的投资已经涵盖了国民经济18个行业大类，整体上呈多元化发展态势。从中国对共建国家投资流量的行业分布状况上来看，同样存在集中性的特征。如表4-4所示，投资规模最大的行业是制造业，仅在制造业上的投资就占到总投资的40%。流向批发和零售业、建筑业、租赁和商务服务业的投资占比也都接近或超过10%。通过与2020年投资流量对比，可以看出我国对共建国家不同行业的投资具有很强的变动性。对批发和零售业与居民服务/修理和其他服务业的投资倍数式增长，而建筑业、电力/热力/燃气及水的生产和供应业、科学研究和技术服务业则是出现了负增长。与中国对全球投资的行业分布对比，在全球范围内的对外投资已实现了20个国民经济行业的全覆盖，由此可见，对"一带一路"共建国家投资还存在尚未涉及的领域，有待开拓。中国对共建国家的投资与对全球的投资在行业结构上差异明显，全球范围内的投资以租赁和商务服务业为主，占比达40%，而制造业所占比例仅为10%。此外，全球范围内对于金融业、信息传输/软件和信息技术服务业的投资比例更是远高于共建国家的比例，这与"一带一路"共建国家以发展中国家为主，发展水平较低的现状相符。

表4-4　2021年中国对"一带一路"共建国家投资流量的行业分布

行业	流量（亿美元）	变动（%）	比重（%）
制造业	94.3	22.8	39
批发和零售业	33.3	106.8	13.8
建筑业	24.1	-35.9	10
租赁和商务服务业	22.9	18.0	9.5
电力、热力、燃气及水的生产和供应业	18.5	-34.1	7.7
交通运输、仓储和邮政业	16.6	23.2	6.9
金融业	13.9	73.6	5.6
居民服务、修理和其他服务业	6	139.5	2.5
科学研究和技术服务业	5.4	-37.9	2.2

资料来源：《2021年度中国对外直接投资统计公报》。

二、中国利用"一带一路"共建国家和地区投资状况

利用外资是我国对外开放基本国策，也是构建开放型经济体制的重要内容，在推动双向投资发展和深化模式改革进程中发挥了引导作用。在2008 年金融危机爆发后，世界各国经济发展停滞，我国也进入了经济增速放缓的周期，2012 年使用外资额出现负增长，亟须推动经济发展的新动力。2013 年"一带一路"倡议提出，作为"引进来"和"走出去"并驾齐驱的双向发展的战略，"一带一路"对吸引外资的高度重视激发了共建国家企业来华投资的积极性，而"一带一路"对于我国开放型经济体制建设的推动，则为外商来华投资消除壁垒，营造了良好的投资环境。

2013 年是"一带一路"倡议正式提出的关键年，也是我国利用投资进入全面发展时期的黄金年。在这一时期我国利用投资的管理体制发生巨大变革，取得显著效果。2013 年 9 月上海自由贸易试验区成立，截至2022 年 8 月，我国已累计建立 21 个自贸试验区。① 自贸试验区成立后率先实行了"负面清单"模式，作为我国"负面清单"管理模式的试验田，其对外商投资的开放程度更高，为促进贸易自由化便利化、投资自由化便利化提供了大量可复制借鉴的经验。《中华人民共和国外商投资法》于2019 年 3 月正式颁布，成为我国历史上首部外资立法。系统保护了外商投资者的合法权益，规范了外商投资管理。在自贸试验区"负面清单"模式试行和《外商投资法》指导的基础上，全国版"负面清单"逐渐开始实施，其内容根据经济发展形势变化，每年更新调整。至 2022 年外资准入负面清单已实现连续 5 年缩减，对外开放程度进一步提升。现阶段，我国稳居世界第二大外资流入国的位置，2021 年实际使用外资金额达 1809.6亿美元。其中"一带一路"共建国家投资也成为外资的重要来源，所占比重连年稳定在 4% ~7% 。

---

① 资料来源：中国政府网。

（一）利用投资的整体状况

如图4-4所示，2013年以来，"一带一路"共建国家年对华实际投资金额不断浮动，2016年和2017年更是出现了两连跌，直到2021年才在高增长率的基础上首次突破百亿美元。尽管在实际投资金额上未取得重大突破，但近年来我国致力于改善外商企业的投资营商环境，在世界银行营商环境评估中的排名持续上升，共建国家对华投资的质量有了显著提升。

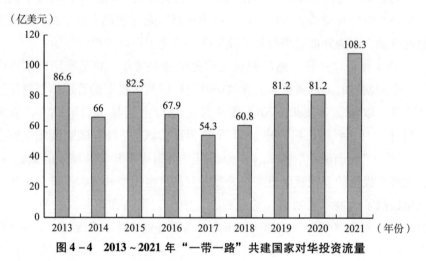

图4-4 2013～2021年"一带一路"共建国家对华投资流量

资料来源：《中国外资统计公报2022》。

左川（2019）阐述了设立外资企业和吸引外资间的关系，设立了外资企业才能吸引到外商投资，而我国所利用的外资主要来源便是外商投资。但是利用外资的金额仅仅能反映已经发生和正在发生的，新设的外资企业数量中展现的才是未来。[①] 如图4-5所示，"一带一路"共建国家在华投资新设企业数量整体显出高速增长趋势。2019年新设企业数达到历史新

---

① 左川 . "一带一路"对外资分布的影响——基于区域的视角 ［J］. 中国外资，2019（1）：94-96.

高，为 5570 家，2020 年受新冠疫情影响有些回落，但在 2021 年又一次突破了 5000 家，且近几年的数据相较于倡议提出初期涨幅明显。"一带一路"共建国家在华投资新设企业数量占所有国家的比重上，2016 年比重首次超过了 10%，此后便一直居于该水平之上，2019 年占比更是高达13.6%。"一带一路"共建国家在华投资新设企业数量占所有国家比重明显高于"一带一路"共建国家对华投资流量占所有国家比重，再加上新设企业数保持高增长率，由此看出，中国利用"一带一路"共建国家投资整体上前景明朗。

图 4 - 5 2013 ~ 2021 年 "一带一路" 共建国家在华投资新设企业数量

资料来源：《中国外资统计公报 2022》。

（二）利用投资的区域分布状况

表 4 - 5 显示了 "一带一路" 共建国家中对中国直接投资存量最多的10 个国家，对中国投资存量占共建国家比重共计为 96.8%，其中仅新加坡一国的投资存量占比便达到 79.4%，我国在利用"一带一路"共建国家和地区投资的区域分布上差异显著。

表 4 – 5　　截至 2021 年"一带一路"共建国家对中国直接投资存量前十位

排名	国家	实际投资金额（亿美元）	比重（%）
1	新加坡	1208.4	79.4
2	马来西亚	79.9	5.2
3	泰国	45.9	3.0
4	菲律宾	34.1	2.2
5	文莱	28.3	1.9
6	印度尼西亚	26.7	1.8
7	沙特阿拉伯	17.2	1.1
8	阿联酋	13.4	0.9
9	俄罗斯	10.8	0.7
10	印度	9.5	0.6
	合计	1473.4	96.8

资料来源：由《中国外资统计公报 2022》整理所得。

从区域分布上，东南亚地区 11 个国家的对华投资存量为 1431.5 亿美元，占比为 94%。新加坡、马来西亚、泰国、菲律宾、文莱、印度尼西亚对华实际投资金额分别居前六位，东南亚地区是"一带一路"共建国家对华投资最为核心的区域。西亚北非地区对华投资存量为 48.8 亿美元，占比为 3.2%。沙特阿拉伯和阿联酋是区域内对华投资规模较大的国家，以色列、土耳其、科威特、伊朗等国家也具有一定的投资规模，除此之外，其他国家对华投资存量均未超过 1 亿美元。中东欧地区对华投资存量为 28.9 亿美元，占比为 1.9%。俄罗斯是区域内与我国双向投资关系最为紧密的国家，对华投资存量为 10.8 亿美元。匈牙利、捷克、罗马尼亚、波兰分别也有 4.0 亿美元、3.1 亿美元、3.0 亿美元、2.4 亿美元的对华投资存量。南亚地区对华投资存量为 11.2 亿美元，占比为 0.7%。整体对华投资规模较小且集中于印度和巴基斯坦两个国家。中亚和蒙古国地区对华投资存量为 2.3 亿美元，占比为 0.1%，其中哈萨克斯坦为 1.5 亿美元，蒙古国为 0.4 亿美元。

从国别分布上，新加坡是我国最为重要的外资来源国，外资来源整体上集中分布于"一带一路"区域经济发展基础较好的国家，主要的外资来源国对华投资也较为稳定。此外，各个区域内均存在具有一定对华投资规模的国家，这充分说明了我国在利用外资的国别来源上逐渐丰富。但是，"一带一路"区域仍存在相当一部分国家尚未形成对华投资的体系，或受限于经济基础，或受限于国家政策，对华投资规模极低，未来对华投资合作有待进一步加深。

通过分析可以看出，中国在对"一带一路"共建国家和地区投资和利用"一带一路"共建国家和地区投资的区域分布上具有高度相似性，这与"一带一路"倡议的推动密不可分。我国增加了对"一带一路"共建国家的投资会促进"一带一路共建国家"对华投资；相反，外资企业对我国的投资增加也会加快国内投资"走出去"的步伐。

（三）利用投资的产业分布状况

从三大产业角度来看，我国利用投资的产业分布不断优化。第一产业利用外商投资所占比重常年不足1%，第三产业取代了第二产业成为利用外商投资的主导产业。2011年第二产业利用外商投资所占比重首次被第三产业超越，在这之后第三产业所占比重不断上升，第二产业所占比重则是连年下滑。2021年，第三产业实际使用外资金额为1380.8亿美元，占比接近80%，第二产业使用外资金额423.4亿美元，第一产业仅为5.4亿美元。[①]

从具体行业角度来看，如表4－6所示，批发和零售业与制造业并驾齐驱，对华实际投资金额均超过了20亿美元；房地产业与租赁和服务业也保有较高的份额；信息传输、软件和信息技术服务业增长迅速，实际投资金额达8.5亿美元；这五个行业便占据2021年"一带一路"共建国家对华投资金额的79.7%。相较于全球范围外商对华投资金额前五位的行业，具有比较强的趋同性（见表4－7）。但也存在两点差异：第一，共建国家在制造业上对我国投资比重过高。第二，共建国家在科学研究和技术服务业与信息传输、软件和信息技术服务业对我国投资比重偏低。这也为

---

① 资料来源：《中国外资统计公报2022》。

我国优化利用"一带一路"共建国家投资指明了调整的方向。

表 4 – 6   2021 年"一带一路"共建国家对华投资金额前五位的行业

排名	行业	实际投资金额（亿美元）	比重（%）
1	批发和零售业	23.6	21.8
2	制造业	22.2	20.5
3	房地产业	16.3	15.0
4	租赁和商务服务业	15.8	14.6
5	信息传输、软件和信息技术服务业	8.5	7.8

资料来源：《中国外资统计公报 2022》。

表 4 – 7   2021 年全球外商对华投资金额前五位的行业

排名	行业	实际投资金额（亿美元）	比重（%）
1	批发和零售业	337.3	18.6
2	租赁和商务服务业	330.9	18.3
3	房地产业	236.1	13.0
4	科学研究和技术服务业	227.5	12.6
5	信息传输、软件和信息技术服务业	201.0	11.1

资料来源：《中国外资统计公报 2022》。

如表 4 – 8 所示，通过对 2017～2021 年"一带一路"共建国家对华投资金额前五位行业进行比较，直观地研究各行业利用投资的变化趋势。批发和零售业近 5 年始终是利用投资金额前五位的行业，2017～2020 年实际投资金额在 5 亿美元上下波动，2021 年以接近 4 倍的增幅跃居成为"一带一路"共建国家对华投资金额最高的行业，达 23.6 亿美元。制造业作为共建国家对华投资的重点，实际投资金额一直居于高位。但从 2020 年起，制造业利用投资稳步增长的势头放缓，出现了负增长，2021 年更是被批发和零售业超过，首次降至第二位。房地产业与租赁和商贸服务业利用投资规模较大且相对稳定，对租赁和商贸服务业投资的金额在 2019 年的大幅增长过后逐渐趋于平缓。对交通运输、仓储和邮政业的投资也呈现稳步上涨的态势，但在规模上与上述几个行业还存在差距。信息传输、软件和信息技术服务业在 2021 年再次成为对华投资金额前五位的行业。

表 4 – 8　　　　　2017～2021 年 "一带一路" 共建国家对华
投资金额前五位的行业　　　　　　　　单位：亿美元

2017 年前五位 行业及实际 投资金额	2018 年前五位 行业及实际 投资金额	2019 年前五位 行业及实际 投资金额	2020 年前五位 行业及实际 投资金额	2021 年前五位 行业及实际 投资金额
制造业 15.2	制造业 20.1	制造业 24.2	制造业 22.6	批发和零售业 23.6
房地产业 10.5	房地产业 9.9	租赁和商贸服务业 18.2	房地产业 17.8	制造业 22.2
租赁和商贸服务业 7.4	租赁和商贸服务业 8.1	房地产业 13.4	租赁和商贸服务业 14.7	房地产业 16.3
批发和 零售业 5.0	交通运输、 仓储和邮政业 5.4	交通运输、 仓储和邮政业 6.1	交通运输、 仓储和邮政业 6.3	租赁和商务 服务业 15.8
信息传输、软件和 信息技术服务业 4.5	批发和 零售业 5.2	批发和 零售业 4.6	批发和 零售业 5.8	信息传输、软件和 信息技术服务业 8.5

资料来源：2017～2021 年《中国外资统计公报》。

第二节　推动 "一带一路" 共建国家和地区间投资规则联通的进展和举措

一、投资协定持续签订

(一) 双边投资协定的签订情况

双边投资协定（BIT）是由两国政府签订的一项法律协定，旨在鼓励并保护缔约双方的投资。双边投资协定的具体内容在不断地更新变动，不同国家间签订的双边投资协定也大不相同，但主体框架大致包括以下内容：投资等概念的定义、投资的促进和保护、补偿、征收、汇出、双方协商、最惠国待遇、争议解决、代位、适用投资、生效和终止。随着国际投资自由化和全球化的发展，双边投资协定也在向着更高水平不断更新，发达国家之间的多双边投资规则开始包含竞争中立、知识产权、可持续等高标准内容。

最初的双边投资协定是发达国家之间为了保障双方利益签署的法律文件，后来变为发展中国家为了吸引国外投资，与其他国家签署双边投资协定。随着经济水平的发展，签署双边投资协定逐渐成为发展中国家鼓励本土企业加强对外投资，与签约国共同促进双向投资的重要措施。联合国贸易和发展会议（UNCTAD）的统计数据显示，到 2020 年全球双边投资协定数量共有 2896 个，生效的协定有 2337 个。从上一节的总结可以看出，中国同"一带一路"共建国家和地区的投资合作取得了丰硕成果，尤其是双边投资协定的签订，在保障双向投资合作上发挥着至关重要的作用。其法律保护和投资促进属性更是成为推动投资规则逐步完善的合作基石。

随着"一带一路"共建国家和地区间双边投资协定的不断签订，学者们关于双边投资协定对投资影响的研究更加深入。在双边投资协定对对外投资的影响方面，国内学者往往选择将双边投资协定的作用与东道国制度环境进行共同分析，主要基于两者间的相互替代关系。在东道国尚未建立完善的投资保护机制之前，双边投资协定的法律保护属性为其参与提供制度保障。邓新明等（2015）表明，东道国制度质量和双边投资协定都具有激励投资的作用，但两者并不是完全互补，只有在东道国制度质量较低时，双边投资协定才能表现出正向作用。这对于"一带一路"共建国家投资规则合作提供重要理论支撑。宗芳宇等（2012）在研究中也得到了相同的东道国制度与双边投资协定之间的关系，同时他还补充说，两者之间的关系更多的是对国有企业等大规模企业有效，而在母国制度与双边投资协定的作用下，非国有企业、小规模企业更愿意到签订了双边投资协定的发展中国家进行投资。已有的研究也表明了签订双边投资协定更有助于推动我国对"一带一路"区域发展中国家的直接投资。杨宏恩等（2016）从不同国别的视角研究了双边投资协定的差异性，认为其对中国对发达国家投资没有明显影响，对发展中国家的投资则有着显著的正向影响。许小平等（2016）对 64 个"一带一路"共建国家进行分析，也得出双边投资协定的投资促进作用在发展中国家表现更加明显。从双边投资协定对吸引投资的影响上，目前国内外学者（Egger & Pfaffermayr，2004；Busse，2008；张鲁青，2009；太平等，2014；李玉梅，2015）多基于面板数据，运用引力模型来考察双边投资协定签订对吸引外商直接投资的影响，结果证实了双边投资协定的签订有助于吸引外国直接投资（FDI）。太平等（2014）在此基础上对发达国家和发展中国家分别研究，发现中国与发达国家间双边投资协定的签订对于吸引外国直接投资具有更好的促进效果。张鲁青（2009）针对两者的关系从多个角度进行研究，首先签订双边投资协定对于吸收外国直接投资流量和存量的推动都很明显；其次双边投资协定的签订尤其有利于发展中国家吸引外国直接投资，还证明了我国双边投资协定签署与外国直接投资吸引之间已经产生了双向促进的作用。王光（2020）从另一个角度分析了双边投资协定和外国直接投资的关系，双边投资协定的签订与修改需要成本，而"一带一路"共建国家由于整体的经济发展水平较低，投资环境较差，可能要承担更多的成本，因此各国要基于吸引投资的规模适当地签订双边投资协定。

本书整理了我国与"一带一路"共建国家双边投资协定的签订和生效情况（见表 4-9）。我国已经与 56 个"一带一路"共建国家签订了双边投资协定，其中文莱、孟加拉国、约旦、拉脱维亚、波黑五个国家虽签订了双边投资协定，但至今仍未生效，而印度则是在 2018 年单方终止了中印双边投资协定。还有东帝汶、尼泊尔、马尔代夫、伊拉克、巴勒斯坦、阿富汗、黑山七个国家尚未与我国签订双边投资协定。回顾我国与"一带一路"共建国家双边投资协定的签订时间，如表 4-10 所示，不难发现协定的签订时间较早，从 20 世纪 80 年代开始签订，在 90 年代迎来了双边投资协定签订与生效的热潮，仅有缅甸、印度、乌兹别克斯坦、伊朗、俄罗斯、斯洛伐克六个国家在 2000 年之后签订了双边投资协定。目前，大多数国家仍在沿用签订时确立的双边投资协定版本，而保加利亚、斯洛伐克、罗马尼亚和土耳其与我国共同对双边投资协定进行了更新。相比较而言，我国与发达国家间更注重对双边投资协定的更新，德国、法国、比利时、卢森堡、芬兰、荷兰、瑞士、葡萄牙、西班牙等欧洲国家均对双边投资协定进行了修改。

表4-9　中国与"一带一路"共建国家双边投资协定签订和生效情况

区域	国家	签订时间（年）	生效时间（年）
东南亚	越南	1992	1993
	泰国	1985	1985
	马来西亚	1988	1990
	新加坡	1985	1986
	印度尼西亚	1994	1995
	菲律宾	1992	1995
	缅甸	2001	2002
	老挝	1993	1993
	柬埔寨	1996	2000
	文莱	2000	未生效
	东帝汶	未签订	未生效
南亚	印度	2006	2007
	巴基斯坦	1989	1990
	斯里兰卡	1986	1987
	孟加拉国	1996	未生效
	尼泊尔	未签订	未生效
	马尔代夫	未签订	未生效
中亚与蒙古国	哈萨克斯坦	1992	1994
	塔吉克斯坦	1993	1994
	吉尔吉斯斯坦	1992	1995
	乌兹别克斯坦	2011	2011
	土库曼斯坦	1992	1994
	蒙古国	1991	1993

续表

区域	国家	签订时间（年）	生效时间（年）
西亚北非	以色列	1995	2009
	土耳其	1990	1994
	巴林	1999	2000
	伊拉克	未签订	未生效
	叙利亚	1996	2001
	埃及	1994	1996
	卡塔尔	1999	2000
	阿联酋	1993	1994
	伊朗	2000	2005
	巴勒斯坦	未签订	未生效
	约旦	2011	未生效
	阿塞拜疆	1994	1995
	科威特	1985	1986
	也门	1998	2002
	阿曼	1995	1995
	黎巴嫩	1996	1997
	阿富汗	未签订	未生效
	沙特阿拉伯	1996	1997
中东欧	阿尔巴尼亚	1993	1995
	保加利亚	1989	1994
	匈牙利	1991	1993
	波兰	1988	1989
	罗马尼亚	1994	1995
	爱沙尼亚	1993	1994
	拉脱维亚	2004	未生效
	立陶宛	1993	1994
	格鲁吉亚	1993	1995

续表

区域	国家	签订时间（年）	生效时间（年）
	亚美尼亚	1992	1995
	白俄罗斯	1993	1995
	摩尔多瓦	1992	1995
	俄罗斯	2006	2009
	乌克兰	1992	1993
	斯洛文尼亚	1993	1995
中东欧	克罗地亚	1993	1994
	捷克	1991	1992
	斯洛伐克	2005	2007
	北马其顿	1997	1997
	波黑	2001	未生效
	塞尔维亚	1995	1996
	黑山	未签订	未生效

资料来源：商务部官网。

表 4 - 10　中国与"一带一路"共建国家双边投资协定签订时间分布

双边投资协定签订 时间分布	国家
1990 年之前	泰国、马来西亚、新加坡、巴基斯坦、斯里兰卡、科威特、保加利亚、波兰
2000 年之前	越南、印度尼西亚、菲律宾、老挝、柬埔寨、孟加拉国、哈萨克斯坦、塔吉克斯坦、吉尔吉斯斯坦、土库曼斯坦、蒙古国、以色列、土耳其、巴林、叙利亚、埃及、卡塔尔、阿联酋、阿塞拜疆、也门、阿曼、黎巴嫩、沙特阿拉伯、阿尔巴尼亚、匈牙利、罗马尼亚、爱沙尼亚、立陶宛、格鲁吉亚、亚美尼亚、白俄罗斯、摩尔多瓦、乌克兰、斯洛文尼亚、克罗地亚、捷克、北马其顿、塞尔维亚
2000 年及之后	缅甸、印度、乌兹别克斯坦、伊朗、俄罗斯、斯洛伐克

续表

双边投资协定签订时间分布	国家
已签订双边投资协定但未生效	文莱、孟加拉国、约旦、拉脱维亚、波黑
未签订双边投资协定	东帝汶、尼泊尔、马尔代夫、伊拉克、巴勒斯坦、阿富汗、黑山

资料来源：经商务部数据整理得到。

为了确保双边投资协定商讨的内容落到实处，中国还与签订协定的国家共同建立了多种保障机制。经济贸易混合委员会（简称"经贸混委会"）是经国务院授权，由商务部代表我国政府与外国政府建立的一种定期磋商机制，旨在全面探讨双边经贸合作，解决双边在经贸合作领域出现的问题，促进双边经济贸易关系的协调、健康发展。我国已与世界146个国家或地区建立了经贸混（联）委会机制。①

（二）多边投资协定签订情况

当前，国际投资规则日趋复杂化，作为全球性规则的多边贸易体制WTO作用逐渐弱化，西方国家试图通过制定区域投资协定在WTO框架外重构全球投资规则，代表性协定包括《北美自由贸易协定》等。由于全球范围内缺乏具有约束性的多边投资规则使规则体系陷入混乱与冲突，发达经济体与发展中经济体之间围绕国际投资规则制定以及规则内容的博弈愈演愈烈。我国亟须通过引领多边投资协定的制定，提高全球投资规则制定的话语权，为投资规则治理提供"中国方案"。"一带一路"倡议秉持着构建"人类命运共同体"的理念，致力于实现共建国家间的共同发展，在"一带一路"区域范围内制定多边投资协定是各方的共同愿望。现有"一带一路"投资规则以双边投资协定为基础，由于共建国家间发展差异明显，各国投资规则存在缺乏协调、相互冲突等问题，相比较而言，多边投资协定具有更强的协调性、约束力和稳定性。

---

① 资料来源：商务部官方网站。

　　我国主动参与并发起区域、多边投资协定谈判，在"一带一路"区域范围内的多边投资协定签订上取得了一定成果，如表4-11所示。我国还高度重视与"一带一路"区域范围内发达国家的谈判，此举有助于投资合作升级，强化投资规则间的联通。2012年与日韩两国达成了《中日韩投资协定》，为三国间营造更为稳定、透明的投资环境。2020年与欧盟签订了合作层次最高的《中欧双边投资协定》，但由于欧盟内部原因，现并未生效。

表4-11　　　　中国在"一带一路"区域范围内的多边投资协定

多边投资协定	国家	签订时间（年）	生效时间（年）
《中欧双边投资协定》	中国、欧盟	2020	未生效
《区域全面经济伙伴关系协定》	中国、东盟、澳大利亚、日本、韩国、新西兰	2020	2022
《中日韩投资协定》	中国、日本、韩国	2012	2014
《亚太贸易协定（APTA）》	中国、孟加拉国、韩国、老挝、斯里兰卡	2009	未生效
中国-东盟自由贸易区《投资协议》	中国、东盟	2009	2010
《中国-东盟全面经济合作框架协议》	中国、东盟	2002	2003
《中国-欧共体贸易与经济合作协定》	中国、欧盟	1985	1985

　　资料来源：经商务部数据整理得到。

二、投资保障体系不断健全

（一）国内投资政策体系的完善

　　"一带一路"大背景下，共建国家间投资合作意愿强烈，我国在对外投资和利用外资上发展势头良好。国内企业积极"走出去"，为区域范围内经济合作注入了活力；外商企业主动"引进来"，优化了国内投资布局。基于投资的快速发展，国家各部门结合实际不断出台投资保护、促进、管理等方面的相关政策，我国对外投资和利用外资的制度体系朝着多样化趋势演变。完善的投资政策框架将为企业活动提供有效指导,有助于实现高质量的投资合作。

对外投资政策上,各部门从对投资保障的不同角度出台相关政策,初步构建起政策支持体系。投资管理上,2017 年国资委发布《中央企业境外投资监督管理办法》,国家发改委发布《企业境外投资管理办法》,文件的施行对我国企业的海外投资提供了有效的宏观指导,加强了对境外投资的监管力度,提高了监管的精确性。投资指导上,《对外投资合作国别(地区)指南》(以下简称《指南》)是商务部根据"一带一路"共建国家和地区的基本情况按年编写的,《指南》对共建国家的整体发展、投资环境、投资优势等内容做出了具体介绍,其内容可以作为企业"走出去"的重要参考。2017 年,发改委、商务部、人民银行、外交部联合发布了《关于进一步引导和规范境外投资方向的指导意见》,从鼓励、限制和禁止三个层面对境外投资提供指导。2019 年,国家发改委发布了《第三方市场合作指南和案例》(以下简称《指南和案例》),我国依托"一带一路"倡议加强产能合作,与发达国家在区域范围内积极开展第三方市场合作。《指南和案例》中包括大量对合作项目建设的分析,对进一步合作提供指导。环境保护上,"一带一路"倡议推动构建"人类命运共同体"的理念与联合国 2030 年可持续发展议程的 17 个可持续发展目标高度相通,我国在与共建国家投资合作的过程中高度重视绿色、可持续发展。2013 年商务部出台《对外投资合作环境保护指南》,对企业对外投资提出一系列鼓励性要求,提高企业环境保护意识。2015 年商务部又发布了《关于进一步做好对外投资合作企业环境保护工作的通知》,提高了对企业投资中环境保护工作的要求。2017 年,商务部、生态环境部印发《对外投资合作绿色发展工作指引》,提出了对外投资要坚持绿色观念、推动绿色合作、遵循绿色规则。投资规范上,2017 年,商务部出台《规范对外投资合作领域竞争行为的规定》《民营企业境外投资经营行为规范》,2018 年,国家发改委研究制定了《境外投资敏感行业目录(2018 年版)》。2019 年国家发改委印发《企业境外经营合规管理指引》,国家各级各部门高度重视对外投资的规范。

利用外资政策上,自"一带一路"倡议提出后政策体系发生了多项重大变革。2019 年 3 月颁布了《中华人民共和国外商投资保护法》，成为我国历史上首部系统的外资立法。《外资保护法》取代了在 20 世纪 80 年代就已确立的"外资三法"，继续加强对外资的法治保障，维护外商投资合法权益，规范外商投资管理。各级各部门积极推动利用外资政策与"一带一路"倡议相结合，支持沿边地区的发展。2013 年，国务院批准颁布《中西部地区外商投资优势产业目录（2013 年修订）》；2014 年，国家发改委颁布《西部地区鼓励类产业目录》。针对中西部各个省份，具体提出其在发展中的优势产业，为外商投资方向提供指导。2015 年，国家出台了《关于支持沿边重点地区开发开放若干政策措施的意见》，强调沿边重点地区开发开放关系到全国范围的整体改革发展，对于促进"一带一路"建设有着重要的现实意义。国家内部也多次对利用外资工作做出具体指导，2017 年，印发《关于扩大对外开放积极利用外资若干措施的通知》，通知中提出的全面系统的政策措施，将会是今后很长一段时间内我国利用外资工作的指导方针；2019 年，印发《国务院进一步做好利用外资工作的意见》；2021 年，印发《关于围绕构建新发展格局做好稳外资工作的通知》。内容上继续围绕削减外资准入限制、不断提高开放水平等问题提出意见。

（二）国际投资保障体系的构建

现阶段，在我国与"一带一路"共建国家间投资的国际政策保障上发挥主要作用的是双边投资协定。双边投资协定在签订时将投资保护作为重要内容，当投资遇到风险时，投资保护内容可作为重要依据，为投资活动提供保障。从我国与共建国家签订并生效的双边投资协定来看，涉及投资保护的主要内容包括：（1）投资与投资者的定义。协定中对定义的标准不同，东道国需要进行保护的投资范围也将不同。（2）征收与补偿。征收可以理解为缔约双方不得对另一方的投资采取征收等类似措施，虽一般难以发生，仍应做好风险防范；补偿即当东道国违反投资协定时，投资者有权向其索赔，保护了投资者面临的违约风险。[①]（3）投资保护和促进条款中

---

① 沈伟. 构建"一带一路"高水平投资协定：基于征收条款的考察［J］. 兰州大学学报（社会科学版），2021, 49（3）：138 – 152. DOI：10. 13885/j. issn. 1000 – 2804. 2021. 03. 013.

的收益再投资保护、间接投资保护、非歧视措施等内容为投资者提供了更
高层次的投资保护,但在现行双边投资协定中应用程度偏低。(4)保护伞
条款。作为在近年来新签订的双边投资协定中添加的条款,保护伞条又称
诚信守承诺条款,指的是"缔约一方应履行与投资者达成的任何投资相关
义务",投资者的投资诉求得到充分保护。① 通过与共建国家签订的双边
投资协定的内容指导,我国又签订了避免双重征税协定,有效地克服了对
同一纳税人重复征税的弊端,保障了投资者的利益。② 除此之外,我国与
共建国家签订的自贸协定中也包含大量投资保障的内容。

多边层面上,中国与"一带一路"共建国家尚未构建起统一的投资保
障体系,主要通过共同加入国际上的多边投资保护条约来保障投资者的权
益。我国参与了《多边担保投资机构公约》《多边税收征管互助公约》
《关于解决各国和其他国家的国民之间投资争端的公约》《承认及执行外
国仲裁裁决公约》等。

(三)投资保险服务的发展

投资者在对"一带一路"共建国家进行投资时面临着东道国环境和企
业自身运营的双重风险。中国信保利用其国家风险评价模型对各国风险进
行评级与分析,仅有新加坡、科威特等少数国家风险水平较低,俄罗斯、
印度、印度尼西亚等50多个国家风险水平偏高,阿富汗和叙利亚的风险
等级达到较高等级,分别为8级和9级。③ 多发的投资风险对我国企业投
资产生了严重干扰,我国在"一带一路"共建国家投资失败项目占比近
20%。海外投资保险作为风险规避和转移的有效工具,在保障企业投资上
发挥了关键作用。

当前我国对海外投资保险的法律法规尚无系统性的立法指引,主要依
照中国出口信用保险公司的《海外投资投保概述》和《关于建立境外投

---

① 徐崇利. "保护伞条款"的适用范围之争与我国的对策 [J]. 华东政法大学学报, 2008
(4):49 –59.
② 张晓瑜,陈胤默,文雯,等. 避免双重征税协定与企业对外直接投资——基于"一带一
路"沿线国家面板数据的分析 [J]. 国际经贸探索, 2018, 34 (1):51 –67.
③ "一带一路"65 个国家风险状况分析 [J]. 大陆桥视野, 2017 (4):83 –84.

资重点项目风险保障机制有关问题通知》进行规范。中国出口信用保险公司也是"一带一路"共建国家投资保险服务的主要提供者。中信保作为国内政策性保险机构承保业务不断丰富、承保规模不断扩大，2021 年，对各险种共计承保金额 8301.7 亿美元，承保保费 24.1 亿美元，同比增长率超 20%。中信保还积极参与共建"一带一路"，2021 年支持对"一带一路"共建国家出口和投资 1699.6 亿美元，增长 11.3%，支付赔款 3.3 亿美元。中信保已连续发布多年的《国家风险分析报告》和《"一带一路"国家基础设施发展指数》，系统分析了共建国家的投资风险和基础设施建设状况，对于企业投资有着重大指导意义。[①] 中信长期保致力于推动"一带一路"设施联通，已承保了"一带一路"区域范围内 2000 多个投资建设项目，包括肯尼亚蒙内标准轨铁路、斯里兰卡科伦坡港口、老挝南欧江流域梯级水电站等重点项目。

本书选取中信保向中国水电建设集团国际工程有限公司就赞比亚下凯富峡水电站项目进行赔付的案例展开分析。2016 年，中水国际参与承建的赞比亚国内最大单体基础设施下凯富峡水电站开工建设。为防范东道国债务风险，中水国际选择了中长期出口信用保险和海外投资保险进行保障。其中，中长期出口信用保险承担了银行无法回收贷款资金的风险，海外投资保险承担了中水国际无法按时收到工程款的风险。项目建设前期一直平稳运行，2020 年以来，受困于新冠疫情，赞比亚国内债务危机持续加重，无力偿还项目建设的相关款项。中水国际于 2021 年 1 月向中信保提出索赔，中信保根据承保内容，积极承担赔付责任，2021 年 5 月，支付赔款 5723 万美元。中信保赔付成功的案例为企业应对建设风险提供了新的路径，有助于保障企业对外投资稳步发展。

（四）投资信息服务平台建设

企业在对外投资过程中信息不充分、信息不对称等问题逐渐显现，各企业尤其是民营企业迫切需要有效的投资信息引导。近年来，各部门高度重视投资信息的作用，从多方位尝试搭建"一带一路"投资信息平台，力

---

① 资料来源：中国出口信用保险公司 2021 年度报告。

争为企业投资提供公开透明、准确有效的信息服务。

商务部作为企业对外投资的主管部门，在"一带一路"区域投资信息服务平台建设过程中发挥着引领作用。商务部服务网站中已开设对外投资合作信息服务系统，系统内对投资信息进行了整合，企业可以参考相关信息直接进行办理，极大地提高了服务的便利性。商务部还连年发布《对外投资合作国别（地区）指南》和《中国对外投资合作发展报告》，内容上覆盖了"一带一路"共建国家的经济状况和投资环境。国内金融机构不断优化海外布局，在"一带一路"共建国家分支机构建设初具规模，依托其深入当地的优势为企业提供投资信息引导。"一带一路"合作过程中十分注重智库的建设，目前国内已形成了官方智库、大学智库、民间智库并行的格局。[①] 为进一步落实智库网络建设，中共中央对外联络部、国务院发展研究中心、新华社研究院等单位先后牵头与中外智库联合搭建了侧重点不同的"一带一路"智库合作平台。由中共中央对外联络部牵头的"一带一路"智库合作联盟聚拢了 141 家国内研究机构和 122 家国外研究机构。智库平台的深层次研究为企业对外投资提供了数据支持和理论分析，在投资服务上成果丰硕，2015 年中国社会科学院建立了首个"一带一路"专业数据库，将"一带一路"沿线投资环境和投资风险的研究作为重点内容。此外，国家信息中心主办的中国"一带一路"网也于 2017 年正式投入运营。各部门在"一带一路"投资信息服务平台建设上取得了长远进步。

三、投资管理体系愈发完善

加强投资管理有助于实现投资规则间的对接，对于提高对外投资的质量和水平作用显著。随着越来越多的国内企业踊跃开展境外投资合作，对境外投资的管理成为需要各部门迫切处理的重点工作。近年来，我国不断优化对外投资管理机制，加强对投资监管、税收合作、投资争端解决等各方面的支持。

---

① 赵益维，赵豪迈. 大数据背景下"一带一路"新型智库信息服务体系研究 [J]. 电子政务，2017（11）：72 - 80. DOI：10.16582/j. cnki. dzzw. 2017. 11. 009.

(一) 加大投资监管力度

从现有投资监管政策的出处来看，我国参与投资监管的主体包括商务部、财政部、国家发改委、国资委、外汇管理局等部门。商务部颁布的《境外投资管理办法》和《对外投资备案（核准）报告暂行办法》；财政部颁布的《国有企业境外投资财务管理办法》；国家发改委颁布的《企业境外投资管理办法》；国资委颁布的《中央企业境外投资监督管理办法》；外汇管理局颁布的《境外投资外汇管理办法》，以及各部委为加强合规管理联合颁布的《企业境外经营合规管理指引》，共同构成了我国对外投资监管的政策保障。

现行的对外投资监管流程包括了事前、事中和事后监管。事前监管的主要内容是对投资的审批，我国在投资审批上沿用了 2014 年商务部《境外投资管理办法》（以下简称《办法》）中确立的"备案为主，核准为辅"的审批模式。《办法》创新性地引入了"负面清单"模式，对外投资涉及清单中列明的敏感国家或地区、敏感行业的需进行核准，其他投资均可直接备案。这一模式下企业对外投资便利化程度显著提高，流程顺利的情况下三日就可以达成备案。对外投资监管中存在"重审批轻监管"的问题，对此，我国提出了打造事中动态监管、事后监督问责的全覆盖监管体系，2018 年国家发改委发布《企业投资项目事中事后监管办法》进行具体指导。事中将备案和核准项目分开，通过现场核查、在线信息监测、委托第三方机构等多种形式加强监管。事后及时将监管项目信息进行披露，依据责任追究制进行追责处理。《办法》中的警告均为行政处罚罚种，引入法律责任以加大投资监管力度。

(二) 深化税收合作

从理论上看，税收对企业兼具收入和替代效应，江金彦等（2006）通过实证分析得出我国投资的税收以收入的正效应为主，投资与收入间以非线性的关系同向增长。随着共建国家投资规则的对接与投资活动的交融，作为调节经济的重要财政政策，"一带一路"税收合作也在不断加强。

"一带一路"税收合作主要通过签订税收协定来实现。截至 2022 年 8

月，我国与111个国家签订了《关于对所得避免双重征税和防止偷税漏税的协定》，其中包括54个"一带一路"共建国家，尚未签订的国家包括波黑、黎巴嫩、马尔代夫、伊拉克、约旦、不丹、东帝汶、也门、阿富汗和缅甸。① 针对签订时间比较长的协定，结合发展需要进行不同程度上的修改，而对于未签订协定的国家，我国也在积极开展税收合作的谈判。双边税收协定在投资合作中发挥了避免双重征税、防范税收风险、降低企业税赋、防止偷税漏税等功能。

双边税收协定仅仅保障了两国间的税收合作，而企业在"一带一路"区域范围的投资可能会涵盖多个国家，这就产生了多边税收问题，相关国家对区域范围内多边税收协定出台与签订的需求不断增强。鉴于多边税收协定的缔结要兼顾多方利益，具有较高的落地难度，目前"一带一路"共建国家间仍未构建起区域内专用的多边税收协定。我国主要通过签订国际多边税收协定的形式开展多边税收合作，参与国际投资税收规则的制定。2013年，签订了全球范围内首个《多边税收征管互助公约》（以下简称《公约》），目前共有24个国家参与，包括新加坡、阿联酋、科威特、马来西亚等投资环境优越的国家。《公约》在双边合作的基础上完善了税收征管的方式，包括追索协助、文书送达等，有效应对了税收管理的信息不对称问题。2015年签订的《金融账户涉税信息自动交换多边主管当局间协议》和税务总局今年批准生效的《实施税收协定相关措施以防止税基侵蚀和利润转移的多边公约》与双边税收协定也具有很强的互补性。作为我国签订的三个多边税收条约，三部约的内容支撑起了"一带一路"多边税收合作框架。

建立税收合作机制也是加强税收合作的重要形式。2018年，在哈萨克斯坦首都阿斯塔纳，国家税务总局共同承办了"一带一路"税收合作会议，此次会议是首次以"一带一路"税收合作为主题的全球性税收合作论坛。参会各方就税收合作的多项议题达成广泛共识，联合发布了《阿斯塔纳"一带一路"税收合作倡议》。2019年在浙江嘉兴召开了第一届"一带一路"税收征管合作论坛，标志着"一带一路"税收征管合作机制正式成立。合作机制以"一带一路"共建国家的需求为导向，更深层次地满足

---

① 资料来源：商务部官网。

共建国家税收发展需要，是对国际税收合作框架的有效完善与补充。[1] 合作论坛已开展三届，在税收合作平台构建、税收服务信息化、税收产品创新和税收人才培养等方面取得重大成果。我国大力推动税收合作，有效减轻了企业境外投资的税收负担，为国内企业"走出去"更好地减压增速。

（三）构建投资争端解决机制

2018 年，国务院办公厅发布了《关于建立"一带一路"国际商事争端解决机制和机构的意见》，强调构建稳定、公平、透明、可预期的"一带一路"国际商事纠纷解决机制和机构，创设良好营商环境。投资争端作为商事争端的主要表现形式，近年来其解决机制的构建备受关注。由于投资争端形式复杂多样，加上"一带一路"区域多为投资风险较高的国家，造成"一带一路"区域投资争端多发，争端案件占到全球的 50% 以上。"一带一路"投资争端解决机制的构建势在必行。

双边投资协定中关于争端解决的内容设计为"一带一路"区域投资争端提供了多元化解决途径。我国与共建国家的双边投资协定中均设计了投资争端解决的内容，投资者与东道国的争端可以先通过友好协商来解决，友好协商完全尊重双方意愿，一般设置 6 个月时限，如若无法达成一致则将采取其他途径。解决途径包括提交至东道国法院或仲裁庭，现有双边投资协定中多数仍包含传统的提交至东道国法院流程。但由于"一带一路"共建国家投资争端解决的法制体系并不健全，提交至东道国法院的效果不甚理想，因此，我国与东道国的投资争端解决往往会选择提交仲裁庭的方式，其中又包括了"特设仲裁庭"和 ICSID 仲裁庭。国际投资争端解决中心（ICSID）作为全球范围内具有影响力的国际投资争端解决机构，全球 70% 的争端案例选择提交至 ICSID 解决。我国与共建国家共计 53 个双边投资协定中提到了可以直接或间接地将 ICSID 作为争端解决机制，，ICSID 在"一带一路"投资争端解决中发挥着重要作用。中国与东盟自贸区在 ICSID 的基础上探索改革，签订了《中国—东盟全面经济合作框架协

① 辛丹丹，王永琦."一带一路"税收征管合作机制的多维属性与发展方向探析 [J]. 国际税收，2021（4）：45 – 52. DOI：10.19376/j.cnki.cn10 – 1142/f.2021.04.007.

议争端解决机制协议》（以下简称《协议》），相较于 ICSID 机制，《协议》内容上更加符合中国和东盟各国的实际需求。"一带一路"投资争端解决还利用了包括 WTO 争端解决机制、国际商会国际仲裁院（ICC）、斯德哥尔摩仲裁院（SCC）等机制。

我国投资者积极利用争端解决机制保障自身利益，其中不乏裁决成功的实践，本书选取北京城建集团公司诉也门共和国案例进行介绍。① 案例背景为 2006 年北京城建集团有限责任公司与也门政府民航局签署萨那国际机场二期航站楼工程建设合同，建设过程中两方多次发生冲突，项目接近建设完毕时也门政府拒绝付款，并扣除 3000 万美元的履约保函。双方的争议点主要在于：北京城建认为也门方采取非法措施限制其人员进入项目场地，进而影响合同进程；也门政府则称北京城建并未严格履行合同约定，要求解除合同。协商无果后，2014 年北京城建依据《关于解决各国和其他国家的国民之间投资争端的公约》和《中国与也门双边投资保护条约》，将也门政府诉至 ICSID 机制。也门政府为避免仲裁提出两点异议：第一点也门方认为 ICSID 只能管辖国民与国家间的争端，而北京城建作为国有企业代表国家行为，此争端属于国家间争端不适用于 ICSID 机制；第二点也门方表示北京城建签订的合同属于工程承包，并不构成投资行为。其异议被轻易地驳回，北京城建尽管属于国有企业，但本身是一个有限责任公司，并且它是作为承包商与也门政府签订了承包合同，属于商业行为。2017 年，仲裁庭审理过后判定北京城建起诉成功。2018 年，双方达成和解，争端圆满解决。北京城建集团公司诉也门共和国案例的成功具有里程碑式意义，为我国企业在"一带一路"建设中利用投资争端解决机制维权提供借鉴。

四、投资合作形式趋于多样

（一）以基础设施硬联通推动规则标准软联通

基础设施互联互通是"一带一路"建设的重点和优先领域，也是实现

---

① 案例来源：最高人民法院涉"一带一路"建设典型案例。

"一带一路"互联互通的基础，对于贸易往来和投资合作有着很强的推动作用。李远等（2021）量化分析了中欧班列、比雷埃弗斯港等"一带一路"标志性项目对其所在区域经济发展的积极影响，发现中欧班列降低了贸易成本，促进了中欧贸易和欧洲节点城市的服务业发展；而比雷埃弗斯港项目则大幅增加了希腊当地的就业、公路运输量和海运运输量。李建军等（2018）基于"一带一路"沿线国家基础设施建设现状进行评价与分析，证实了基础设施互联互通状况与经济总量显著正相关，而与失业水平显著负相关。基础设施的含义丰富，内容多样，涉及众多领域，按照传统的行业分类，可以分为交通、能源、信息三大领域。不同领域中基础设施互联互通的意义各有侧重，交通基础设施联通是各领域基础设施建设的基础，能源基础设施联通是基础设施建设的战略重心，信息基础设施联通是加快基础设施联通的创新动力。① 但整体而言，不同领域基础设施联通共同完善"一带一路"基础设施网络建设，推动规则标准"软联通"。随着我国不断加强对"一带一路"共建国家基础设施建设的支持和投资力度，大批中国企业承建的项目落地完工，目前，已初步实现了"一带一路"基础设施的硬联通。建设过程中也注重中国标准的使用，积极对接、引领区域标准，提高中国标准的国际影响力。

1. 交通基础设施

交通基础设施建设作为我国对外投资项目的建设重点，成果覆盖了"一带一路"区域的各个区域，形成了"六廊六路多国多港"的整体布局。中欧班列作为"一带一路"交通运输体系的核心，共建国家合作的重要纽带，发展十分迅速。《中欧班列发展报告（2021）》显示，截至2021年末，中欧班列累计开行4.9万列，载运货物443.2万标箱，遍及欧洲23个国家180个城市。②"一带一路"倡议注重打造"中欧班列"品牌，中欧班列整体运输规模扩大、货物种类丰富、运输效率提高，发展成为国际上重要的铁路运输通道。在此基础上还加强了共建国家间的文化交流，推动实现民心相通。

---

① 翟崑.“一带一路”沿线国家五通指数报告［M］.北京：商务印书馆，2017.
② 资料来源：中欧班列—铁路网。

在东南亚地区,中国有关交通基础设施建设的项目也逐渐落实完成,公路铁路等基础设施联通推动了双方规则标准的融合。例如,中国铁路建设的标准轨矩为1453毫米,而东南亚大部分国家使用的是1000毫米,导致双方铁路建设面临标准上的阻碍。我国依靠自身在基建方面的优势,积极推动技术标准上的协调与对接。2021年9月,第一条完全使用中国标准的国际铁路——中老铁路完成通车,按照中国铁路Ⅰ级标准设计建造,这是中国与"一带一路"共建国家"软联通"的重大进步。经历了重重波折的中泰铁路建设也在2017年9月达成了合作和监理合同。中国铁路设计集团有限公司于2019年7月完成了中泰铁路合作项目一期土建工程详细施工。该工程将先进的轨道交通技术引入泰国,为人民出行提供了极大便利。雅万铁路是东南亚首条高速铁路,全程3.8万吨的钢轨完全按照中国标准生产,是我国高铁在国外项目中首次实现全系统、全要素、全产业链落地。我国在雅万高铁的竞标上击败了日本,一定程度上标志着中国高铁标准进入了世界前列。秦颖等(2019)通过研究工程执行标准与投资方关系发现,除合同中规定使用中国标准的项目外,由中国政策性银行或商业银行提供贷款的项目部分也采用了中国的标准。

在非洲地区,互联互通程度较低,基础设施建设缺乏资金支持和技术保障。尽管面临种种阻碍,中国仍不断加深与非洲国家间的南南合作,采用中国标准的援非基础设施项目持续完成。亚的斯亚贝巴—阿达玛高速公路于2016年竣工,这是埃塞俄比亚第一条由中国政府提供融资支持,全部采用中国技术和标准建造的高速公路,也是埃塞俄比亚境内第一条现代化高速公路。2017年6月1日,肯尼亚境内的第一条现代化铁路——蒙内铁路正式通车。蒙内铁路按照中国铁路Ⅰ级标准,完全采用中国技术、中国装备建造,中国投资者还为肯尼亚带去了铁路运营管理等人才培训体系,保障铁路的可持续运行。

2. 能源基础设施

"一带一路"共建国家资源丰富,资源禀赋优势各异,各国从战略层面上高度重视能源基础设施建设。中国依靠在能源合作中的资金和技术优势,加强在共建国家的能源基础设施建设,积极推动传统能源如石油、煤炭、天然气等领域的合作,并不断探索水电、核电、太阳能等清洁能源领域的合作。2019 年，中国牵头与 29 个国家共同达成"一带一路"能源合作伙伴关系，并签订了《"一带一路"能源合作伙伴关系合作原则与务实行动》。文件强调了政府间应加强沟通协商，共同构建能源合作平台，推动国际能源务实合作。

近年来我国逐步牢固了"一带一路"能源布局，强化与"一带一路"共建国家能源标准规则联通，推动了项目的发展和合作，还促进了自身技术水平的进步。在亚洲，巴基斯坦与我国的能源合作十分密切。截至 2019 年，"一带一路"倡议下的十大电力能源项目有八个坐落在巴基斯坦。卡洛特水电站作为首个落成的水电工程，完全使用了中国标准和中国技术进行建设。巴基斯坦的默拉直流电项目建设时，双方就技术等问题多次展开探讨，最终达成一致，项目的设计、建设和运维完全采用中国标准，实现了我国电力技术、标准、设备"走出去"的目标。[①] 在其他新能源领域，中国也取得较大的进步。核能是"一带一路"新能源的重要组成，截至 2020 年，中国核电机组数量达到 90 余台，成为全球第二大核电大国。[②] 在这一领域，中国具有领先的技术优势，"华龙一号"落成意味着我国成为独立拥有第三代核电技术的国家，中国与诸多国家就该项目的建设展开洽谈，通过技术输出带动中国核能标准"走出去"。

在能源标准建设领域，中国政府凭借自身技术优势，成功参与并制定了高水准的国际规则。2017 年 8 月 8 日，国家电网公司牵头的三项国际电工委员会（IEC）特高压交流标准获得批准，并已正式启动，将作为重要的参考性标准。同时，该公司代表中国主导制定了 44 项国际标准，其中 IEC 标准 33 项、IEEE（电气与电子工程师学会）标准 11 项。[③]我国还先后与哈萨克斯坦、俄罗斯、蒙古国、巴基斯坦等国开展了特高压技术的深层次合作，推动全产业链的输出。成功实现产研结合，双向互动促进中国标准"走出去"。

3. 信息基础设施

数字时代，信息技术成为重要的影响因素，信息化也成为经济发展的

---

① ③ 资料来源：《国家电网报》。

② 资料来源：中国"一带一路"网。

新方向。习近平总书记提出要共建 21 世纪"数字丝绸之路",推动大数据、云计算、智慧城市建设。① 我国积极参与"一带一路"信息基础设施建设,做好网络体系的互联互通,带动"一带一路"整体信息技术水平提高。信息基础设施有别于交通、能源等传统基础设施,其范畴不再局限于实体设施,除了光缆等必要的有形数据传输通道,互联网、通信技术等软件基础设施同样重要。

硬件基础设施建设上,中国移动、中国电信、中国联通三大通信企业共同引领"一带一路"区域陆缆、海缆建设。② 中国移动在东北亚、中亚、南亚、东南亚四个主要的周边地区建成并开通了 8 条陆地光缆,还在"一带一路"共建国家和地区建成 29 个"信息驿站"(POP 点,网络服务提供点)。③ 中国电信也积极打造信息通道,以中国为核心向四周辐射,与接壤国家间建设了一系列陆地光缆。中国联通建设陆缆、海缆通道的力度更大,累计投资建设了 30 多条海缆,还拥有 18 个陆缆边境站。其自主建设的中缅国际穿境陆缆系统更是开创了国内企业在境外独立建设项目的先例。"一带一路"区域范围内形成了以中国为核心的网络通道基本格局。④

软件基础设施建设上,我国积极推动标准"走出去",主动参与共建国家通信网络建设。2020 年,国际电信联盟(ITU)下设的无线通信部门(ITU - R)就 5G 产业建设达成一致,确定了由 3GPP 体系制定 5G 标准,同时联合国宣布,华为技术所参与全球 3GPP 体系。这意味着中国在数字技术标准领域的规则制定方面实现突破。《5G 应用"扬帆"行动计划(2021 - 2023 年)》由国家十部委在 2021 年共同发布,该计划突出了 5G技术突破的关键是应用标准体系构建,并在国外大力推进。打造"一带一路"服务平台,实现技术和标准双保障,到 2023 年底,完成 30 项以上关

---

① 朱竞若,杜尚泽,裴广江.习近平出席"一带一路"国际合作高峰论坛开幕式并发表主旨演讲 [N].人民日报,2017 - 05 - 15 (001).

② 陈炳福."数字丝绸之路"信息基础设施建设研究 [J].国防科技工业,2020 (3):34 - 36.

③ 资料来源:中国移动官网:《中国移动参与"一带一路"共建情况》.

④ 资料来源:中国"一带一路"网.

键行业标准研制。①

（二）深化国际产能合作

国际产能合作这一概念是"一带一路"倡议提出之后，对发展路径的探索阶段中提出的，与"一带一路"的发展理念若合符节。国际产能合作参考比较优势、资源禀赋等理论，是国家之间基于各自需求追求产业互补的新型国际投资合作形式。"一带一路"产能合作是建立在参与双方认可的基础之上，高度契合各方利益，绝非国际上小部分反对者所谓的"输出过剩产能"。具体而言，中国在几十年的高速发展过后经济增速逐渐放缓，进入了转型发展的新阶段，在众多产业上形成了技术优势，也出现了市场需求饱和的问题；而一些共建国家恰恰面临着技术水平低、产业建设不完善的难题，十分需求基础设施的建设并加强产能合作。我国在推动产能合作的过程中秉持着构建"利益共同体"的理念，遵循"共商、共建、共享"的原则，积极打造互利共赢的产能合作机制。

产能合作作为"一带一路"建设的重要任务，已经成为共建国家间主要的合作方式，我国在与"一带一路"共建国家产能合作上取得突破性成果。产能合作规模日益扩大，产能合作形式趋于多元。2021年，我国对外承包工程业务完成营业额1549.4亿美元，同比下降0.6%，新签合同额2584.9亿美元，同比增长1.2%。衍生出了EPC（设计—采购—建设）、BOT（建设—运营—移交）、BOO（建设—拥有—运营）、PPP（公私合营）、并购、融资租赁等多种形式。②

（三）加强"一带一路"境外经贸合作区建设

境外经贸合作区是我国推动企业对外投资的一种新型合作方式，对于深化"一带一路"产能合作发挥着载体作用。商务部文件将境外经贸合作区定义为具有完备的基础设施、明确的主导产业、健全的公共服务并且能

---

① 资料来源：《5G应用"扬帆"行动计划（2021－2023年）》。
② 郭朝先，邓雪莹，皮思明．"一带一路"产能合作现状、问题与对策［J］．中国发展观察，2016（6）：44－47．

够发挥集聚和辐射效应的产业园区，在建设时参考了我国国内产业园区建设的成功经验，以此为基础向全球推广。境外经贸合作区的建设不仅促进了产业合作，更加强了人文交流，承担了社会责任。

2006 年商务部颁布了《境外中国经济贸易合作区的基本要求和申办程序》，2006 年，首个境外经贸合作区"巴基斯坦海尔—鲁巴经济区"建成，掀起了境外经贸合作区的建设热潮。随着海外园区数量的增多，商务部协同相关部门出台《关于加强境外经济贸易合作区风险防范工作有关问题的通知》《关于支持境外经济贸易合作区建设发展有关问题的通知》《境外经贸合作区服务指南范本》《境外经济贸易合作区考核办法》等针对性政策对境外经贸合作区进行规范。截至 2019 年底，我国境外经贸合作区达 201 家，分布全球 57 个国家和地区，其中 138 家位于"一带一路"区域范围内，占比接近 70%。截至 2021 年底，通过商务部考核的境外经贸合作区累计投资 507 亿美元，"一带一路"项目贡献超过 80%。[1] 目前通过商务部确认考核的境外经贸合作区名录，如表 4-12 所示。

表 4-12 商务部通过确认考核的境外经贸合作区名录

园区类型	合作区名称	境内实施企业名称
加工制造型	柬埔寨西哈努克港经济特区	江苏太湖柬埔寨国际经济合作区投资有限公司
	泰国泰中罗勇工业园	华立产业集团有限公司
	越南龙江工业园	前江投资管理有限责任公司
	巴基斯坦海尔-鲁巴经济区	海尔集团电器产业有限公司
	埃及苏伊士经贸合作区	中非泰达投资股份有限公司
	尼日利亚莱基自由贸易区（中尼经贸合作区）	中非莱基投资有限公司
	俄罗斯乌苏里斯克经贸合作区	康吉国际投资有限公司
	埃塞俄比亚东方工业园	江苏永元投资有限公司

① 资料来源：中华人民共和国商务部"走出去"公共服务平台。

续表

园区类型	合作区名称	境内实施企业名称
加工制造型	老挝万象赛色塔综合开发区	云南省海外投资有限公司
	乌兹别克斯坦"鹏盛"工业园	温州市金盛贸易有限公司
	中匈宝思德经贸合作区	烟台新益投资有限公司
	中国印尼经贸合作区	广西农垦集团有限责任公司
资源利用型	赞比亚中国经济贸易合作区	中国有色矿业集团有限公司
	俄罗斯中俄托木斯克木材工贸合作区	中航林业有限公司
	俄罗斯龙跃林业经贸合作区	黑龙江省牡丹江龙跃经贸有限公司
	中国印尼综合产业园区青山园区	上海鼎信投资（集团）有限公司
农业产业型	中俄（滨海边疆区）农业产业合作区	黑龙江东宁华信经济贸易有限责任公司
	吉尔吉斯斯坦亚洲之星农业产业合作区	河南贵友实业集团有限公司
	中国·印度尼西亚聚龙农业产业合作区	天津聚龙集团
商贸物流型	匈牙利中欧商贸物流园	山东帝豪国际投资有限公司

资料来源：中华人民共和国商务部"走出去"公共服务平台。

泰中罗勇工业园是境外经贸合作区建设的典型案例，泰中罗勇工业园由中国华立集团与泰国安美德集团共同开发，2006 年启动建设，旨在为国内投资者在东盟投资搭建平台。作为建设最为成功的产业园区之一，罗勇工业园主要具有以下投资优势：一是投资环境优势，近年来中泰两国间保持着良好的政治关系，双方投资合作意愿十分强烈。2012 年两国将双边关系提升至全面战略合作伙伴关系水平，进一步降低投资壁垒。泰国还具有良好的投资营商环境，世界银行发布的《中国营商环境报告 2020》中显示泰国的营商环境评分居于 21 位，这一排名领先于中国的 31 位。[①] 泰国投资促进委员会和泰国工业区管理局为产业园区内的企业投资项目提供了直接的服务和指导。二是地缘位置优势，泰国地处东南亚地区中心位置，连接了中南半岛国家和海岛国家。泰国还是"一带一路"建设的重要交汇

---

① 资料来源：世界银行《中国营商环境报告 2020》。

处，联通了中国与南太平洋、印度洋，是 "海上丝绸之路" 到达南亚和非洲国家的重要枢纽。罗勇工业园在泰国国内同样区位优势明显，园区坐落于泰国东海岸距离首都曼谷仅114千米，交通上形成了海陆空全覆盖，紧邻罗勇高速公路、廉查邦深水港和素万那普国际机场。园区开发采用了园中园开发模式，在安美德集团产业园的基础上进行建设，此举既帮安美德集团缓解了投资窘境，又为华立集团建设节省了成本。① 园区已完成规划面积8平方千米，吸收中国企业170余家，累计产值达238亿美元，带动中国企业对泰国投资超43亿美元。② 打造形成了以机械电子、五金、新能源为主导的产业链式园区。罗勇工业园在其他方面的建设同样值得各境外经贸合作区参考借鉴。首先园区高度重视对知识性产业、高科技产业的吸引，给予了充分的税收优惠和相关补贴；其次园区不断推动可持续发展，引入新能源、新材料相关行业并引领构建园区可持续发展合作平台。此外，罗勇工业园坚持本土化发展，积极融入当地社会。园区企业创造超5万个就业岗位，其中90%以上就业人员为当地员工，大大缓解了周边居民的就业压力。泰中罗勇工业园有限公司还会定期组织公益性活动，履行社会责任，加强人文交流。

（四）与发达国家开展第三方市场合作模式

第三方市场合作作为一种全新的国际合作模式，是我国政府高度关注的议题。2019年，李克强总理在《国务院政府工作报告》中首次提到了要拓展第三方市场合作。2019年下半年，国家发展改革委发布《第三方市场合作指南和案例》。其中对第三方市场合作的内涵、理念和原则等进行了详细论述。随着政府对这一模式认可程度的不断提高，我国与发达国家间第三方市场合作也在通过多种途径稳步推进。截至2019年6月，我国已与法国、英国、奥地利等14个国家签署了有关第三方市场合作的官方文件，如表4-13所示。涉及领域众多，包括金融融资、基础设施建

---

① 孟广文，赵钏，周俊，王艳红，王淑芳，杜明明. 泰中罗勇工业园 "园中园" 模式与效益评价 [J]. 地理科学，2020，40（11）：1803-1811. DOI：10.13249/j. cnki. sgs. 2020. 11. 005.

② 刘金卫. 泰中罗勇工业园：现状、机遇与挑战 [J]. 国际研究参考，2021（6）：36-40.

设、能源产能合作、医疗卫生、文化娱乐等各类行业。

表 4 –13 中国第三方市场合作文件签署状况

序号	签署时间	签署国家	签署文件
1	2015 年 6 月	法国	《关于第三方市场合作的联合声明》
2	2015 年 11 月	韩国	《关于开展第三方市场合作的谅解备忘录》
3	2016 年 8 月	葡萄牙	《关于开展第三方市场合作的谅解备忘录》
4	2016 年 9 月	加拿大	《关于开展第三方市场合作的联合声明》
5	2017 年 9 月	澳大利亚	《关于开展第三方市场合作的谅解备忘录》
6	2018 年 4 月	新加坡	《关于开展第三方市场合作的谅解备忘录》
7	2018 年 5 月	日本	《关于中日第三方市场合作的备忘录》
8	2018 年 9 月	意大利	《关于开展第三方市场合作的谅解备忘录》
9	2018 年 10 月	荷兰	《关于加强第三方市场合作的谅解备忘录》
10	2018 年 10 月	比利时	《关于在第三方市场发展伙伴关系与合作的谅解备忘录》
11	2018 年 11 月	西班牙	《关于开展第三方市场合作的谅解备忘录》
12	2019 年 4 月	奥地利	《关于开展第三方市场合作的谅解备忘录》
13	2019 年 4 月	瑞士	《关于开展第三方市场合作的谅解备忘录》
14	2019 年 6 月	英国	《关于开展第三方市场合作的谅解备忘录》

资料来源：商务部、国家发展和改革委员会官网。

实际的项目推进过程中，中国发扬自身的产能优势，弥补发达国家因生产成本增加导致的"产业空心化"等问题。将合作发达国家的技术和标准优势与第三方市场国家的消费需求紧密结合，不断打造中国自身的品牌，提升"中国制造"在国际市场上的竞争力。并在项目合作中将国内标准向国际标准看齐，带动国内与国际的规则标准联通。英国政府于 2016 年 9 月 15 日正式批准通过了欣克利角核电项目，该项目由中广核与法国电力集团合作建设。这一合作加快了中国核电企业国际化的速度，核电站的建成和顺利运营意味着中国核电建设技术通过了全球苛刻的技术和管理的检验，有利于增强中国核电企业的国际声誉。2018 年 11 月 10 日通车的莫桑比克跨海大桥由德国担任咨询方，大桥的混凝土结构则是同时参照中国和欧洲设计标准，再加上创新型技术使用，获得了多方的普遍认可。[①]
第三方市场合作是一种开放包容的新型国际合作模式，可以促进中国企业
和各国企业优势互补，从而推动第三国产业发展、基础设施完善和人民生
活水平的提高，实现"1+1+1>3"的效果。[②]

第三节 "一带一路" 投资规则联通面临的问题

一、法治保障体系层面

目前"一带一路"共建国家间尚未构建起系统的投资合作法治保障体
系，共建国家在投资纠纷处理上缺乏规范。一方面，我国针对"一带一
路"投资领域的相关法律呈现高度"碎片化"状态，现有政策多为各部
门针对各领域的具体文件，目的性强但忽视了兼容性。诸如投资保险、投
资监管等领域虽然出台了多项相关法规，并且法规顺利落地，但在领域内
仍未确立具有共同指导性的顶层法律设计，这使现有法规之间难以协调，
产生矛盾冲突。另一方面，在世界银行测算的全球治理指数中，"一带一
路"区域除去新加坡等少数发达国家，其他国家在反映政府法治水平的
指标上处于较低水平。投资法治水平上的落后具体表现为投资保障法律
内容不全面、不系统和部分行业法律条文存在空白。另外，还有部分国
家在法律上对外来企业投资设置壁垒，致使我国企业对外投资的法律保
护无法得到保证。在对外投资过程中只能不断进行调整去适应各个国家
不同的标准，增加了企业的投资成本。此外，"一带一路"区域范围内
现行的法律治理体系主要以协定、意见、指南等"软法"形式为主，较
为契合共建国家间的发展需求和合作模式，但也存在约束力弱的弊端。
部分国家为追求自身利益，公然打破共同商定的相关条约而给协约方带

---

① 资料来源：中国"一带一路"网。
② 资料来源：国家发展和改革委员会《第三方市场合作指南和案例》。

来不必要损失的问题仍比较棘手。

二、投资规则体系层面

(一) 现有投资规则间缺乏协调

"一带一路"共建国家经济发展差距明显，对投资规则的设计截然不同。当前，"一带一路"投资规则联通程度较低，现有投资规则间缺乏协调，投资规则体系的构建面临诸多问题。

首先，"一带一路"区域不同国家签订的双边投资协定内容上存在冲突。作为共建国家投资合作过程中最为依赖的投资规则，65 个"一带一路"共建国家要想构建起完备的双边投资协定网络需达成超过 2000 个协定，做好协定之间的内容兼顾难度极大。另外，双边投资协定由于只涉及两个国家的协商，在谈判过程中仅仅需要保障好缔约国的利益便可以达成一致，签订难度较低。由于共建国家间关系的复杂性，各国在签订时更多地从自身利益最大化的角度出发，难免会对其他国家利益产生冲击。双边投资协定内容的冲突导致了"一带一路"投资规则联通的混乱，仅仅通过双边投资协定的签订也难以构筑起可行的投资规则体系。[①]

其次，投资规则的标准与国际标准水平相距悬殊。虽然"一带一路"区域范围内存在部分发达国家，但基于"一带一路"共建国家的整体发展现状，各国间共同商签双边投资协定还是发展中国家之间的经济合作，属于"南南合作"的范畴。而在国际社会上，西方发达国家已然意识到发展中国家间不断深化的规则联通，以美国为首的西方发达国家积极寻求区域内规则的制定。2020 年生效的《美墨加协定》（USMCA）以及《全面与进步跨太平洋伙伴关系协定》（CPTPP）等都是区域内规则体系构建的尝试，通过严苛的投资标准设置限制发展中国家的参与。由于部分发展中国家在经济上对发达国家具有高度依赖性，若盲目调整投资标准，将会造成

---

① 李玉梅，桑百川. 国际投资规则比较、趋势与中国对策 [J]. 经济社会体制比较，2014（1）：176－188.

国内经济的紊乱，甚至是经济崩溃。西方发达国家正是利用了这一点，试图继续引领国际投资规则体系的重构。

最后，"一带一路"范围内综合性的多边投资协定缺位。"一带一路"共建国家在发展趋向、法制构建、投资政策、文化理解等方面大相径庭，而多边投资协定的制定牵涉众多国家，需要整体考虑各方利益，全方位达成共识。时下少数几个在"一带一路"共建国家间发挥作用的国际多边投资协定中多边投资担保机构（MIGA）和国际投资争端解决中心（ICSID）只应用于投资的某一单一领域，MIGA 为企业投资面临的政治风险提供担保，ICSID 则是对投资争端进行仲裁解决，并且二者欠缺针对"一带一路"发展的具体设计，在"一带一路"共建国家影响力有限。

（二）投资规则内容亟须优化

我国与"一带一路"共建国家签订了大量的双边投资协定，但这些协定的签订时间集中于 20 世纪 90 年代，近年来缺乏新协定的达成和旧协定的更新，整体上协定的条款内容陈旧，无法满足新时代下日益增长的投资需求。20 世纪 90 年代正处于我国利用外资从探索过渡到快速发展的阶段，利用外资规模不断扩大，因此协约的签订多从资本输入国的角度出发。而如今，我国在与共建国家的投资合作中已经发生了角色转化，对外投资金额远远超出了利用外资的金额。原有的条款理念与当前的发展思路间存在冲突，双边投资协定内容上的弊端十分明显。

第一，对投资者的保护力度不足。双边投资协定作为企业海外投资过程中寻求投资保护的主要手段，在内容设计上投资保护导向不足。具体表现为投资待遇条款中多采取公平公正待遇和最惠国待遇，而很少达成国民待遇。国民待遇指本国给予外来投资者同等于本国居民的待遇，是当前保护力度最大的投资待遇，但是国民待遇的达成关系到投资东道国深层次的利益，在共建国家间广泛应用仍需要长时间的完善。征收条款指投资东道国不对投资者在其境内进行征收，现有条款内容中大多有所提及，但附加条件的设定使具体实践上与实际内容存在差距，企业仍面临着额外征收的风险。对投资者定义的模糊和投资范围的紧缩更是导致了部分企业项目建设不被视作海外投资，无法受到投资协定内容的保护。①

第二，投资便利化水平较低。投资便利化是随着投资合作不断加深而衍生出的新兴议题，目前条款内容上缺乏明确的设置，2011 年中国与乌兹别克斯坦更新后的投资协定中才首次提到"便利"一词。投资便利化常常与投资保护、投资促进、投资自由化等结合出现，导致其服务投资合作的独特优势难以体现。相较于发达国家发布的双边投资协定范本，我国与共建国家签订的协定在投资政策的透明度、投资流程的优化、投资结果的预测等设计上明显缺位。双边投资协定中投资便利化基础薄弱。②

第三，投资规则中对可持续发展重视力度不足。我国秉持着"绿色、协调、包容、创新"的理念积极推动"一带一路"倡议深度对接联合国2030 年可持续发展议程，可持续发展原则高度符合共建各国的发展方向，逐渐成为投资规则体系中的核心要点。我国目前签订的投资协定中没有专门的可持续发展条款，对缔约国家环境保护、当地劳工保护、反腐败等问题的关注度不足。仅有的提到可持续发展问题的协定仍存在许多问题，例如，环境保护条款内容只在序言条款中提及，缺乏具体的指导方案，而且在表述形式上十分模糊，实际的环境保护意义不大。劳动保护条款提高了劳工的待遇水平，但也削弱了共建国家用工成本低廉的优势，并且部分国家强制要求企业为当地居民提供一定比例的就业机会，而当地员工的综合素质难以保障，可能会影响投资活动的正常进行。

三、投资管理体系层面

（一）"一带一路"区域投资风险频发

随着"一带一路"倡议的稳步推进，企业海外投资建设在迎来重大机遇的同时，也面临着宏观环境下的多重风险。风险中蕴含着较大的不确定

---

① 文洋．"一带一路"投资规则发展趋势及协调策略［J］．理论视野，2017（12）：66 - 72. DOI：10. 19632/j. cnki. 11 - 3953/a. 2017. 12. 015.
② 张力．国际双边投资协定新发展对中国的启示［J］．企业经济，2018，37（9）：28 - 34. DOI：10. 13529/j. cnki. enterprise. economy. 2018. 09. 004.

性和不可控性，再加之企业对于投资风险应对与防范的经验缺失，给"一带一路"区域项目建设带来了巨大的损失。中缅皎漂—昆明铁路计划搁浅曾受到社会各界的广泛关注。中缅皎漂—昆明铁路工程由中信建设集团投资打造，铁路线包括缅甸境内和我国云南地区两部分，在2011年双方就已经达成了合作协议，约定在2015年建成，然而直到2014年项目仍未开工建设，只得暂缓推动。此次项目建设受挫主要在于受到了缅甸当地居民的强烈反对，当地居民认为中方对铁路的建设侵占了缅甸的国家主权，影响了自身利益，多次向缅甸政府提起抗议。此例为企业的海外投资提出了警示，要充分兼顾投资过程中的各类风险，避免造成损失。

现阶段，"一带一路"区域投资风险处于不断变化的状态，整体上风险的种类复杂多样。通过对风险的识别与评估，将企业投资面临的主要风险归类为政治风险、经济风险和社会风险。

政治风险指被投资国政治环境的变化给企业投资造成损失的可能性，是企业对外投资过程中面临的影响最大的风险。"一带一路"覆盖了全球政治风险较为复杂的区域，共建国家政治局势不稳定。首先是"一带一路"涉及区域分布着众多政治体制不健全的发展中国家。未来有矛盾激化，发生政党间冲突，甚至演化为局部战争的可能性。这种政局的动荡多为长期的历史遗留问题，给企业对外投资构成重大威胁。其次是东道国政策变动的风险，由于多数共建国家尚未制定明确的利用外资政策，相关政策的实施一定程度上还受到外部国家的干预，易发生政策的突变。当面临更大的利益或执政权发生更迭时，甚至外部国家施加压力时都有可能诱发政策变动的风险，给企业带来不必要的损失。除此之外，还包括政府腐败的风险，根据2021年全球腐败指数排名情况，"一带一路"共建国家整体分值多分布在0~25分极端腐败和25~50分腐败比较严重的区间，政府官员腐败问题相对严重。企业在"一带一路"共建国家的投资以基础设施项目建设为主，项目一般涉及金额较大。当地官员的贪污、受贿等腐败问题造成了大量建设资金的流失，加大了企业投资的资金压力，阻碍了相关项目的进程。进一步而言，又加剧了政局的不稳定，政治风险倍增。

企业的对外投资活动必将伴随着经济风险的产生，经济风险主要是共建国家经济因素变动对企业投资收益产生影响的可能性，包括债务违约风险、汇率风险、税收风险等。一是债务违约风险。"一带一路"部分国家经济基础薄弱，经济结构十分脆弱。短期来看，国家面临着严重的外债问题，外债占比远远超出了国家资金储备；长期来看，经济增长呈现停滞的态势，面临着失业率、通货膨胀率过高等问题，国家发展十分依赖外部资金的支持。然而在国际上对国家主权的信用评级中，这些国家得分很低，对企业投资的债务偿还能力有限。近年来，又受到新冠疫情的长期困扰和全球经济萎缩的影响，债务负担加剧甚至超出了国内经济的偿还能力。使企业面临东道国的信用风险，贷款违约率上升，资金收回困难。二是汇率风险。"一带一路"国家多采用浮动汇率制度，受国内经济形势不稳定的影响，汇率的波动频繁且强烈。以巴基斯坦为例，从 2018 年初到 2020 年底，美元兑卢比的汇率便由 105∶1 降到了 161∶1，波动幅度明显。目前，共建国家的结算还是以美元为核心，企业的海外投资由此面临着人民币、美元、当地货币之间的多重汇兑风险。汇率波动的不确定性使企业投资成本和收益的可控性大大减弱，产生超出预期的非建设性损失。部分国家为控制外资企业所占比重，还会加强外汇管制，增设壁垒。三是税收风险。税收风险也是企业海外投资绕不开的一大困扰。共建国家在税收政策上存在很大差异，国家内部针对不同类型的企业也会采取不同的税收策略，企业在不同国家投资缴税易出现漏税或重复缴税的问题，最终损失只得由自身承担。此外，我国企业在部分共建国家的投资一定程度上面临着税收歧视问题，当地政府提供税收服务拖沓但对税收监管却十分严苛，加深了企业的税收风险。

社会风险在企业对外投资的过程中往往不像政治风险、经济风险那样直观，但其对于企业投资的影响同样不可忽视。"一带一路"辐射范围横跨亚欧大陆，共建国家大多历史文化悠久、宗教色彩浓厚，宗教文化在国家意识形态中占据重要地位，尤以西亚、北非、南亚等地区最为明显。然而我国企业在海外投资合作建设过程中常常疏忽了对当地宗教习俗的融入，仍秉持着中华民族传统文化的认知，不可避免地会产生文化碰撞，给企业当前投资建设的进行和未来投资活动的拓展带来不小的风险。当地居民对于"一带一路"建设的质疑也对企业活动产生了消极影响，"一带一路"区域投资风险项目中接近 30% 是当地居民的阻挠所致。这种反对的来源，一方面，部分国家媒体与智库对"一带一路"相关舆论的负向引导，使当地居民对"一带一路"建设打上了"新殖民主义""新马歇尔计划"等刻板烙印，不愿配合企业的投资活动；另一方面，企业在海外投资项目的选取上对当地居民利益的考虑不足，忽视了生态环境的保护和社会责任的承担，这些疏忽都会引起当地居民的抵制。倘若相关活动对居民权益构成了直接冲击，甚至会引起抗议、冲突、蓄意破坏等问题，不仅投资活动难以进行，企业人员的安全也会受到威胁。

（二）"一带一路"区域投资争端解决机制不健全

"一带一路"共建国家间未建立起整体的投资争端解决框架，现有的争端处理机制难以满足各主体参与"一带一路"投资的争端解决需要。我国与共建国家签订的双边投资协定中有关投资争端解决的内容效力不足，签订时间在 21 世纪之前的协定，鉴于年代较为久远，绝大部分内容中没有提及投资争端解决。即使是包含争端解决内容设计的协议，也仅仅停留在列举了投资争端解决的相关条例，提供了当地处理和国际仲裁等有限的方案。

ICSID 机制是"一带一路"共建国家最为认同的投资争端解决机制，但其与"一带一路"共建国家的需求并不匹配。ICSID 机制是以发达国家为主导的投资争端解决机制，最初建立的目的便是保障发达国家对发展中国家的投资，从服务到运行也更多的是从发达国家的需求角度出发，无法保障对"一带一路"区域诸多发展中国家的利益维护。ICSID 机制还承担着服务世界银行的使命，机制、规则、程序的安排需要考虑到对全球投资的宏观保障，对于打造符合"一带一路"共建国家投资需求的具体方案上研究不足。过度保护投资者而忽视东道国权益等理念与"一带一路"建设相矛盾，在处理"一带一路"范围内投资争端时效率低下，甚至会对双方利益产生损害，共建国家对该机制的认可和接受程度并不高。

在"一带一路"共建国家的适用过程中，投资争端解决机制本身也暴露出了一些缺陷。

第一，机制服务主体的局限性。ICSID 机制专为投资者与东道国之间的争端提供服务，WTO 争端解决机制的服务则是指向了国家之间的投资争端，各机制只能面向单一类型争端提供调解、仲裁。而实际上，投资争端的发生主体复杂多样，企业、投资者、东道国三者内部和彼此之间都存在发生争端的可能性。投资争端解决机制受理主体的局限性，造成了部分争端面临无处申诉的窘境。第二，争端解决成本过高。以 ICSID 机制为例，对于受理的仲裁案件机制将收取机构服务费、仲裁庭服务费、法律服务费三部分费用，在不包括争端双方发生费用的情况下，成本便达数万美元。倘若争端较为复杂，一套服务流程的费用可能接近百万美元。近年来，"一带一路"区域范围内投资争端数量不断增加，聘请仲裁庭调解将面临高额的费用问题，而不借助相关机制争端问题又不易处理，企业投资者陷入了两难的境地。第三，争端解决的公正性无法保证。ICSID 机制一直偏向于对投资者的保障，这为投资者在仲裁中营造了天然的优势，东道国往往对裁决存在更大的异议。再则，ICSID 机制的仲裁人员多来自西欧、北美等发达国家，对于"一带一路"区域项目建设缺乏深层次的考察，仲裁结果可能会缺乏科学性。企业在"一带一路"共建沿线国家的投资合作涉及全球范围内多方利益，在大国势力的影响下，人员决策也难免会带上政治色彩，公正性有待考量。

四、投资服务体系层面

（一）"一带一路"区域投资服务机构缺乏

我国在推动共建"一带一路"和规划实施"一带一路"投资项目建设上取得了突破性进展，共建国家广泛响应并积极参与。相比之下，"一带一路"区域内投资服务机构的建设上仍存在不小的差距，现有的资源难以满足企业对"一带一路"共建国家投资的服务需求。

企业的海外投资是一项周期十分漫长的系统性工程，相应的投资服务机构也应搭建起从投资前的审批备案到投资中的咨询指导再到投资后的评价反馈全覆盖的服务体系。然而，现状是过多的投资服务机构将精力放到投资前的服务流程，而投资中、投资后则面临着服务缺失的困境。

企业海外投资前的流程主要分为三步，首先是企业依规履行内部程序，待内部决策通过后进行外部审批，本省的国资委、发改委、商务厅等层层审批办理之后方可进行外汇登记，开展投资工作。诚然，投资前服务程序在不断优化完善，但依旧存在冗杂的问题，牵涉了过多的相关机构。投资中的服务体系履行中介服务、咨询指导、人才培养等服务功能，目前，"一带一路"区域在这些相关的服务机构建设上较为薄弱。投资中介机构通过金融、投资工具的选取帮助企业海外投资规避风险、获取高额收益，为企业应对投资风险提供指导服务。[①] 由于"一带一路"共建国家在投资中介服务行业起步较晚，中介服务机构的数量较少，以会计师事务所、律师事务所为主，机构内部提供服务的质量相较于国际先进水平明显偏低。咨询服务机构在建设数量上要明显多于中介服务机构，各色的咨询机构从不同的角度提供投资咨询服务。虽数量众多，但咨询机构相互间欠缺合作，整合力度不足，缺乏大规模、高质量的投资咨询服务机构。"一带一路"倡议为企业投资带来了诸多机遇，也对于海外投资服务领域的人才培养提出了更高的要求。现阶段投资人才呈现出"供不应求"的现象，高端化人才在海外投资服务人员中所占比重过低，专业化人才的缺失阻碍了海外投资的持续开展。鉴于"一带一路"共建国家间悬殊的文化差异，企业在人才培训过程中要更为重视对融入当地文化、承担社会责任等方面的教育。投资后的评价与反馈对于企业下一步的投资调整非常有益，各方却过度追求成果的产出，而忽视了投资后相关服务的提供。

（二）投资信息提供不充分

企业在对外直接投资的过程中十分注重相关信息的获取，尤其是在"一带一路"共建国家投资环境复杂多样、投资政策各不相同的背景下，企业对于共建国家投资信息的掌握程度更是成为影响投资质量的关键因素。然而，现阶段企业海外投资信息的缺乏俨然成为投资的重大障碍，不仅加剧了企业投资的不确定性，导致投资风险剧增，还在一定程度上抑制了企业对共建国家投资优惠政策的了解和接触。

"一带一路"区域范围内投资信息提供不充分体现在以下三个层面：

---

① 尤天慧，李洪燕，张昕光. 对健全我国风险投资中介机构体系的思考 [J]. 东北大学学报（社会科学版），2002（1）：26-28.

首先，"一带一路"共建国家之间未建立起统一的投资信息交流平台，各国家间的投资信息缺乏协调，影响了投资信息的准确性。平台构建过程中，由于共建国家缺乏相关平台建设经验，在投资信息的共享上有所保留，不愿提供涉及关键领域的信息，甚至提供虚假的投资信息，使信息平台建设十分困难。其次，投资信息不对称的问题比较严重，不同发展程度的国家对于投资信息的收集差距明显，不同规模的企业之间同样存在投资信息的差异。这种投资信息的不对称将进一步拉大企业与企业之间的发展差距，中小企业由于在投资信息获取上的劣势将面临更加严峻的投资形势。[①] 最后，相关机构提供的投资信息指导性不足。以商务部发布的《对外投资合作国别（地区）指南》为例，从内容上来看，涵盖了共建国家的投资政策、法规、指引等信息。虽然在信息提供上十分全面，但多为直观可得的数据列举，大量的宏观投资信息反而降低了企业利用的效率，难于及时获得有效信息。同时这些投资信息在深度上也有所欠缺，无法为企业提供指导性的投资信息服务。

投资信息透明度的提高会对企业投资决策产生显著的正向引导，东道国完善的信息披露制度有助于提振企业的投资热情，下一步"一带一路"共建国家要加强投资信息的高质量互联互通。[②]

第四节 "一带一路"投资规则联通的实现路径

一、法治保障体系的实现措施

我国作为"一带一路"合作建设中最为重要的投资母国，首先需要在

① 范涛．"一带一路"投资便利化平台的新进展与优化建议［J］．东北亚经济研究，2022，6（6）：15 – 24. DOI：10. 19643/j. cnki. naer. 2022. 06. 002.

② 祝继高，梁晓琴，王春飞．信息透明度如何影响"一带一路"倡议下中国企业对外直接投资区位选择［J］．国际商务（对外经济贸易大学学报），2020（6）：46 – 61. DOI：10. 13509/j. cnki. ib. 2020. 06. 004.

国内层面建立起系统的投资立法，发挥法律的先行指导作用，为企业的海外投资提供法治保障。本书认为，下一步国内立法部门应制定一部在海外投资领域发挥核心作用的《企业对外投资法》，内容上要深度对接共建国家现有的投资立法。各部门还要积极关注共建各国投资形势、投资政策的变化，在充分了解各国投资法律法规的基础上，探索适配于不同国家的综合性投资法案。针对国内研究相对浅显的条款内容，要主动借鉴现有国际法律，以国内投资现状为主，国际法律内容为补充，尽快完善相关条款内容。当然，《企业对外投资法》最终目的还是要落实到为国内企业的海外投资创设良好的法治环境。

我国出台的《"一带一路"沿线国家法律环境国别报告》（以下简称《报告》）对投资领域相关法律做了详细描述。国内律师要依托《报告》和对共建国家法制建设的研究与国内法治建设经验，主动推进"一带一路"法律规则的联通，积极与各国人员就法律条款内容开展沟通交流，提高共建国家的投资法治水平。在法治治理体系中，国内法治与国外法治之间是融合互通的，"一带一路"共建国家内部的投资法律与区域内整体投资法律之间的协调是落实"一带一路"投资法治保障的核心所在。[1] 各个国家在国内法治水平提高的基础之上，共同构建"一带一路"投资法律体系。区域内整体的法律难以做到完全兼顾各个国家的利益，因此需要各国对国内法律做出调整与修缮，使其更好地对接区域投资法律体系。区域法治体系要坚持以各国政府为主导，也要吸纳多方主体参与构建。企业作为投资活动的主要参与者对于投资法规的合理诉求应该在法规内容上有所体现，民间各组织也要积极参与投资法律的制定，与政府部门相互补充。[2]

此外，在"一带一路"区域投资法律内容中，要加强软法"硬法化"建设，提高投资法律的约束力。硬法由于关系到国家的相关利益，在达成一致的难度上要高于"软法"。下一步，国家间要利用好"软法"灵活性

---

① 汪习根，李曦光. "一带一路"视角下法治服务体系的优化——基于法律价值理念的分析 [J]. 武汉大学学报（哲学社会科学版），2018，71（1）：106 – 116. DOI：10.14086/j. cnki. wujss. 2018.01.010.

② 张龙. 构建多维法律体系，助力民营企业"走出去" [J]. 现代经济信息，2019（18）：300 – 301.

强、易落实的优势，率先确立软法形式的投资法律协定，再通过加大谈判磋商的力度，在"软法"的基础上对内容进行调整，不断推动软法"硬法化"。

二、投资规则体系的实现措施

（一）制定中国双边投资协定范本

改革开放初期，我国将对外开放确立为基本国策，在东部沿海地区率先开展利用外资的试验。经过几十年在利用外资领域的实践与探索，我国实现了利用外资的跨越式发展，实际使用外资规模处于世界领先地位。为了满足经济进一步发展的需要，我国开始推动由产业承接国向产业转出国的角色转变，不断探索资本输出，鼓励对外投资、布局全球价值链。2014年，中国对外投资实现了"出超元年"的历史性突破，实际对外投资超过利用外资的规模。当前，我国已经发展成为全球范围内极具影响力的双向投资大国。

作为我国投资合作的指导性文件，双边投资协定的内容是投资规则体系的主要支撑。目前，美国、日本、德国、印度等国家纷纷构建了本国投资协定范本，并根据投资发展的需求多次进行更新，范本对于新签协定的规范起到了良好效果。中国是全球签订双边投资协定数量较多的国家之一，制定中国双边投资协定范本是投资发展的迫切要求。2010 年我国曾拟定范本草案，虽未能正式出台，但其内容在 2011 年达成的中国 – 乌兹别克斯坦双边投资协定中得到了体现，现在来看仍具有重要参考价值。新的投资范本要以草案内容为基础，整合我国现有投资协定中"精华"部分，而对"糟粕"部分进行摒弃。基于我国"投资大国"和"引资大国"的双重身份，从实际国情出发，借鉴美国等国家的双边投资协定范本，并考虑到我国作为发展中国家的差异性，制定"中国特色"双边投资协定范本。[①]

---

① 张晓君，曹云松．"一带一路"建设中双边投资协定的功能发掘与范式构建［J］．国际经济评论，2021（4）：7，115 – 137．

范本的构建要遵循统一性、明确性、协调性的原则。统一性指我国要坚持一个投资协定范本原则，在与不同国家投资谈判时可根据实际情况对相关内容做出灵活性调整，但切忌打破一个投资协定范本的惯例，若是针对不同国家制定不同的范本，本身便违背了范本内容中的非歧视条款。明确性原则，要对双边投资协定中"投资"和"投资者"的定义做出详细界定，列明保障的范围。在话语运用上要减少"鼓励""提倡"等模糊性表述，多采用具体化表达，强化内容效力。协调性原则，双边投资协定同时保护和促进着我国"引进来"与"走出去"，范本内容设计上要调整过去我国偏重投资保护的思路，统筹双向需要，最大限度实现投资者和东道国的利益平衡。范本的制定要奉行上述原则，针对投资合作过程中风险多发的领域设置具体条款，明确并统一我国在重点问题上的立场，切实维护投资者的利益。

（二）创设"一带一路"国际多边投资协定

"一带一路"共建国家主要依靠双边投资协定和少数几个区域投资协定的指导，现有协定在影响范围上无法与多边投资协定相提并论，难以覆盖各国间投资合作关系。多边投资规则可以弥补区域内现有投资规则"碎片化"的不足，有利于维护国家竞争的公平性、减少共建国家发展的负外部性，保障规则的稳定性。[①] 随着"一带一路"倡议的推进，基础设施硬联通的实现为下一步的投资规则"软联通"奠定基础。制定"一带一路"多边投资协定是投资规则框架内的最优选择，能够为各国提供普适的投资性规则保障，还能集合发展中国家的力量，在国际投资规则体系中更好地诉诸"南南合作"的规则需求。

美国曾先后在经济合作与发展组织（OECD）和世界贸易组织（WTO）内尝试构建全球性多边投资协定，但均以失败告终。国际范围内仍未构建起一个综合的多边投资协定。现阶段多边投资协定的实现仍面临许多障碍，在核心问题上存在争议，短时间内难以完全达成。我国应从多

---

① 邓瑞平，周亚光. 博弈与协调：构建多边投资规则的中国方略 [J]. 现代法学，2015，37（5）：159 – 169.

个层面稳步、有序的引领"一带一路"多边投资协定的构建。

一是利用好区域范围内现有的国际多边投资规则。国际层面上存在MIGA、ICSID、TRIMs 三个多边投资合作机制，虽然更多体现发达国家的意志，但在具体的投资保护和促进环节形成了明确的程序。中国作为这三个机制的参与国，国内企业在对外投资过程中应做好对机制的使用，尽可能地发挥其对于投资的服务作用。在实践中调整，逐渐内化形成"一带一路"的投资协定内容。

二是通过区域投资协定的协调，推动多边投资协定的构建。区域合作近年来成为全球发展的主流趋势，同一区域内国家在投资发展需求上更为接近，也有更强的认同感，往往易达成规则协定的统一。目前，"一带一路"范围内签订了《区域全面经济伙伴关系协定》《亚太贸易协定》等多边投资协定。各区域内具有影响力的国家也积极探索区域投资一体化发展的路径，东南亚国家联盟在经济上的协同发展为其他区域投资合作提供示范，俄罗斯打造欧亚经济联盟；蒙古国提出"草原之路"战略；印度引领南亚国家"季风计划"，"一带一路"区域内国家间合作紧密。区域投资协议与"一带一路"倡议不构成冲突，在发展理念上的接近使它们可以更好的共存。"一带一路"建设要充分借助现有区域投资协定，其在双边和多边协定间的"桥梁"作用将大大降低规则协调的难度。在区域内投资规则联通的基础上推动多边投资协定达成。

三是协定内容商讨上由点及面、由浅入深。多边投资协定建设是一个循序渐进的过程，就全部条款内容达成绝对的一致明显是不切实际的，应该分难度、分角度构建多边投资规则。在谈判过程中坚持以结果为导向，先就难度较低的口头承诺、倡议、提案达成一致，下一步再通过磋商与对话等形式推动自下而上的规则构建，一步步地提高条款的约束性。多边投资规则涉及范围广泛，议题内容复杂，各国在具体内容商定上可以更加具体化。从具体化的投资议题展开多边合作，通过持续的探索与积累，最终实现多边投资规则的联通。基于我国在基础设施建设投资的优势和共建国家对基础设施建设的需求，借助产能合作带动投资规则联通是推动多边规则构建的重要突破点。

（三）积极对接国际投资规则

国际投资规则体系正处于新一轮重构的关键时期，当前发达国家引领的国际投资协定谈判持续推动着投资规则标准的提高。为了更好地参与投资规则体系构建，获取在规则制定中的话语权，我国要主动对接国际投资规则，力争实现国内规则和国际规则的互联互通。一方面，国内相关研究部门开展关于国际投资规则的深度分析，总结提炼出符合国内发展的规则条款。依托自贸试验区建设提供的试点平台，自贸试验区作为国内最高层次的开放高地，将国际先进的投资规则在试验区内率先实践，有助于更深层次的对接国际规则，明确制度创新的发展方向。[①] 结合试点结果的反馈，深化国内规则改革创新与国际规则达成共识，实现国内投资规则的升级。另一方面，国内规则"走出去"引领国际规则构建，提高国际影响力。以我国具有比较优势的行业为突破点，在全球范围内推广规则标准，参与全球治理体系的改革并发挥引领作用。对接国际规则标准也需要与发达国家在"一带一路"共建国家内开展第三方市场合作。在实际的项目推进中，加强国内规则与国际规则的互动，加速规则间的融合。

三、投资管理体系的实现措施

（一）构筑"一带一路"投资风险防控体系

习近平总书记在 2021 年底"一带一路"建设座谈会中提出"要全面强化风险防控，深入落实风险防控制度"，国内各投资主体在海外投资建设中要树立坚定的风险防控理念，把共建国家投资风险的应对放在关键位置，切实保障项目建设过程中的风险防控。筑牢"一带一路"投资风险防控体系需要政府、企业、社会机构多方联动，深入了解各国间风险的共性

---

① 赵亮. 自贸试验区驱动区域产业结构升级的机理探讨 [J]. 经济体制改革, 2021 (3)：122 – 127.

与差异，建立健全既符合整体利益又满足个体需求的投资风险防控机制。^①

从具体措施角度来看，应搭建完善的风险识别与监测机制，以便在投资风险发生时能够高效应对。首先是对于风险的识别，要做好风险收集工作。以国家各部门为主导，结合企业实地建设的定期反馈，发动"一带一路"区域媒体、智库、大使馆、金融机构等多方力量，拓宽风险信息收集的渠道，确保信息的及时性、准确性。收集的风险信息还要做好整理和归类，根据风险的诱导因素、发生地区、严重程度等特征进行系统分析，划分为不同的风险类型进行差异化管控。对于各类风险要提前制定与之适配的处理方案，将风险发生带来的损失最小化。企业还要加强对风险的长期跟踪与监测，持续的风险监测是做好风险防控的必要工作。海外投资风险监测可以借助大数据信息平台，量化设计相关风险指标，构建系统科学的监测体系，做好对投资风险的动态跟踪。^② 监测的同时要定期开展风险评估，对于超出可控范围的风险及时处理，做好防控。由于风险的高度不确定性，规避风险的措施十分到位也无法完全阻止投资风险的发生，因此，对于投资的安全保障机制尤其重要。未来，我国应在主要的投资东道国内创设专业化的投资安全保障服务部门，在企业投资风险发生后及时与当地政府法治部门进行沟通，代为处理风险问题。此外，部门内还应设立安保人员机构，直接保障企业项目的财产和工作人员的安全。

（二）打造"一带一路"投资争端解决机制

现有的投资争端解决机制无法满足"一带一路"共建国家投资合作，投资争端成为阻碍投资规则联通重要因素的情况下，围绕"一带一路"打造具备区域特色的投资争端解决机制成为共建国家的共同追求。我国作为"一带一路"区域最大的资本输出国，国内企业海外投资的过程中面临着大量争端问题，在争端处理上经验较为丰富。而大多数共建国家的投资法制仍不健全，缺乏对争端解决的设计与应用，多为被动接受发达国家主导

---

① 赵德宇，刘苏文．国际产能合作风险防控问题研究［J］．国际经济合作，2016，No. 363（3）：66 – 70.

② 王璟璇，张何灿，徐舒扬．基于大数据的"一带一路"海外项目风险动态监测指标体系研究［J］．电子政务，2021（2）：64 – 74. DOI：10. 16582/j. cnki. dzzw. 2021. 02. 006.

的相关机制。故此，我国有意愿也有责任更有能力牵头，与共建国家共同商议、共同建设"一带一路"投资争端解决机制。机制要在坚持服务"一带一路"投资需求、投资者与东道国利益并重、保证绝对公正性等基本原则的基础上主动汲取 ICSID、WTO 等国际争端解决机制建设的先进经验，推动自身高质量建设。

创建新的投资争端解决机制要从以下三个角度重点突破：第一，依托亚投行的平台优势，设立"一带一路"投资争端解决中心。作为区域范围内规模最大、最具影响力的多边金融机构，共建国家和企业大部分的投资活动与亚投行相关，因此，在亚投行内部确立的投资争端解决中心将更具权威性，能够保障裁决的执行。① 作为世界银行集团旗下机构的 ICSID 机制，便是在建立初期借力国际复兴开发银行取得了快速发展。值得注意的是，"一带一路"投资争端解决中心构建需保持相对的独立性，中心和亚投行之间应该是相互促进、相辅相成的关系。第二，借鉴国际争端解决机制公约的设计，以此作为模板；再通过重新签订双边投资协定或更新投资协定内容的方法对投资争端解决的条款内容进行重撰，将相关内容具体化；在国际合约模板和"一带一路"争端解决条款内容的示例下，制定《"一带一路"投资争端解决机制公约》，提供制度保障。第三，丰富争端解决手段。加强对磋商、调解手段的运用，磋商与调解的争端解决方式具有灵活性强、成本低的优势，在一些争端程度较低的案例处理上具有比较好的效果，在争端解决程序上可以作为仲裁的有效补充。另外，以磋商、调解的方式解决投资争端与"一带一路"倡议促进和平合作，构建互利共赢的"利益共同体"的宗旨更为契合，友好手段解决争端还有助于改善合作双方的关系，实现民心相通，推动更深层次投资合作。仲裁、申诉作为争端解决机制的主要手段，要加强可操作性建设，降低各环节中不必要的成本。尽可能从争端发生地选取熟悉投资环境的仲裁人员以提高裁决的准确性，发挥仲裁在争端解决中的核心作用。不同的争端解决手段之间可以多元化结合，比如先进行调解，如若调解不成再进行申诉仲裁，这种创新

---

① 张卫彬，许俊伟."一带一路"与投资争端解决机制创新——亚投行的角色与作用 [J]. 南洋问题研究，2017（4）：71–81. DOI：10.14073/j.cnki.nywtyj.2017.04.007.

手段的运用能显著提高争端解决效率。

（三）完善企业海外投资保险制度

国内现行的海外投资保险法律内容主要以中国出口信用保险公司相关规范文件为指导，再辅以保险法等法律中对保险制度的设计，关于海外投资保险的国内立法水平较低。相比较而言，美国、日本、德国等发达国家均制定了企业海外投资保险的系统立法，以法律形式引导海外投资实践也是国际范围内主流的趋势。综合考虑各方对法律保障的需求，现阶段国内相关部门亟须制定企业海外投资保险的有关法律。在海外投资保险法律领域，我国还处于探索前进的阶段，要在对国内法律法规进行整合、归纳的基础上，选择性地借鉴、吸收发达国家法律设计的经验。多边投资担保机构在"一带一路"区域内企业投资担保中扮演着重要角色，国内法律内容还要做好与其法治内容的对接，构建更适合"一带一路"建设的保险法治体系，为企业海外投资提供坚实的法律支撑。

目前，我国企业海外投资的保险业务由中信保来处理，中信保行使着海外投资保险的审批与经营权。中信保作为国家主导的政策性保险机构，将服务企业海外投资作为主要任务。但投资保险只是中信保业务的一部分，再加上中信保的资本规模有限，仅凭一家机构难以完全满足企业对海外投资保险的需求。并且单一制的设计长期来看易滋生腐败，导致效率低下。因此，可以推动国内规模较大的保险机构"走出去"，在区域范围内对中信保的服务进行完善与补充，保险机构间适度的良性竞争也有助于推动机构的优化与升级，提供更加优质的投资保险服务。国内保险机构还要与共建国家的保险机构形成合力，探索建设"一带一路"国际投资保险机构，助力企业进一步扎根当地市场。整体上，构建以中信保为支撑，国内国际投资保险机构并行的多元化承保主体结构。

为了更好地提供优质保险服务，要创新保险产品设计，扩大承保的范围。中信保的业务中仅对传统的政治风险进行了承保，对于区域内企业的吸引力有限。相关机构应该加大创新力度，设计新的保险产品，覆盖更多的风险险种。首先，要增加经济风险保险产品的供给，近年来，企业对外直接投资过程中受到了越来越多的经济因素干扰，造成了比较严重的损失，经济保险在"一带一路"区域内有着庞大的市场。其次，对于社会文化风险、生态环境风险、法律政策风险、工程建设风险等也要加大承保力度，做好风险的规避。针对"一带一路"多发风险，可以专设"一带一路"系列险种，为有需求的企业提供定制化保险产品。

四、投资服务体系的实现措施

（一）完善"一带一路"区域投资服务机构建设

建立投资前中后期全覆盖、各部门共同参与的投资服务体系，提高公共服务水平，增强企业对投资服务的可获得性。在区域投资服务机构建设上，要注重竞争力的提升，力争打造一批国际领先的投资服务机构。国内相关的投资中介服务、投资咨询等机构现阶段在"一带一路"区域范围内的影响力不足，企业对外投资还是倾向于选择国际机构的服务。国内机构应加大整合力度，相关行业机构间探索更深层次的合作并尝试通过合并、兼并、收购等方式进行重组，提高整体的竞争力，培育"中国品牌"以应对国际机构的挑战。国内服务机构还要注重在区域内的布局，积极追赶企业"走出去"的步伐。通过建立海外分支机构、与国际先进机构合作创新服务模式、同共建国家共同商讨服务方向等多元化的方式，完善"一带一路"投资服务网络。国家还应选定部分企业海外投资规模较大或投资风险复杂的重点区域，在区域内建立投资服务园区。园区能够为国内投资服务机构海外落户提供优质载体，同时还能发挥集聚效应，拉近不同服务机构间的距离。园区内还应储备相应物质资源，为企业提供海外的"落脚点"。

还要高度重视"一带一路"专业化人才的培养，习近平总书记提出"人力资源"是构建新发展格局的重要依托，人才资源是"一带一路"投资合作以及各个领域建设的关键支撑。为更好地服务于企业海外投资，在确保投资服务相关知识过硬的前提下，朝着国内人才国际化、国际人才国内化的方向发展，培养熟识我国和被投资国不同文化、精通多国语言的复合型人才。在对能力的需求之外，服务人员的素质建设同样重要，培养过程中要将人文素质教育放在首要位置。在投资东道国的服务过程中注重社会责任的承担，有助于改善共建国家居民对"一带一路"倡议的认识。

(二) 构建"一带一路"投资信息服务平台

"一带一路"区域范围内迫切需要构建完善的投资信息共享平台，保证企业投资过程中的信息指导，避免错过最佳投资时机。我国各部门不断尝试信息平台的构建，打造形成了"一带一路"信息服务平台、"一带一路"共建国家标准信息平台、"一带一路"国际合作信息服务平台等诸多平台。各部门还要借助多方力量去收集海外投资信息，以海外投资信息中心为主，发挥金融机构海外分支在区域内布局的优势，与共建国家相关部门展开投资信息的交流与互换。在这两部分投资信息的基础上进行整理与补充，打造"一带一路"投资信息共享平台。"一带一路"区域的信息畅通离不开大数据、区块链、云计算等数字技术的运用，先进技术的推广能够打通共建国家投资信息间的壁垒，提高信息的透明度。还能够及时追踪相关投资信息的变化，为企业海外投资提供更加精准的服务。

对于投资信息的深度研究将为企业的投资决策提供科学指导，"一带一路"相关智库应进一步优化投资的研究方向，提高产出成果的质量。深化智库在对外投资决策中的咨询指导作用，需要政府部门的支持与配合，各级各部门要及时为智库提供共建国家准确的一手数据并为各智库搭建与共建国家的磋商平台。"一带一路"智库还要继续强化与高校间的合作，依托高校的人才培养优势，开设"一带一路"投资研究院，将"一带一路"研究学科化。

(三) 突出金融服务多元化优势

把对金融机构的引导放在首位，加大金融机构对企业投资的支持力度。以亚投行为主包括丝路基金、金砖国家新开发银行等"一带一路"区域多边金融机构要深化在共建国家的金融合作与建设，参考世界银行等国际先进组织在区域内发展的成功经验，以自有资金撬动共建国家各方的资金支持，丰富企业投资活动的资金来源。政策性金融机构要充分发挥其在中长期融资支持上的优势，持续加大对"一带一路"项目建设的资金倾斜力度，尽可能地填补资金缺口。商业性金融机构在金融服务的提供上更具创新性和灵活性，为激发商业性金融机构的参与积极性，国家政策上应给予优待；还要完善对中资金融机构的保险、信保设计，消除其参与"一带一路"投融资服务的后顾之忧。国际性金融机构也要积极融入"一带一路"金融服务体系，部分机构在"一带一路"共建国家根基牢固，国内金融机构应积极探索与国际金融机构在共建国家开展第三方合作。

金融机构自身建设上也要坚持创新的理念。在现有金融机构合作的基础上，尝试培育新型的金融机构，对政策性、商业性金融机构的服务功能进行补充，完善金融机构对"一带一路"发展的融资支持。金融产品作为金融服务的重要载体，近年来缺乏创新性的设计，难以迎合海外投资企业的需求。下一步金融产品的研发应借力金融科技，重点推出多元化融资、风险管理、绿色可持续等相关金融产品，注重产品的针对性、先进性、新颖性。

第五章

"一带一路"争端解决规则联通研究

在推动"一带一路"倡议建设中，标准、政策、规则、机制相互补充、相互促进。而规则联通则是实现互联互通的重要机制保证。国务院曾发布《标准联通共建"一带一路"行动计划（2015－2017）》《标准联通共建"一带一路"行动计划（2018－2020 年）》等多项指导意见，使深化标准开放合作，各领域规则联通进加以落实。作为由我国主导的重大倡议，"一带一路"共建国家与组织有关争端的处理解决规则是否公平、公正、有效，将直接体现我国软实力与国际影响力。2016 年 10 月，我国最高人民法院原副院长贺荣于第四届香港"一带一路"国际论坛上建议，中国应建立一套公正、高效、为全世界广泛理解与接受的争端解决规则机制。最高人民法院原院长周强于 2017 年 4 月访问世界贸易组织总部，并表示愿意加强与 WTO 的合作，借鉴国际贸易争端解决与国际投资贸易解决典型案例的经验，健全"一带一路"投资争端解决规则与机制。提升争端解决规则联通性与机制化建设是提升我国国际话语权的重要基础。在共建"一带一路"的过程中，怎样构建公平、公正、合理的争端解决新规则框架已成为我国引导与推动纠纷处理法治化、规范化进程的重要任务。

第一节 "一带一路"争端解决规则联通的
重要性与面临的困境

"一带一路"共建国家与组织在社会组织形态、政治运行状况、经济运行状态、法律体系构建方式、技术标准与商业规则、宗教文化与民族特征等方面各有不同。由此,共建"一带一路"将不可避免地产生争端风险。国际主流争端解决规则制定权与主导权大部分仍掌握在发达国家手中,鉴于"一带一路"共建国家和组织的国际地位及发展情况与发达国家相差较大,现有国际争端解决体系在"一带一路"共建国家与组织适用性较差①。据此,我国在引导"一带一路"高质量发展道路上还面临阻碍,迫切需要将"中国特色"融入"一带一路"争端解决规则新框架,加强与国家争端解决规则的互信、互认、互通,提出"中国立场",阐述"中国观点",实现国际法治的"中国表达",为"一带一路"共建国家和地区争端解决提供"中国智慧"。

一、"一带一路"争端解决规则联通的重要性

国际规则指对两个以上国家有约束力的、具有可操作性的、关于要求实施某些行为或禁止某些行为的具体规定,并通过相关国际机制来实施的约束性条款。据此,规则对于国家行为体具有约束力,其制定者是具有权威性或受约束者授权的行为体。同时,规则是确定性的、具体性的明文规定。当前争端解决规则通常指依照 WTO 相关协定的规定,提供快速、有效、可靠和有规则可供遵循的体系以解决争端的处理体系。"一带一路"争端解决规则源于"一带一路"倡议,与"一带一路"同频共振,不仅是"一带一路"走向世界的"通行证",也是"一带一路"应对不确定性风险与挑战的"安全阀"。在共建"一带一路"的过程中,需建立适用于"一带一路"发展的纠纷解决机制,即由我国与共建国家和组织引导并获得共同认可,对其有约束力的规则框架,为解决"一带一路"主体间发生的贸易、商事、投资、知识产权争端提供依据。该框架并不是对原有国际争端解决规则的全面推翻,而是以多个现有国际组织争端解决机构为载体,保留其适用性强的部分,并结合我国与"一带一路"共建国家和组织

---

① 赵骏,翟率宇."数字丝绸之路"国际规则体系逻辑架构——以实体化"一带一路"实践为鉴 [J]. 商业经济与管理,2022 (7).

实际发展所适配的新型争端解决规则，实现争端解决规则的互联互通。

"一带一路"倡议以经济走廊为依托，以交通基础设施为突破，以建设融资平台为抓手，以人文交流为纽带，实现不同大陆的互联互通，在合作方面十分广泛，涵盖贸易、投资、知识产权、运输等领域①。按照以往研究分类，可依据不同方面进行分类。首先根据争端领域的不同，争端范围可包括：国际贸易争端、跨国企业投资争端、国家与组织资金融通争端、能源交易与运输争端、知识产权争端。根据争端产生主体分类，可分为商事主体（个人、公司法人）间纠纷、商事主体与政府间纠纷、政府间的纠纷。商事主体间的纠纷，例如合同违约纠纷、法律适用纠纷等，商事主体与政府间的纠纷，例如东道国政府对于公司进入市场的制裁、限制投资等，以上冲突可通过和解、调节、仲裁、诉讼等方式解决。政府纠纷常涉及新老争端解决规则与各国争端解决规则的联通冲突，解决时间周期长，达成共识较难。

同时，"一带一路"共建国家与组织资源禀赋各异，经济互补性强，仍存在较大合作空间。但"一带一路"共建国家大部分为发展中国家，区域范围还存在多民族、多宗教、多文明交融地区，不可避免地面临东道国政权更迭、经济发展不一、对应法律空白、语言对接不畅等各类风险，且各类难以预测且不寻常事件频发，不稳定性强。基于此，我国与"一带一路"共建国家和组织的纠纷调解方式及争端解决机制仍存在互认、互信、互通等问题，对双方商贸、投资、知识产权、高新技术等方面的合作造成阻碍，推动构建"一带一路"争端解决新规则与现有规则互联互通刻不容缓。

（一）促进争端解决规则联通是"一带一路"高质量发展的必然要求

构建制度化争端处理机制、推动争端解决规则互联互通是"一带一路"倡议高质量发展的必然选择。这就要求我国在共建国家互认互信的基

---

① 董青澜．"一带一路"国际投资争端解决机制之构建［D］．北京：中国社会科学院，2021.

础上，针对不同方面议题与国情，搭建稳固治理平台与体系。明确各方权利义务，提升争端解决效率，将"一带一路"的各项合作与预期风险维持在框架内，维护共同利益。

"一带一路"倡议中商贸与投资活动占比较大，但各国经济运营体制与规定大相径庭，易产生商事投资纠纷。构建有序的争端解决机制联通是防止市场无序发展的重要因素。我国与共建国家和组织必须坚持市场主导及企业主体，刚性与柔性约束机制相结合，有效预防和控制潜在风险。争端解决规则联通也是规范我国企业海外投资行为的重要手段，有助于企业了解并严格遵守东道国相关贸易、投资法律法规，合法规范经营，降低潜在进入门槛，尽可能避免风险发生，增强投资信心，促进"一带一路"高质量、可持续发展。

（二）促进争端解决规则联通是完善现有争端解决规则的必由之路

争端解决机制是运行良好的全球和区域治理体系的关键部分。现有较为成熟的国际争端解决规则主要包括 WTO 指导下的《关于争端解决规则与程序的谅解书》、世界银行的国际投资争端解决中心、国际商会的国际商会仲裁院等。WTO 争端解决机制是当前全球影响最大、认可度最高的争端解决机制，是国际多边体制诞生的争端解决方式，需兼顾多方利益。但因成员众多、利益分化严重，自多哈回合谈判后，各国难以就国家与地区主权问题与相关领域利益分配（如政府采购、劳动、环境保护等）等敏感性问题达成共识，WTO 争端解决机制陷入困境。伴随科技进步和经济全球化的发展，WTO 争议解决机制在新型争端（数字经济、电子商务、政府采购、反腐败、清洁能源等）也暴露出处理经验不足等局限。另外，WTO 争端解决机制涵盖范围有限，仅限于 WTO 各成员因 WTO 规定应用而产生争议。"一带一路"共建国家中，部分国家与组织并未加入 WTO，对其机制并不适用。除此之外，WTO 成员中也有诸多国家与组织不熟悉 WTO 争端解决机制的流程与运作模式，并未在其中处理过相关争端。由此可知，"一带一路"共建国家与组织使用 WTO 争端解决机制频率低，制度缺陷与经验不足极大制约了 WTO 争端解决机制在"一带一路"争端处理中的适用，因此，在共建"一带一路"的进程中，我国应构建适用于我国与共建国家和组织的多争端解决规则新框架。

但"一带一路"争端解决规则联通并非颠覆现有规则，而是对现行争端解决规则进行集成改进。现有争端解决方式仍然是新争端解决机制的重要组成部分，保留现行争端解决机制的优秀之处，对不适用之处进行改进，从实际出发，积极完善争端解决规则，是构建新的争端解决规则框架的重要一环。

二、"一带一路"争端解决面临困境

争端解决规则联通是国际社会长期以来所面对的顽固性问题，也是全球争端解决面临的困境。因其结构性弊端，现有国际机制无法解决所有国家与组织争端，对"一带一路"区域适用性相对较差。因此，"一带一路"区域争端解决规则亟须新的制度性供给框架。但由于争端主体多元化、种类多元化、解决规则存在冲突，我国引导建立新的争端解决机制面临困境。

（一）现有争端解决规则以软法为主，约束性弱

国际通用争端解决规则常以柔性"软法"形式出现，约束性较弱，可调节性较强，易侵损不发达国家与地区利益分配。"软法"在落实保障"一带一路"倡议时，具有主体多样、方法灵活、兼顾当前与未来的独特优点，但同时也存在缺乏明确义务、执行机制局限、约束性弱等明显弊端。因此，加强国际法约束力，推动更加有效解决国际争端，是今后构建全球国际争端解决规则的长期方向。

由"发展主导"过渡至"规则主导"是"一带一路"争端解决规则走向机制化、成熟化的必由之路。"规则导向"对争端涉及国家与组织的法治化要求较高，国际法治是国际关系规则导向的高级形式，特点是更强调争端"法律解决"，具有客观性、稳定性、可预见性、连续性的特点[1]。

---

① 王卿."一带一路"经贸争端解决 ADR 体系的构建 [J]. 河北法学，2020，38（8）：115－124.

在经济合作发展至一定水平后,"发展导向"逐渐凸显出其局限性,缺乏相互认可的争端解决规则体系将对国际合作质量造成较大影响,各国为避免争端会降低合作频率,甚至终止相关产业的合作。因此,我国需推动构建具有较强"规则导向"的争端解决规则构建,明确行为指引,预防可预见风险,为国际软法增添"中国元素",推动"硬法"建立,降低因争端解决机制"碎片化"协调成本,提升"一带一路"沿线合作的积极性与主动性。

(二)"一带一路"共建国家国情迥异,完善机制存在困难

"一带一路"共建国家与组织政治、经济、法律等方面发展背景迥异,因此,因地制宜又维护各国共同利益,有效完善我国与共建国家和地区争端解决规则是我国需要关注的重大问题。就地理位置而言,"一带一路"区域涵盖地理范围广,其历史渊源、文化背景、地理位置等方面均存在差异,我国与"一带一路"共建国家和地区规则联通高度碎片化,多变性强,不稳定因素始终存在,不利于规则导向的机制完善。就政治方面而言,"一带一路"区域包含多民族、多宗教、多文明交融的地区,有些国家政治局势动荡。就法律层面而言,"一带一路"地域辐射范围广,对大陆法系与英美法系法律认知存在差异,对相关争端解决规则的解读也存在差异①,增加了"一带一路"共建国家和地区争端解决规则联通难度。同时,部分国家与组织立法技术层面较低,存在诸多法律空白,缺乏良好治理体制。

(三)各国争端解决规则繁多且不相统一

以商事争端为例,全球不同国家和地区之间签订了大量的区域贸易协议(RTA)。RTA通常基于双边或多边国家或组织的相互信任,涉及争端的条款相对单一,有些条款甚至仅有原则性的框架协议,还未出台具体规定。通常情况下,RTA通过参与国间定期召开的贸易经济委员对相关争端

---

① 陈燕红,罗传钰,陈来瑶."一带一路"国际商事争端解决机制的队伍建设与机构完善——基于域外经验[J].广西大学学报(哲学社会科学版),2020,42(3).

与纠纷进行协调，以政治和外交手段处理纠纷。同时，RTA 条款多为相对灵活的"柔性条款"，或是"尽最大努力"的意向性条款，不具备强制性。"一带一路"共建国家和地区的贸易往来频繁，且各国间存在大量的区域性协定，也会产生成员身份重复的现象。截至 2021 年 7 月仅就我国而言，就已经与"一带一路"区域内的 13 个国家签订了 7 项双边贸易协定。

现有区域性争端解决规则数量较多、分类繁杂，但适用性相对较弱，在"一带一路"区域内的纠纷处理上仍存在较大困难。多数 RTA 协议中的争端解决条款过于笼统，对于争端处理的具体方法没有明确规定，制度安排不明晰，操作性较弱。同时，现在不存在任何一项 RTA 能完全覆盖"一带一路"所有共建国家或组织，其纠纷协调机制也不能全方位覆盖，不能直接形成确定的争端解决规则体系。由于各国对争端解决规则的认同性程度不尽相同，不同法系对相应条款的解释也会相差甚远，且由于争端解决机制依据国情设立，带有明显地域色彩，"一带一路"区域跨度大，纠纷涉及领域广，现存机制难以有效运用。

（四）我国在"一带一路"争端解决规则构建中的话语权亟须提高

虽然国内现有"一带一路"争端解决机制在处理"一带一路"争端纠纷案件上已取得阶段性成果。但在涉及境外当事人的实践中，国内争端解决方式的应用仍十分有限。在各方共同打造"一带一路"多元化争端解决机制的背景下，我国现有的争端解决体系在"一带一路"争端解决机制中的话语权明显落后于我国引领"一带一路"全方位发展的地位。由于"一带一路"区域不同国家和组织间法律制度存在高度差异性，达成统一的法律标准难度极大，国内争端解决机构在"一带一路"区域内影响力有限，外国当事人参与争端解决时面临多重阻碍。一方面，外国当事人长期选用本国争端解决方式，对我国的争端解决方式难以完全认可与信任；另一方面，在实践过程中还要兼顾对国内法的理解与适用。引入国际先进争端解决机构是快速提高我国在"一带一路"争端解决机制中话语权的重要路径，但与新加坡等较发达国家和地区相比，在我国对境外机构的吸引上不具备优势。此外，"一带一路"区域范围内现有的包括新加坡国际仲裁中心、新加坡国际调解中心、迪拜国际金融中心法院、阿联酋海事仲裁中心等一批具有国际影响力的争端解决机构，这些机构具有大量的案件审理经验，机构建设也更加完善，其一定程度上构成与我国争端解决机制间的竞争。

第二节 "一带一路"争端解决规则联通成果与举措

"一带一路"共建国家和地区与我国往来日趋密切，区域范围内争端与纠纷案件急剧增多，复杂案件处理对共建国家构成极大挑战。但"一带一路"区域大部分国家或地区仍未建立具有公信力的争端解决模式。当前，打造具有"一带一路"特色的争端解决机制逐渐成为各国的共同诉求。作为"一带一路"倡议提出国，我国将继续引领区域范围争端解决规则合作。在总结了现存争端解决机制经验和教训的基础之上，拟持续推出多元化的争端解决新模式，新模式与传统模式互为补充、相互兼容，大大提高应对争端的灵活性，处理争端更加高效。

一、积极布局"一带一路"框架构建，推动智库建设

自"一带一路"倡议提出，我国高度重视对"一带一路"纠纷解决机制进行司法保障与信息化建设，2015 年以来，我国回应现实建设的切实需求，出台了多项政策意见，为"一带一路"倡议健康发展保驾护航。

（一）国务院、最高人民法院出台若干意见，搭建顶层设计

2015 年 7 月，《为"一带一路"建设提供司法服务和保障的若干意见》颁布，从此，最高人民法院开启对"一带一路"司法保障系统的积极布局，陆续颁布一批涉及争端解决的司法解释、司法互助和国际认同的法律法规与制度规定，为构建完善争端解决规则联通机制作充足准备。2018 年 6 月，中共中央、国务院办公厅印发《关于建立"一带一路"国

际商事争端解决机制和机构的意见》（以下简称《意见》），《意见》指出，在"一带一路"建设进程中，我国要积极推进"一带一路"的国际合作，依法妥善解决"一带一路"建设进程中出现的商事纠纷，保护中外当事人的合法权益，为"一带一路"建设提供更有力的司法服务与保障，实现更高层次的贸易与投资自由化，为高层次开放提供司法保证。

此后，我国重点关注、深入探索、全面启动"一带一路"争端解决规则互联互通相关工作，不仅在国内加速推动"一带一路"争端处理新模式的构建与争端解决规则间的互通，还充分利用国际舞台积极宣传我国多元化、互惠化的争端解决理念，为建立新型争端解决机制奠定良好的舆论环境与坚实的实践基础。

（二）最高人民法院建设高端智库，提供智力支持

最高人民法院牵头成立"一带一路"司法研究中心，统筹学界与社会力量，为"一带一路"建设取得良好开局。"一带一路"司法研究中心聘请相关部委人员、理论界和实务界的专家学者，形成内外互补、结构合理、个性鲜明、水平较高的研究团队，为"一带一路"共建国家和地区争端解决审判实践与法学理论研究搭建沟通交流、信息共享的桥梁，提高涉外审判的整体水平。同时，储备高质量涉外法律人才，建设高端智囊团，利用专家学者的优势，分析研究"一带一路"建设过程中出现的新情况、新问题，为推动"一带一路"建设进程提供有效智力支撑。

与此同时，在中国社会科学院法学研究所、清华大学法学院、华东政法大学和大连海事大学等九所高校的支持下，我国先后建立与"一带一路"、自贸区和海洋司法保护有关的理论研究基地，充分发挥相关科研机构的科研、人才优势，立足国际法学前沿，对涉外商事海事审判提供智力支持。最高人民法院全方位筛选涉及"一带一路"建设领域案例，涵盖外商投资企业、国际货物销售、海上货物运输、仲裁、外国判决承认执行等不同种类的典型案例，为国际法院仲裁提供实例支持。

（三）参与国际规则制定，打造司法国际窗口

在司法解释方面，我国依托中国政法大学、西南政法大学、中国港澳

台地区及外国法律查明研究中心搭建外国法律查明平台，注重对国际公约及实践的准确把握与解读。《最高人民法院关于对上海市高级人民法院等就涉及中国国际经济贸易仲裁委员会及其原分会等仲裁机构所作仲裁裁决司法审查案件请示问题的批复》平等保护中外当事人的合法权利，国际化建设涉外司法系统，提高司法可信度。

为适应"海洋强国"要求，最高人民法院召开全国法院海事审判工作会，部署围绕"一带一路"为重点的海事合作，并成立国际海事司法研究基地、青岛海事法院。与此同时，我国积极参与香港仲裁周的系列活动，向 200 余名与会代表介绍中国法院执行国际商事仲裁协议及裁决情况，向国际社会展示我国法院履行国际条约义务、依法支持仲裁的立场与实践，获得国际仲裁界的高度认可。

二、推动国际商事法庭成立与完善，打造"一站式"争端解决平台

在"一带一路"倡议进入全面落实阶段，"政策沟通""设施联通""贸易畅通""资金融通""民心相通"取得重大成果的基础上，我国积极探索司法助力"一带一路"发展的道路，引领推进争端解决规则联通，共创高层次"一带一路"共同体。国务院办公厅于 2018 年印发的《关于建立"一带一路"国际商事争端解决机制和机构的意见》明确指出要建立"一带一路"国际商事争端解决机制。2018 年 7 月，第一、第二国际商事法庭分别在深圳、西安成立，在全球范围内国际商事法庭兴起的浪潮下，我国国际商事法庭弥补了争端解决在司法领域的空白，提供更为专业化的争端解决路径。2019 年，最高人民法院发布《最高人民法院国际商事法庭程序规则（试行）》，为法庭运行提供全面规则指引。至此，国际商事法庭进入稳定运作阶段，为"一带一路"相关争端案件提供审理与裁判的依据和经验。

国际商事法庭是构建"一带一路"争端解决规则建设的重要创新，有效提高了我国与"一带一路"共建国家或地区的争端处理能力与案件处理

水平，有助于推动国内法制机构与国际法治规则的衔接。① 我国为"一带一路"乃至全球提供的新型法律治理公共产品，国际商事法庭吸收借鉴现有商事法庭的成功经验，融合我国实际发展的争端解决需要，具有高度先进性与可行性②。国际商事法庭不仅是争端解决机制上的创新，更是争端解决理念的进步。具体优势有以下三方面。

（一）国际商事法庭审级制度实行一审终审制

最高人民法院关于案件的初次审理便被作为最终结果，具备法律效力。不同于国际上绝大多数国际商事法庭的二审终审制，一审终审制的安排在程序上相对简单，案件审理速度快、效率高，降低争端处理成本费用，更符合"一带一路"争端纠纷频发的现状。此外，如对审理结果存在争议，可以通过再审程序寻求司法救济，确保高效同时兼顾保障当事人合法权益。

（二）国际商事法庭原创性提出国际商事专家委员会制度

2018 年，最高人民法院成立国际商事专家委员会，聘任来自"一带一路"不同国家、不同地区、不同法系、不同专业领域的法律人士和学者提供专业化服务，在国际商事争端调解、法律规则内容解释、争端处理依据法律的查明上发挥指导作用。截至 2022 年 12 月底，委员会分为两批，共计选任 47 名专家委员，专家委员会架构多元化，有助于集思广益，探索出"一带一路"争端解决的最优方案，很大程度上避免由我国法官单独审理而落入局部性视角的弊端。同时，国际商事法庭还能有效借力外国专家委员的影响力，提高我国争端解决机制在"一带一路"共建国家或地区的公信力，加速国际化进程。

（三）国际商事法庭打造"一站式"争端解决平台

国际商事法庭积极发挥在争端解决机制中的核心作用，为调解、仲裁

---

① 张力. 我国国际商事法庭的创新实践与现实意义 [J]. 人民论坛，2020，657（3）：110 - 111.

② 卜璐. "一带一路"背景下我国国际商事法庭的运行 [J]. 求是学刊，2018，45（5）：91 - 99.

提供政策支持，争端解决服务覆盖"诉前、诉中、诉后"诉讼全流程。同时，调解、仲裁、诉讼"三位一体"机制构建也为各国提供更多争端解决的选择。当事人可针对不同性质的案件差异化处理。同时，国际商事法庭与国内"一带一路"调解、仲裁机构有机结合，将一批具有影响力的相关机构纳入"一站式"国际商事纠纷多元化解决机制，推出"调解、诉讼结合""仲裁、诉讼结合"的创新方式。充分利用调解灵活性、仲裁安全性等优势，待调解、仲裁无果后再采用诉讼手段强制处理。调解、仲裁、诉讼的衔接突破传统争端解决的单一模式，提高了争端解决的效率，向世界展现"中国智慧"。

截至 2022 年 12 月底，我国国际商事法庭受理了 20 余例案件，包括 1 例已判决和 7 例已裁定，涉及泰国、意大利、菲律宾等"一带一路"合作国家。其中，广东本草药业集团有限公司与意大利贝斯迪大药厂产品责任纠纷案作为国际商事法庭审理的第一例实体争端案件，对于后续案件审理具有重要的示范意义。[①]

该案于 2019 年正式立案，原告系广东本草药业集团有限公司，被告为意大利贝斯迪大药厂，由第一国际商事法庭受理。案情经过为贝斯迪大药厂生产产品"兰菌净"，授权香港 Aprontech 公司作为该产品在华的独家经销商，本草公司于 2013 年分别与两家公司达成合作协议，成为"兰菌净"在华总代理，统筹经营、销售等各项事宜。2016 年，国家食品药品监督管理总局查明，"兰菌净"产品在生产环节存在严重污染风险，不符合市场销售要求。药监局即刻责令本草公司停止相关产品进口，贝斯迪大药厂召回污染产品。此后，本草公司多次催促贝斯迪大药厂履行召回义务，但相关方一直怠于执行召回工作，产品积压无法处理，由本草公司承担全部财产损失。因此，本草公司整理 25 组数据，向国际商事法庭提起诉讼。由于两公司间存在香港 Aprontech 公司作为代销商，案件争议点即在于贝斯迪大药厂是否应对"兰菌净"产品负有召回义务。经法院审理，尽管两公司间不构成直接合同关系，但贝斯迪大药厂作为生产厂家，有义

---

① 案例来源：最高人民法院国际商事法庭《第三批涉"一带一路"建设典型案例》，https：//cicc. court. gov. cn/html/1/218/62/163/422/2177. html.

务召回产品，其拒绝履行义务为不作为表现，应承担本草公司的侵权责任。最终判决，贝斯迪大药厂赔偿本草公司因产品滞销产生的全部损失，香港 Aprontech 公司退回收取的相关费用。

该案件由国际商事法庭审理，通过一审终审制高效审结，极大程度上提高争端处理效率，避免当事人因案件处理迟滞而蒙受更多损失。该案还首次明确跨境销售产品的召回责任，即如若产品出现缺陷，最终生产商应作为责任主体。在"一带一路"共建国家或地区间跨境贸易合作一片向好的形势下，案件的借鉴价值更加凸显。

三、"仲调结合"创造"东方经验"

中国国际经济贸易仲裁委员会（以下简称"贸仲委"）是我国最早的仲裁机构，现已跻身全球受欢迎的五大仲裁机构之一，同时也是首批被纳入最高人民法院"一站式"国际商事纠纷多元化解决机制的仲裁机构。[①] 贸仲委在仲裁规则、程序上积极与国际接轨，聚焦于国际争端解决热点，以期更好地满足当事人多元化的需求。凭借自身在争端解决领域丰富的经验和优势，贸仲委引领并推进多元化争端解决机制建设，在长期的发展过程中，创新性地提出"仲裁与调解相结合"的争端解决方式，在被国际投资者称为争端解决的"东方经验"。[②] 这一制度开创后，贸仲委又大幅补充完善现有仲裁规则，并专门成立调解中心，保障仲裁与调解的流畅对接。当前，仲裁与调解相结合的争端解决方式赢得国际上多方的充分理解与认同。

2022 年 8 月，贸仲丝绸之路仲裁中心与西安市中级人民法院西安知识产权法庭合作，解决了一起涉外知识产权纠纷案件。作为两院首次联合调解的成功案例，该案为"一带一路"争端"一站式"解决提供参考示范，对共建国家或地区全方位深度合作提供高质量的法治保障。该案系法国某软件公司起诉陕西某企业关于软件使用侵权的争端案件，审理过程中尝试

---

① 王承杰. 贸仲委：守正创新铸公信，奋发有为开新局 [J]. 商事仲裁与调解，2022，11（1）：5–10.

② 胡军辉，赵毅宇. 论仲调结合在"一带一路"商事纠纷解决中的运用 [J]. 南华大学学报（社会科学版），2018，19（4）：35–42.

了仲裁与调解相结合的方式,邀请专业调解员先行开展调解工作。最终,经过调解案件双方达成和解,并约定未来加深软件使用方面的合作。该次调解,快速高效地解决了当事人之间的争端,满足了各方需求,更是精准对接各方优势,打造仲裁与调解相结合的工作机制。在后续相关案件处理过程中,即使调解无法取得令各方满意的结果,仲裁中心的跟进也能促进纠纷争端的化解。

四、积极开展"一带一路"法治对接,深化与共建国家或地区的司法协助

国际司法合作与协助是提升"一带一路"建设中司法裁判效果的重要设计。"一带一路"共建国家或地区间司法合作与协助的开展,可使"一带一路"建设中针对具体争端所开展的司法裁判活动获得更优效果,保障争端解决机制顺利运行。出于对司法主权的尊重,一国的诉讼程序具有地域性的特质,原则上不会在国外产生效力。此时,可以以共同参加的国际公约或国家或区域双方缔结的相应条约为依托,在此基础上相互委托和协助完成特定的诉讼行为,包括司法文书送达、调查取证、外国法院判决和外国仲裁机构仲裁裁决的承认和执行等①。具体内容设计中,互相合作提供调查取证便利,在"一带一路"区域发生争端时,清晰全面地查明案件事实成为可能,互助式文书送达合作节省争端的裁判时间,更加公正且迅速地解决"一带一路"建设中出现的相应争端与纠纷,为"一带一路"建设营造良好的营商合作环境。

一直以来,我国高度重视加强与国际层面的法治对接,早在 20 世纪,我国就先后签署并生效《关于从国外调取民事或商事证据的公约》(《海牙取证公约》)、《关于向国外送达民事或商事司法文书公约》(《海牙送达公约》)、《承认与执行外国仲裁裁决公约》(《纽约公约》)、《海牙国际私

---

① 刘敬东. 构建公正合理的"一带一路"争端解决机制[J]. 太平洋学报,2017,25(5):13-22.

法会议章程修正案》等多部国际司法协助条约①。同时,众多"一带一路"合作国家和地区也是上述公约的签署方,凭借国际多边司法协助条约在全球范围内的影响力及大量具体案件的实践经验,以上条约已成为"一带一路"区域内司法合作的重要依据。

2015 年,最高人民法院发布《关于人民法院为"一带一路"建设提供司法服务和保障的若干意见》,强调要探索"一带一路"区域间的司法互助,促进纠纷判决在"一带一路"共建国家的相互承认和执行,并提出涵盖"一带一路"区域的合作思路。截至 2022 年 12 月底,对"一带一路"司法协助的探索已取得突出成果:我国共与 39 个国家签署双边民商事司法协助条约,绝大部分为"一带一路"合作国家。根据不同诉求相应调整双边条约具体的协助方式和范围,使其更具针对性与适用性。对于多边条约和双边条约同时适用的案件,最高人民法院做出明文规定,即可以在高效、便捷的原则下自由选取更为合理的条约作为依据,实现多双边条约间的有机协调。

"一带一路"区域还存在一些未与我国产生条约关系的国家或地区,我国在持续推动与之达成具有效力的司法协助条约外,还将秉持互惠原则。即以对等方式处理外国案件,对曾给予我国司法互惠的国家或地区的判决予以承认和执行。我国积极推动与共建国家和地区间的司法协助为"一带一路"建设提供了重大机遇,"一带一路"的发展又为实现更深层次的司法协助创设条件,提升我国在全球治理中的话语权,为我国司法引领国际争端解决规则的制定奠定了基础。

"一带一路"倡议所产生争议案件相当一部分争端案件牵涉多个国家或地区,各地方法院对案件结果的承认是争端真正解决的关键。高尔集团对新加坡高级法院裁定的执行是我国承认并执行"一带一路"共建国家最高法院裁定的第一例案件。②该案原告高尔集团为在瑞士成立的股份有限公司,被告系江苏省纺织工业集团进出口有限公司。2015 年,高尔集团曾

---

① 王琦."一带一路"争端解决机制的阐释与构建 [J]. 法学杂志, 2018, 39 (8):13 – 23.

② 案例来源:最高人民法院国际商事法庭《第二批涉"一带一路"建设典型案例》,https://cicc.court.gov.cn/html/1/218/62/163/422/639.html.

就合同纠纷向新加坡法院提起诉讼，法院审理过后，判定由进出口公司赔偿高尔集团相关费用共 35 万美元。因进出口公司一直未予履行赔偿责任，2016 年，高尔集团再次向进出口公司财产所在地我国的江苏省南京市中级人民法院提出申请，要求对新加坡法院的判决进行承认与执行。案件争议在于进出口公司认为在中新两国缔结的《关于民事和商事司法协助的条约》中不存在相互承认和执行判决的条文，高尔集团的申请并不合理。南京中院认为新加坡法院过去曾对我国法院判决予以执行，尽管缺少具体条文，但依据互惠原则，双方构成互惠关系。最终判定应执行新加坡法庭的裁决，要求进出口公司赔偿高尔集团损失。

五、严格落实域外法的查明与适用，营造"一带一路"国际化法治环境

"一带一路"争端处理过程不只是以我国的单一制法律为主导，当某一方提起诉求时，通常会用到域外法中所对应的内容。因此，域外法适用就成为法院处理争端案件的关键，查明与适用具体法律条令将直接影响裁决结果的科学性。域外法的查明与适用指的是法院在处理涉外争端案件时，依据案件性质援引当地实际审理的案件，查明法律制度，适用条约和惯例，即做到准确"找法"与规范"用法"。

一直以来，域外法的查明与适用是困扰我国的难题，在"一带一路"实践的过程中，域外法无法查明和难以适用是常态，使纠纷解决实际效率与效果大打折扣。在此困境下，我国要以更加主动的态势研究域外法，构筑起系统的域外法查明与适用法律体系，增强国内裁决的说服力，营造国际化法治环境。近年来，我国整合多方资源，致力于探寻突破当前域外法所面临困境的可行路径，逐步搭建起域外法查明与适用的专业化合作机制。

在立法层面，《中华人民共和国涉外民事关系法律适用法》作为我国在外国法查明与适用方面的指导性法律，发挥着主导作用。明确规定当事人要求选择外国法律时，法院应予以提供具体法律，奠定以当事人查明为主的基调。在具体路径层面，除当事人和法官查明外，国内法院也应进一

步丰富并拓展有关渠道。2019 年,最高人民法院以国际商事法庭为载体启动域外法查明平台,标志着我国域外法查明进入系统化、机制化发展阶段。查明平台聚集了"一带一路"区域多数国家或地区的法律资源,经专业人士整理、编撰后,以研究报告和案例的形式上传至法律查明资源库,供所需人士查阅,高度契合当前发展所需。法律查明的方式上也在不断创新。一方面,增设国际商事专家委员会来提供法律查明服务,专家们来自"一带一路"区域不同国家或地区,对于本地区以及邻近地区的法律更为精通;同时,专家委员可在熟识的外国法查明过程中提供咨询意见,此举相较于完全由国内专家处理而言更具优势。未来,我国将会持续扩大国际商事专家委员会的规模,吸引更多中外法律专家参与,充实"一带一路"法律专家库,严格、科学地落实域外法的查明与适用。另一方面,在法律查明与适用服务机构的建设上,我国也取得了创新性进展。现有服务机构通常与高校智库进行合作并聚焦于某一地区的相关法律研究,具有专业性、中立性等优势。现有机构包括西南政法大学中国—东盟法律研究中心、深圳市蓝海法律查明和商事调解中心、中国政法大学外国法查明研究中心、华东政法大学外国法查明研究中心、武汉大学外国法查明研究中心共计五家服务机构,并已与国内法院建立正式合作,协同提供法律服务。此外,域外法查明并不仅限于国际商事法庭规定,各类民间机构、行业自治组织等也积极参与,发挥自身力量,丰富域外法查明途径,为争端解决提供多元化、多方位、多层次的智慧保障。

新鑫海航运有限公司与深圳市鑫联升国际物流有限公司、大连凯斯克有限公司海上货物运输合同纠纷案是最高人民法院准确查明和使用外国法的典型案例。[①] 该案原告为新鑫海公司,被告方为鑫联升公司和凯斯克公司。案件经过为在 2017 年新鑫海公司有一批货物共 6 个集装箱由鑫联升公司和凯斯克公司托运,在印度港完成卸货后始终无人提货,直到 2019 年,大量货物仍堆存在印度码头处。新鑫海公司以卸货后,收货人一直未办理提货手续并返还集装箱为由提起诉讼,要求承担托运人责任的鑫联升

---

① 案例来源:最高人民法院国际商事法庭《第三批涉"一带一路"建设典型案例》,https://cicc.court.gov.cn/html/1/218/62/163/422/639.html.

公司和凯斯克公司赔偿集装箱损失及相关附加费用。案件的争议焦点在于该案的法律适用，被告方认为该案仅适用于我国法律且原告方诉讼已超出时效。大连海事法院在审理过程中委托中国政法大学外国法查明研究中心对新鑫海公司所在地新加坡的案件相关法律进行查明，准确查找到新加坡《海上货物运输法》《时效法》中对应的条款内容，并正确适用。最终判定由鑫联升公司向新鑫海公司支付赔偿费用。该案件在处理过程中对域外法的查明与适用取得良好效果，得到当事人认可，也为后续优化域外法查明与适用的工作提供了经验智慧。

六、自贸区内率先探索试验，创设争端解决新机制

自贸试验区作为我国制度创新的先行区域，肩负着全面试点改革的重要使命。争端解决方面也理应在自贸区内率先开展争端解决机制的探索与完善，对接国际争端解决规则，以总结出适合在全国范围内可复制、可推广的经验。在这片改革开放的高地上，我国深刻认识到实现自贸试验区法治化的重要意义。不断调整发展理念，审慎对待争端案件，为自贸试验区的快速发展提供可靠的司法保障。当前，我国服务保障自贸试验区建设发展成绩斐然。我国自贸区的法治化水平也是其与发达国家或地区自贸区竞争的关键因素，争端解决、法律治理的水平在一定程度上彰显着自贸区的建设质量。下一步，国内法院要继续加大探索与研究的工作投入，在自贸试验区内率先创设争端解决新机制，提供更高水平的司法服务与保障。

2016 年，最高人民法院出台的《关于为自由贸易试验区建设提供司法保障的意见》（以下简称《意见》）着重强调要加强对审判功能的创新，针对自贸区内一些法律关系明确的案件，可适度尝试简化审理程序，提升案件处理效率。根据《意见》指引，各级法院在自贸试验区内创新力度不断加大，推出大量争端解决的新方式。在调解上，多个自贸区内已经构建起国际调解中心，先行对接《新加坡调解公约》，探寻我国加强"一带一路"司法调解需重点发力方向。自贸区还借助调解中心实现调解人员多元化引入，促进了调解便利化。

在仲裁上，自贸区保持高度开放的姿态，与国际仲裁相接轨，在满足

"特定地点、特定规则、特定人员"的情况下试行临时仲裁。临时仲裁当事人双方为了更好地解决争端纠纷，不依赖机构而独立组建仲裁庭进行仲裁解决，更具自主性、灵活性、高效性。虽然自贸区临时仲裁需满足"三特"限制，但这种制度有效补充弥补机构仲裁的空白，为在全国范围内推广与普及提供可能。

诉讼机制创新是加强对自贸区司法保障的重中之重。各级法院在自贸区内深入推进一站式诉讼服务体系建设，通过开设诉讼窗口、编印诉讼指南、开通诉讼热线、设立诉讼网络的综合方式推动诉讼程序的优化与模式革新。当前，自贸试验区的司法建设整体上呈现高度数字化、智能化，各自贸区争先打造"智慧法院"模式，搭建线上平台，线上线下有机结合，"远程立案＋网上审判＋智慧执行"的处理手段大幅提高司法服务与保障的效率。上海自贸区法庭还尝试运用大数据、区块链等技术，构建自贸区内争端案件的数据系统，为后续案件的审判提供数据参考，实现科技赋能。此外，苏州国际商事法庭率先推出个性化争端解决服务，结合当事人双方的司法需求，提供更加灵活的定制化司法服务，为解决棘手争端纠纷案件提供了全新思路。

西门子国际贸易（上海）有限公司与上海黄金置地有限公司申请承认和执行外国仲裁裁决案是自贸试验区内争端纠纷解决的典型范例[①]，对该案的研究有助于规范指导自贸区案例审判，总结形成自贸区内审判经验。2005年，两家公司曾签订货物供应合同，由西门子公司运输货物至工地，并约定如若出现争议须交由新加坡国际仲裁中心进行仲裁处理。在合同履行过程中，双方产生纠纷，黄金置地公司提起仲裁，西门子公司也在仲裁程序中提出反请求。新加坡国际仲裁庭于2011年做出判决，要求黄金置地公司支付未结款项。2015年，西门子公司依据《纽约公约》请求上海市第一中级人民法院执行新加坡国际仲裁中心的裁决。案件争议在于黄金置地公司认为，当事人双方均属我国法人，合同也属于国内履行的形式，故该案件不具有涉外因素，不应对国外裁决予以承认。上海一中院审理过

---

① 案例来源：最高人民法院国际商事法庭《第二批涉"一带一路"建设典型案例》，https://cicc. court. gov. cn/html/1/218/62/163/422/639. html.

后，认定本合同具有涉外民事法律关系，具体原因有两个：其一，两家公司虽为我国法人，但注册地位于上海自贸试验区，且从性质上属于外商独资企业，也与境外投资者高度关联。其二，该案合同中的货物虽然最终在国内完成交付，但其流转期间曾在上海自贸区内进行保税监管，合同履行也具有涉外因素。最终，法院裁定仲裁条款有效。自贸试验区基于自身高度开放的性质，在涉外因素界定时较为特殊，该案件是自贸区内对涉外因素处理的重大突破，展现我国恪守国际条约义务的坚定立场。

第三节　加强"一带一路"争端解决规则联通的路径

"一带一路"倡议的健康发展离不开完善的争端解决机制，而新型争端解决规则框架与争端解决规则互联互通是其中的重要一环。基于上述案例分析，"一带一路"新型争端解决机制建设与引导不能简单套用已有的区域性或全球争议解决机制建设模式，也不是对既有争端解决机制的推翻，而应根据不同区域间经济合作的特点与需求，综合考虑共建国家和组织参与争议解决能力，确定其建设模式与措施。一方面，我国要积极参与国际争端解决机制改革，提升在国际舞台上的话语权；另一方面，结合我国自贸试验区建设的实践经验，积极运用政治、法律等手段，推进建设适用于"一带一路"共建国家和组织争端解决规则框架，增强双方规则互认互联互通，为我国"一带一路"高质量发展保驾护航。

一、妥善利用现行机制，明确规则适用并推动规则互通

现行国际争端解决机制已经提供一个相对系统、高效的纠纷处理框架，其争端法规涵盖"一带一路"共建国家和组织与我国贸易、能源、知识产权、融资、投资等易产生争端的大部分领域。此外，对现行争端解决机制的有效应用也将促进各地区争端解决规则间的衔接配合，为构建处理"一带一路"共建国家和组织争端的规则制度积累过渡经验，提供有益借

鉴。因此，我国不应将现行争端解决机制全盘否定，推动构建"一带一路"共建国家和组织的争端解决规则联通的目的并不在于对原有体制的全面推翻，而是因地制宜，推陈出新。在现有制度下，我国可将协商、调解、仲裁、诉讼等多种纠纷解决方法相融合①。在双边或多边协定中，对纠纷管辖与纠纷产生后的法律适用做出明确规定，如属于现有国际争端解决机构管辖范围内，且涉事国愿意提交解决的，可直接适用现有争端解决机制。而对于不在现行国际争议解决规则的管辖范围内的事宜，涉及国不愿诉诸现有机制的纠纷及未加入争端解决机构的国家与组织产生的纠纷事项，可针对性地建立新的争端解决规则，并充分发挥磋商、斡旋和调解等传统争议解决途径的功能，推动建立公正、高效、开放、灵活、带有地域性的"一带一路"地区争端新机制，促进争端解决规则联通与认同。既是对各国主权的充分尊重，又体现出争端解决机制的灵活与创新。从长期来看，我国需逐步推动不同争端解决机制的相互整合，完善新型争端处理规则体系，与时俱进。

二、建立多元化争端解决机制，推动以"软法为主"向"软硬结合"过渡

"一带一路"争端解决机制建设需要国际法治。"一带一路"国际法治按照规则是否具有强制力，可划分为"软法"和"硬法"两种模式。我国与"一带一路"共建国家和组织在各项争端解决上以"软法"为主。软法不具有法律约束力，"一带一路"共建国家和组织由于其自身道义与政治倾向，往往能自觉遵守"软法"，虽避免国际条约难以开展的缺陷，但仍存在约束力差、执行力差、主观性强、条约松散等不足。

因此，我国需要不断完善"软法"的创制方式和实施体系，推动争端解决规则从以"软法"为主向"软硬兼施"过渡，维护争端解决机制的权威。首先，通过共建的手段强化"软法"的效力，切实把自愿遵守

---

① 石春雷. 国际商事仲裁在"一带一路"争端解决机制中的定位与发展［J］. 法学杂志，2018，39（8）：24-31.

"软法"的意愿转化为行动。其次,"软法"建立并非"一带一路"共建国家和组织建立通用国际规则和争端解决机制的重点与终点,真正实现稳定、健康、长效发展仍离不开以条约为核心的"硬法"支撑。我国可通过实际调研总结已被共建国家和组织广泛接受的"软法",并加以优化,减少潜在成本投入,降低国际社会的误解,最大限度地培育法治理念,将成熟普适规则推广到"一带一路"共建国家和组织,不断丰富"一带一路"倡议争端解决制度化、多边式平台。

随着时间推移,争端解决机制框架构建可能将向三个方向演变:一是作为一项具有约束力的法律条款被正式批准或载入条约;二是通过国内法转换而产生约束力;三是为进一步合作提供框架,为制定更加具体、硬性的规则提供过渡。在"一带一路"区域实施"软法"治理时,必须同时兼顾国内法和国际法的关系,努力推进"软法硬法化",进一步巩固法治稳定性,助力"一带一路"共建国家与组织稳定发展。

三、建立"一带一路"争端解决专门机构,培养涉外法治人才

建立"一带一路"争端解决专门机构具体可以包括两条路径:一是构建全新的"一带一路"争端解决中心①;二是改革完善区域内现存机构,以此为依托建立专门的"一带一路"投资争端解决中心②。结合国际先例和"一带一路"实践的现实情况,后者是可行性较强的路径。无论选择何种方式,建立专门的"一带一路"争端解决机构还应注重两方面的融合。一是领域融合。由于国际商事、贸易和投资实践交融性强,"一带一路"的相关争端也存在各领域重叠的现象,因此,我国可考虑建立衔接协调不同领域的争端解决机制,避免重复诉讼。二是手段融合。由于国际争端的复杂多变,"一带一路"争端难以仅依靠某种特定方式加以解决。因此,在规则框架设计之初,"一带一路"争端解决专门机构就应注重调节、仲

---

① 胡晓霞."一带一路"建设中争端解决机制研究——兼及涉外法律人才的培养 [J]. 法学论坛,2018,33(4).

② 廖丽."一带一路"争端解决机制创新研究——国际法与比较法的视角 [J]. 法学评论,2018,36(2):166–173.

裁等各种争端解决方式的联动，运用综合性手段有效提高争端解决规则联通水平和争端解决效率。

由于各国利益诉求不同，项目实施时往往会遇到各种外部势力的阻挠干扰，将给中外企业带来巨大损失与风险。因此，"一带一路"建设还需培养一批具有国际视野、专业水准高、诚信敬业的涉外律师队伍，并要求其熟悉"一带一路"共建国家的法治文化与法律规制，预判法律风险。

在构建"一带一路"争端解决新机制框架与规则互通上，我国作为倡议发起国，应发挥引领作用，在现有多边、区域、双边争端解决机制的基础上，利用司法、仲裁、诉讼多种方式，形成多层次、多元化、协调、良性互动的争端解决新模式，充分发挥智库作用，建立具有创新性和时代性的争端解决规则新框架，使我国争端处理体系与世界争端处理体系形成良性互动，促进高水平"一带一路"建设。

第六章

"一带一路"技术标准"软联通"

随着共建"一带一路"的不断推进,"一带一路"共建国家的贸易额显著增长,基础设施建设项目的数量也不断增加。中国与"一带一路"共建国家之间关于产品的生产标准、检验检疫标准以及关于基础设施的工程建设标准等实现协调对接的重要性凸显。加强"一带一路"技术标准"软联通"是共建"一带一路"转入高质量发展阶段之后的重要工作,事关共建"一带一路"的可持续发展。

我国对于"一带一路"进程中的技术标准联通问题已经有了充分的认识。2017 年 5 月 14 日,国家主席习近平在第一届"一带一路"国际合作高峰论坛上指出,"要促进政策、规则、标准三位一体的联通,为互联互通提供机制保障"。① 2019 年 4 月 26 日,在第二届"一带一路"国际合作高峰论坛上,习近平总书记再一次指出,"引入各方普遍支持的规则标准,推动企业在项目建设、运营、采购、招投标等环节按照普遍接受的国际规则标准进行"。② 2021 年 11 月 19 日,习近平总书记在第三次"一带一路"建设座谈会上强调,"把基础设施'硬联通'作为重要方向,把规则标准

---

① 中华人民共和国中央人民政府. 习近平出席"一带一路"国际合作高峰论坛开幕式并发表主旨演讲 [EB/OL]. [2017 – 05 – 14]. 新华社,https://www. gov. cn/xinwen/2017 – 05/14/content_5193673. htm.

② 中华人民共和国商务部. 习近平在第二届"一带一路"国际合作高峰论坛开幕式上的主旨演讲(全文)[EB/OL]. [2019 – 04 – 26]. 新华社,http://www. mofcom. gov. cn/article/i/jyjl/l/201904/20190402857837. shtml.

'软联通'作为重要支撑，把同共建国家人民'心联通'作为重要基础"。① 此外，"一带一路"技术标准"软联通"相关内容被写入多份官方文件。2015 年 3 月，国家发展改革委、外交部、商务部联合发布《推动共建丝绸之路经济带和 21 世纪海上丝绸之路的愿景与行动》，这是中国官方发布的关于共建"一带一路"的首份纲领性文件，其中提到，"沿线国家宜加强基础设施建设规划、技术标准体系的对接"。② 2015 年 10 月，推进"一带一路"建设工作领导小组办公室发布《标准联通"一带一路"行动计划（2015 – 2017）》，对中国加强与共建国家之间标准联通工作做出了初步规划。2017 年 12 月，推进"一带一路"建设工作领导小组办公室再次发布《标准联通共建"一带一路"行动计划（2018 – 2020 年）》。③推进"一带一路"技术标准"软联通"不仅是共建"一带一路"的重要工作，更是中国参与国际标准制定竞争与合作的基本方略，是习近平经济思想和习近平外交思想的重要内容。对"一带一路"技术标准"软联通"基本内涵和实践案例的深入研究具有理论和实践的双重重要性。

第一节　标准的概念

标准被称为世界的"通用语言"。从语义上来看，《现代汉语词典》对"标准"一词进行了如下解释：（1）衡量事物的准则；（2）本身合于准则，可供同类事物比较核对的事物。在英文中，标准对应的英文单词为

① 中华人民共和国中央人民政府.习近平出席第三次"一带一路"建设座谈会并发表重要讲话［EB/OL］.［2021 – 11 – 19］.新华社，https：//www.gov.cn/xinwen/2021 – 11/19/content_5652067.htm.

② 中央政府门户网站.经国务院授权三部委联合发布推动共建"一带一路"的愿景与行动［EB/OL］.［2015 – 03 – 28］.新华社，https：//www.gov.cn/xinwen/2015 – 03/28/content_2839723.htm.

③ 中央政府门户网站.我国发布《标准联通"一带一路"行动计划（2015 – 2017）》［EB/OL］.［2015 – 10 – 22］.新华社，https：//www.gov.cn/xinwen/2015 – 10/22/content_2952067.htm；中华人民共和国中央人民政府.《标准联通共建"一带一路"行动计划（2018 – 2020 年）》正式发布［EB/OL］.［2017 – 12 – 26］.发展改革委网站，https：//www.gov.cn/xinwen/2017 – 12/26/content_5250455.htm.

standard,《剑桥词典》为其提供的解释是：（1）质量的等级；（2）广泛被接受和遵守的模式或规则；（3）规范的、权威的、普遍的。在基本语义的基础上，主要的国际组织和各国官方都对"标准"一词的内涵进行了界定。例如，世界贸易组织（WTO）对标准的定义是，"经公认机构批准的、规定非强制执行的、供通用或重复使用的产品或相关工艺和生产方法的专门术语、符号、包装、标志或标签要求"。① 国际标准化组织（International Organization for Standardization，ISO）将标准形容为，"标准是在精通某项专业事务并知晓其所代表群体的需求的专业人士提炼出的智慧"。② 《中华人民共和国标准化法》中将标准定义为，"农业、工业、服务业以及社会事业等领域需要统一的技术要求"。王征等（1985）将标准定义为，"对重复性事物和概念所作的统一规定。它以科学、技术和实践经验的综合成果为基础，经有关方面协商一致，由主管机构批准，以特定形式发布，作为共同遵守的准则和依据"。上述"标准"定义的表述虽然不完全一致，但是它们所表达的内涵殊途同归。事实上，标准的定义可以被归纳为，"以科学经验和科学实践为基础，经相关专业人员和专业团体协商一致，由主管机构批准，在跨国合作和国内经济社会生活中通用或重复使用的准则和依据"。

标准具有明显的约束性、科学性、先进性、通用性特征，明确而统一的标准能够使跨国合作和社会经济生活中的各项活动大为便利。③ 王平（2022）认为，标准制定的过程是标准化设定的实体向现实中实体的转变，并将结果在一定时空范围内进行重复和扩散，在众多创新方案中择优，实现标准制定的最佳化。通过这种方式制定出的标准能为合作双方的沟通与

---

① World Trade Organization. Agreement on Technical Barriers to Trade of the World Trade Organization [R/OL]. Marrakech：WTO，1944.

② International Organization for Standardization. What is a Standard？ [EB/OL]. International Organization for Standardization，https：//www. iso. org/standards. html.

③ 关于约束性，参见刘圆圆，王娟，胡葳，金晓石. 标准的中西方伦理基础差异辨析 [J]. 中国标准化，2022（17）：45 - 50；关于科学性，参见李春田. 标准化原理 [M]. 北京：中国计量出版社，2001：6；关于先进性，参见朱斌，王亚艳. "一带一路"倡议下装备制造业标准化工作 SWOT 分析 [J]. 中国标准化，2020（4）：83 - 86；关于通用性，参见刘三江，刘辉. 中国标准化体制改革思路及路径 [J]. 中国软科学，2015（7）：1 - 12.

交流建立良好的相互理解的基础。松浦四郎（1981）认为，标准的制定是从众多备选项中选择最合适的方案，并在一段时间内按该方案行事，使相关活动由复杂烦琐变为简单明了。

第二节 "一带一路"技术标准
"软联通"的内涵与路径

一、"一带一路"技术标准"软联通"的内涵

截至 2023 年 1 月 6 日，已经有六个大洲的 151 个国家与中国签署了"一带一路"合作文件，加入共建"一带一路"中。[①] 不同的"一带一路"共建国家可能会在科技发展水平、社会治理能力、政府行政管理体系、文化传统和国际化程度等方面存在差异甚至相去甚远，因此不同共建国家制定或选用的主要标准也就不会完全相同。考虑到共建国家间技术标准的不协调会对设施联通与贸易畅通产生严重的制约和阻碍，改善共建国家间技术标准相互冲突的状况是共建"一带一路"进程中的重要工作。"一带一路"技术标准"软联通"是指，"中国通过一定的程序，与共建国家共同解决共建'一带一路'合作中的技术标准相互冲突的问题，最大限度克服国家间技术标准冲突对'一带一路'跨国合作的阻碍"。"一带一路"技术标准"软联通"不是中国单方面的行动，而是中国与"一带一路"共建国家共同发挥能动作用；不仅是中国与"一带一路"共建国家的技术标准联通，还包括其他"一带一路"共建国家之间的技术标准联通。

二、"一带一路"技术标准"软联通"的路径

在共建"一带一路"的过程中，中国主要通过促进中国标准"走出

---

① 资料来源：中国"一带一路"网。

去"、加强国家间技术标准协调对接、深化与主要国际标准化组织的合作三个路径提升中国与共建国家间技术标准的联通水平。

(一)促进中国标准"走出去"

制定和发布中国国家标准的外文版是中国标准"走出去"的一个重要路径。2016 年 9 月,中国国家标准委发布了《国家标准外文版管理办法》,鼓励国家标准制修订工作与国家标准外文版翻译工作同步开展。[①]截至 2020 年,我国共发布国家标准外文版 930 项,仅 2020 年就发布 209项,涵盖医疗防疫、矿业、船舶、电工、电子、航空航天、机械、建筑等领域。[②] 截至 2021 年底,中国发布的国家标准外文版达到 2430 项,制定中的外文版标准 1295 项。[③] 此外,以中国标准打造高质量的共建"一带一路"工程是中国标准"走出去"的另一个重要方式。近年来,中国积极推动采用中国标准建造的"一带一路"基础设施项目在海外落地、建设与运营,项目涉及交通基础设施、数字基础设施等多领域,其中以铁路建设最具代表性。2015 年,中国成功竞标印度尼西亚的雅万铁路,该铁路全系统采用中国标准,全要素采用中国方案,全线装备均由中国企业制造生产。[④] 2022 年 11 月 16 日,雅万铁路试运营取得圆满成功。[⑤] 此外,中老铁路已经正式投入运营,中泰铁路也在建设之中,建成完工后将与中老铁路实现贯通。以中国标准打造的高质量的共建"一带一路"工程有效地带

① 国家标准化管理委员会. 国家标准委关于发布《国家标准外文版管理办法》的公告[EB/OL]. [2016 - 09 - 01]. 国家标准委官网,https://www. sac. gov. cn/xxgk/zcwj/art/2016/art_f9b2 db2690a3427bb19d69582d579722. html.
② 国家标准化管理委员会. 中国标准化发展年度报告(2020 年)[R/OL]. [2020 - 08 - 25]. 国家市场监督管理总局官网,http://szstandard. cn/wp - content/uploads/2021/11/% E4% B8% AD% E5% 9B% BD% E6% A0% 87% E5% 87% 86% E5% 8C% 96% E5% 8F% 91% E5% B1% 95% E5% B9% B4% E5% BA% A6% E6% 8A% A5% E5% 91% 8A2020% E5% B9% B4. pdf.
③ 徐风. 数说标准化 2021 [EB/OL]. [2022 - 01 - 14]. 新浪财经,https:finance. sina. com. cn/jjxw/2022 - 01 - 14/doc - ikyakumy0293745. shtml.
④ 叶子. 雅万高铁:擦亮中国高铁"金名片"[EB/OL]. [2022 - 12 - 07]. 人民网,http://world. people. com. cn/n1/2022/1207/c1002 - 32582072. html.
⑤ 中华人民共和国中央人民政府. 雅万高铁试验运行圆满成功[EB/OL]. [2022 - 11 - 17]. 新华社,https://www. gov. cn/xinwen/2022 - 11/17/content_5727382. htm.

动了中国标准"走出去"。

（二）加强国家间技术标准的协调对接

首先，中国积极与其他国家围绕标准化合作问题进行沟通和交流，并且在形成共识后签署双多边标准化合作协议。根据中国国家标准委的统计数据，截至 2022 年 12 月，国家标准委已经与 63 个国家、区域标准化机构和国际组织签署了 106 份标准化双边合作协议。① 合作文件的签署能够有力推动中国与相关国家在标准方面的合作，促进标准联通。其次，中国通过与其他国家共建双多边标准化合作机制促进国家间技术标准的协调对接。例如，中国分别与德国、英国、法国共同成立中德、中英、中法标准化合作委员会，推进双边标准化合作，促进两国技术标准的协调对接。又如，中国与日本、韩国共同发起，定期召开东北亚标准化合作会议。东北亚标准化会议作为固定的区域性标准化合作机制，对中国与日本、韩国的技术标准联通具有显著的促进与支撑作用。

（三）深化与国际标准化组织的合作

第一，中国注重与权威的全球性国际标准化组织合作。从全球化发展的进程来看，以国际标准化组织（ISO）、国际电工委员会（International Electrotechnical Commission，IEC）、国际电信联盟（International Telecommunication Union，ITU）三大组织为代表的全球性国际标准化组织的成立和运行促进了全球标准化的发展，为国际社会无政府状态下协调各国标准、消除跨国合作中的技术标准壁垒发挥了重要作用。② 中国积极推动同ISO、IEC、ITU 等国际标准化组织的合作，深度参与国际标准化组织的国际标准制定工作。截至 2021 年，中国共参与了 ISO 的 732 个技术委员会和分技术委员会，是参与数量最多的国家，共承担 ISO 的 68 个技术委员会与分技术委员会秘书处工作；中国共参加了 IEC 的 188 个技术委员会与

① 国家市场监督管理总局标准创新管理司. 中国标准化发展年度报告［R/OL］.［2022 - 04 - 24］. https：//www. samr. gov. cn/cms _ files/filemanager/samr/www/samrnew/bzcxs/sjdt/gzdt/202304/P020230424592418259786. pdf.

② 顾孟洁. 世界标准化发展史新探（1）［J］. 世界标准化与质量管理，2001（2）：24 - 26.

分技术委员会，占 IEC 现有技术委员会和分技术委员会的 94%，共承担着 11 个技术委员会及分技术委员会秘书处工作，在全体成员中位列第 7，担任 10 个技术委员会及分技术委员会主席，在全体成员中排名第 7。① 通过与 ISO、IEC 的合作，中国不仅能够推动中国先进标准被采纳为国际标准，更为国际标准化的发展贡献中国力量。除与权威的全球性国际标准化组织合作外，中国还积极参与太平洋地区标准大会（PASC）、亚太经合组织标准分委会（APEC/SCSC）、泛美标准组织（COPANT）、欧洲标准组织（CEN/CENELEC）、非洲标准组织（ARSO）等区域性国际标准化组织的活动，推动中国与相关国家的技术标准联通。

第三节 "一带一路"技术标准联通的典型案例

一、中老铁路建设

2021 年 12 月 3 日，国家主席习近平同老挝人民民主共和国国家主席通伦·西苏里在云端共同见证中老铁路（China – Laos Railway）的开通运行。② 中老铁路连接了中国云南昆明和老挝首都万象，是共建"一带一路"和"中老命运共同体"建设的标志性旗舰项目。中老铁路的建成运营使老挝首次拥有了现代化铁路，同时也进一步加强了中国与东南亚的互联互通，是泛亚铁路网络的重要一环。

（一）中老铁路项目简介

中老铁路项目于 2016 年开工建设，2021 年底竣工，2021 年 12 月 3 日开通运行，线路全长 1305 千米，由昆玉段、玉磨段、磨万段组成，北起云南省昆明市，在中国境内途径玉溪市、普洱市、西双版纳市等城市至

---

① PonyPony. 中国参与 ISO、IEC 数据报告［J］. 测绘标准化，2022，38（3）：121 – 122.
② 资料来源：新华社官网。

中老边境口岸磨憨—磨丁出境，在老挝境内途径琅勃拉邦等城市后达到其首都万象。中老铁路是电气化客货混运铁路，采用标准轨距，客运最高设计速度为 160 千米/小时，货运最高设计速度为 120 千米/小时。

中老两国采用建设—运营—转让（build-operate-transfer，BOT）的方式来进行中老铁路的建设运营。所谓 BOT 模式即政府与私营机构之间达成协议，并由政府向私营机构颁布特许，允许其在规定期间内建设基础设施并运营和管理该基础设施及其相应的产品与服务。[①] 就中老铁路建设运营来说，中老两国合资在万象设立老中铁路有限公司，双方分别通过老挝国有铁路公司与中国铁路国际有限公司、中国中铁股份有限公司、中国水电建设集团国际工程有限公司、中国投资有限责任公司等国有企业持有该公司股份。在老挝政府拥有中老铁路最终所有权的前提下，给予中老铁路有限公司 50 + 25 年的特许经营期，待特许经营期满后，将铁路移交老挝政府。

中老铁路的通车运营能够降低老挝当地民众的出行成本以及企业开展国内国际贸易的交通运输成本，同时促进中老两国民众之间的交往和双边货物贸易。在正式运营的一年多来，中老铁路创造了令两国人民满意的成绩。截至 2022 年 12 月，中老铁路沿线已开通 24 个客货运站，累计发送旅客 850 万人次、货物 1120 万吨，货物品类拓展至 1200 多种。[②] 未来，中老铁路的经济效应将更值得期待。

（二）中老铁路对于"一带一路"标准联通的促进作用

在工程建设中，全线由中方负责施工建设，使用中国设备、采用中国铁路技术标准。因此，中老铁路建设不仅是"一带一路"基础设施硬联通中的重要一环，还是"一带一路"技术标准"软联通"的重要一环。中老铁路将通过"辐射作用"与"示范作用"促进共建"一带一路"的标准联通。

第一，中老铁路通过辐射作用促进"一带一路"技术标准联通。从地

[①] 金晶. "一带一路"背景下中老铁路"走出去"模式研究 [J]. 铁道运输与经济，2022，44（5）：19 – 24.

[②] 新华社. 外交部发言人：中老铁路开通一年来交出亮眼成绩单 [N]. [2022 – 12 – 05]. https：//www. gov. cn/xinwen/2022 – 12/05/content_5730248. htm.

理位置的角度来看，老挝是中南半岛的"中心国"，位于中国与中南半岛连接的枢纽位置，但是其铁路基础设施落后，因而从未起到枢纽的作用。① 在中老铁路开通运营后，万象成为泛亚铁路中线中心城市，其作为中国—东盟重要物流节点的作用更加凸显，来自新加坡、泰国、马来西亚的货物可以通过中老铁路以更快的速度和更低的成本到达中国市场。中老铁路不仅在老挝本国产生了显著的经济效应，而且对泰国、马来西亚、新加坡等国产生了明显的辐射效应。受各种因素影响，中泰铁路自动工以来进展缓慢，一度陷入停滞状态。而在中老铁路开通运营后，泰国等国开始加速推动本国铁路与中老铁路的连接工作。2022 年 10 月 6 日，泰国副总理阿努廷访问老挝时对中老铁路进行体验，并表示希望加强同中方的合作，积极促进中泰铁路和老泰连接线的建设。2023 年 1 月 26 日，泰国铁路和海关部门代表团访问老挝，并与老挝相关部门讨论了有关中老泰铁路合作的事项。② 目前，中泰铁路已经进入全面建设阶段。截至 2023 年 1 月，中泰铁路曼谷—呵叻府第一阶段工程总进度为 16.72%。③ 中泰铁路线路全长 845 千米，设计时速 180 千米，预留时速 250 千米提速条件，建设运营全部使用中国技术、标准和装备。

第二，中老铁路通过示范作用促进"一带一路"技术标准联通。中国是世界上高铁规模最大、发展速度最快的国家。截至 2022 年，中国高铁的营运里程达到 4.2 万千米，稳居世界第一。④ 同时，中国创建了包括高铁勘测、设计、施工、检测及验收等建设全流程的高铁工程技术标准体系。中国高铁技术标准能够适应多种运行速度、多种运输方式、多种气候条件、多类地形地质等的工程要求。⑤ 然而，国外铁路项目依旧更加倾向

① 尹君. 超越连通：中老铁路对澜湄区域地缘态势演进的结构性影响研究 [J]. 学术探索，2022 (6)：51 –57.

② 李子豆. 泰国老挝洽谈中老泰铁路连接计划 [N]. 环球时报，2023 –01 –30.

③ 中华人民共和国商务部官网. 中泰铁路总进度 16.72% 泰将支付 2.3 合约首款 [N]. [2023 –02 –10]. 泰国世界日报，th. mofcom. gov. cn/article/jmxw/202302/20230203384125. shtml.

④ 新华社. 我国高铁运营里程达到 4.2 万公里 [EB/OL]. [2023 –01 –13]. 中华人民共和国中央人民政府官网，https：//www. gov. cn/xinwen/2023 –01/13/content_5736816. htm.

⑤ 倪光斌，周诗广，朱飞雄. 铁路行业工程建设标准先进性与国际化探讨 [J]. 铁道经济研究，2016 (1)：1 –5, 11.

于认可欧洲标准，中国铁路技术标准距离被世界认可还需要进一步完善和推广。[①] 中老铁路项目作为"一带一路"合作的旗舰项目，对于中国铁路技术标准起到了很好的示范作用。中老铁路需要横穿横断山脉、危险地震带和原始森林三大地质区，建设的技术要求极高。而中国技术与中国标准克服了极端不利的自然环境，为两国交出了满意的答卷。整条铁路建设贯通了 167 条隧道，建成了 301 座桥梁，新建隧道、桥梁总长达 712 千米。[②] 中老铁路建设的成功向其他国家展示了中国铁路工程建设标准适应能力强、能够很好满足各国不同工程条件的差异性要求的特质，促进了我国铁路标准受到国际市场广泛认可。中老铁路一经开通，柬埔寨总理洪森便召集会议商议在该国兴建高铁项目的可能性，并指示本国相关部门进行可行性研究。[③] 中老铁路为中国铁路技术标准走向世界奠定了坚实的基础。

二、中国与"一带一路"相关国家的标准协调对接合作

截至 2023 年 1 月，中国已与 151 个国家、32 个国际组织签署了 200 余份共建"一带一路"合作文件。[④] 英国、法国等发达国家虽然尚未与中国签署"一带一路"合作文件，但均已加入亚洲基础设施投资银行，并与中国签署了开展第三方市场合作的文件，不少项目也取得积极进展。[⑤] 因此，英国和法国可以被视为"一带一路"相关国家。

中国高度重视与"一带一路"相关国家开展关于标准化的双边、多边国际合作与交流。一方面，中国通过与"一带一路"相关国家签署标准化合作协议推进中外标准互认工作；另一方面，中国积极与"一带一路"相

① 盛凯，张涛，刘文博，苗长俊. 中国标准铁路信号系统在中老铁路磨万段应用的思考与探讨 [J]. 铁道运输与经济，2022，44（11）：127 - 131.

② 刘坤弟，等. 打造黄金线路造福两国民众 [EB/OL]. [2021 - 12 - 04]. 人民铁道网，www. peoplerail. com/rmtd2016/content/2021 - 12/04/content_236541. html.

③ 郭继光. "中老铁路"多重效应快速呈现 [J]. 世界知识，2022（17）：17 - 19.

④ 资料来源：中国"一带一路"网.

⑤ 国家发展改革委推动首个中英第三方市场合作示范项目取得重要进展. 国家发改委网站，https：//www. ndrc. gov. cn/fzggw/jgsj/wzs/sjjdt/202203/t20220323_1320129. html。中法签署第三方市场合作第四轮示范项目清单，国家发改委网站，https：//www. ndrc. gov. cn/fzggw/jgsj/wzs/sjjdt/202202/t20220214_1315472. html.

关国家协商共建标准化双多边合作机制。其中,以中国与英国、法国的标准化合作最具意义。英国和法国不仅是世界重要经济体和中国重要的经济合作伙伴,更是世界标准化强国,英国标准与法国标准为许多"一带一路"共建国家所采用,因而中国与英法两国在标准化领域的深入合作,对于推动"一带一路"标准"软联通"具有积极意义。

(一) 中国与英国的标准化合作

2013 年 12 月 2 日,原国家质检总局局长支树平与英国标准协会(British Standards Institution,BSI) 标准总裁斯科特·斯蒂德曼在北京代表中英双方签署了《中华人民共和国国家质量监督检验检疫总局 中国国家标准化管理委员会与大不列颠及北爱尔兰联合王国商业、创新和技能部授权的国家标准机构英国标准协会标准互认协议》。该协议旨在推动中英两国关于国际标准以及双边通用标准的共同研究与制定合作,以及双方共同关注领域的标准互认与相互采用。[1] 2015 年 11 月 9 日,中国国家标准化管理委员会与英国国家标准化机构(英国标准协会)在北京确认了《中国国家标准化管理委员会和英国标准协会首批中英互认标准清单》。该清单共包括 62 项具体规则,涵盖冶金、化工、电工、建材等类目(见表 6 - 1)。

表 6 - 1			首批中英互认标准清单中部分标准	
中国国家标准号	中国国家标准名称	英国国家标准号	英国国家标准名称	所属类目
GB/T 223. 86 - 2009	钢铁及合金总碳含量的测定感应炉燃烧后红外吸收法	BS EN ISO 9556:2001	Steel and iron. Determination of total carbon content. Infrared absorption method after combustion in an induction furnace	冶金
GB/T 1034 - 2008	塑料吸水性的测定	BS EN ISO 62:2008	Plastics. Determination of water absorption	化工

---

[1] 中央政府门户网站. 中英标准互认协议开启国际标准化合作新篇章 [EB/OL]. [2013 - 12 - 03]. 国家质检总局网站,https://www.gov.cn/gzdt/2013 - 12/03/content_2541111.htm.

续表

中国国家 标准号	中国国家标准名称	英国国家 标准号	英国国家标准名称	所属 类目
GB/T 2423.1－2008	电工电子产品环境试验 第2部分：试验方法试验A：低温	BS EN 60068－2－1： 2007	Environmental. Tests. Test A. Cold	电工
GB/T 3810.12－2006	陶瓷砖试验方法 第12部分：抗冻性的测定	BS EN ISO 10545－12： 1997	Ceramic tiles. Determination of frost resistance	建材
GB/T 4937.1－2006	半导体器件机械和气候试验方法 第1部分：总则	BS EN 60749－1： 2003	Semiconductor devices. Mechanical and climatic test method. General	电子元件与信息技术
GB/T 26949.1－2012	工业车辆稳定性验证 第1部分：总则	BS ISO 22915－1： 2008	Industrial trucks. Verification of stability. General	机械

资料来源：中国标准化管理委员会。

此外中英双方共同成立中英标准化合作委员会作为中英标准联通的重要合作机制。2016年2月，在中英经贸联委会第12次会议上，双方共同宣布成立中英标准化合作委员会。① 2016年4月27日，双方在中国成都召开了中英标准化合作委员会成立以来的首次会议。在此次会议中，双方就智慧城市、民用核能、标准互认、农业、高铁、纳米材料、金融、城市可持续发展、电子政务、代码等十个领域议题进行了深入交流，并且取得了一系列重要成果：第一，双方确认成立中英智慧城市和民用核能标准化工作组。第二，双方签署了《2016年中英标准化合作委员会会议决议》《中英智慧城市标准化合作备忘录》等重要文件。② 2018年4月10日，中

---

① 黄泳，吴丛司．中英经贸联委会第12次会议在英国伯明翰市举行［EB/OL］．［2016－02－28］．新华社，https：//www.gov.cn/xinwen/2016－02/28/content_5046969.htm.
② 国家标准化管理委员会．2016年中英标准化合作委员会会议在成都召开［EB/OL］．［2016－05－04］．国际合作部，https：//www.sac.gov.cn/xw/bzhyw/art/2016/art_f6fa505684374aa79c2f6f712f4e018f.html.

英标准化合作委员会会议暨中英国家标准化机构双边会谈在杭州召开。双方围绕"一带一路"、金融服务、人工智能标准化、城市可持续发展等议题进行了分析与探讨，共同签署了《2018年中英标准化合作委员会会议决议》与《中英智慧城市标准化合作框架》等重要文件。① 此后，2019~2021年，双方连续召开三次年度会议，对共同关切的标准化议题进行了深入沟通交流（见表6-2）。

表6-2　　　　中英标准化委员会部分会议主要讨论内容与会议成果

会议年份	会议主要讨论内容	会议重要成果
2016	智慧城市、民用核能、标准互认、农业、高铁、纳米材料、金融、城市可持续发展、电子政务、代码等	《2016年中英标准化合作委员会会议决议》《中英智慧城市标准化合作备忘录》
2018	"一带一路"、金融服务、人工智能标准化、城市可持续发展等	《2018年中英标准化合作委员会会议决议》《中英智慧城市标准化合作框架》
2019	智慧城市、共享经济、绿色金融、法制、营商环境和"一带一路"建设标准化合作等	
2020	营商环境合作、"中国标准2035"、ISO/IEC框架下的合作、IEC治理变革等	
2021	ISO大会会议周安排、IEC治理变革、SMART标准等	

资料来源：根据中国标准化管理委员会相关新闻整理得到。

（二）中国与法国的标准化合作

中国国家标准化管理委员会及中国国家质量监督检验检疫总局分别在2013年和2014年同法国标准化集团（Association Francaise de Normalisati-

---

① 国家标准化管理委员会.2018年中英标准化合作委员会会议在杭州召开［EB/OL］.［2018-04-19］.国际合作部，https://www.sac.gov.cn/xw/bzhyw/art/2018/art_39233e49d0844530906c7d4076e7cdf7.html.

on，AFNOR）签署双边标准化合作协议。2017 年 4 月 28 日，中法两国标准化机构在法国巴黎确认了《中国国家标准化管理委员会和法国国家标准化机构首批中法互认标准清单》。[①] 该清单中共包含 11 项具体规则，涵盖多个领域。其中，"健康信息学电子健康记录定义、范围与语境"和"动植物油脂罗维朋色泽的测定"两项标准已经完成双边互认，"感官分析通过多元分析方法鉴定和选择用于建立感官剖面的描述词"等 9 项为双方研究纳入互认的标准，主要涉及农业、林业以及食品领域（见表 6 - 3）。

表 6 - 3 首批中法互认标准清单中部分标准

中国国家标准号	中国国家标准名称	法国国家标准号	法国国家标准名称	所属类目
GB/Z 24464 - 2009	健康信息学电子健康记录定义、范围与语境	FD ISO/TR 20514. 2006. 9	Health informatics – Electronic health record – Definition，scope and context	医药卫生劳动保护
GB/T 22460 - 2008	动植物油脂罗维朋色泽的测定	NF ISO 15305. 1998	Animal and vegetable fats and oils. Determination of Lovibond colour	食品
GB/T 16861 - 1997	感官分析通过多元分析方法鉴定和选择用于建立感官剖面的描述词	NF ISO 11035. 1995. 7	Sensory analysis. Identification and selection of descriptions for establishment a sensory profile by a multidimensional approach	农业林业
GB/T 16860 - 1997	感官分析法质地剖面检验	NF ISO 11036. 1995. 2	Sensory analysis. Methodology. Texture profile	农业林业
GB/T 19547 - 2004	感官分析方法学量值估计法	NF ISO 11056. 2000. 3	Sensory analysis – Methodology – Magnitude estimation method	农业林业
GB/T 23470. 1 - 2009	感官分析实验室人员一般导则 第 1 部分：实验室人员职责	NF ISO 13300 – 1. 2006. 11	Sensory analysis – General guidance for the staff of a sensory evaluation laboratory-part 1：staff responsibilities	农业林业

① 国家标准委. 国家标准委关于公布中国国家标准化管理委员会和法国国家标准化机构首批中法互认标准［EB/OL］.［2017 - 06 - 19］. 国家标准委官网，http：//www. cmastd. cn/home-news/2598. jhtml.

续表

中国国家 标准号	中国国家标准名称	法国国家 标准号	法国国家标准名称	所属 类目
GB/T 23470. 2 - 2009	感官分析实验室人员 一般导则　第 2 部 分：评价小组组长的 聘用和培训	NF ISO 13300 - 2. 200 6. 11	Sensory analysis – General guid- ance for the staff of a sensory evaluation laboratory-part2：re- cruitment and training of panel leaders	农业 林业
GB/T 22366 - 2008	感官分析方法学采用 三点选配法（3 - AFC）测定嗅觉、味 觉和风味觉察阈值的 一般导则	NF ISO 13301. 2002. 12	Sensory analysis – Methodology – General guidance for measuring o- dour, flavour and taste detection thresholds by a three-alternative forced-choice（3 - AFC）proce- dure	农业 林业
GB/T 10220 - 2012	感官分析方法学总论	NF ISO 6658. 2006. 1	Sensory analysis – Methodology – General guidance	食品
GB/T 12315 - 2008	感官分析方法学排序 法	NF ISO 8587. 2007. 2	Sensory analysis – Methodology – Ranking	农业 林业
GB/T 13868 - 2009	感官分析建立感官分 析实验室的一般导则	NF EN ISO 8589. 2010. 5	Sensory analysis – General guid- ance for the design of test rooms	农业 林业

资料来源：中国标准化管理委员会。

　　2013 年 4 月 25 日，中法两国签署《中华人民共和国国家标准化管理委员会和法兰西共和国标准化协会关于在中法经贸混委会框架下设立标准化合作委员会的谅解备忘录》，标志着中法标准化合作委员会的成立。①自此，中法两国的标准化合作有了正式的机制保障。2015 年 11 月 25 ~ 26日，中法标准化合作委员会研讨会与双边机制会议在北京召开，这是中法标准化合作机制成立以来的首次会议。双方总结了协议签署以来的工作情况，对未来的合作领域进行了深入交流。会后，双方代表团主席共同签订了《2015 年中法标准化合作委员会会议决议》并共同见证了《中法铁路

① 郭飞伶. 中法标准化合作委员会成立 [EB/OL]. [2013 – 05 – 07]. 国家标准化管理委员会，http：//www. orac. hainan. gov. cn/bzhfw/gnwbzhdt/2013/05/59456. shtml.

标准化合作路线图》的签字仪式。① 2018 年 12 月 11 日，中法标准化合作委员会第三届合作机制会议在深圳召开，双方就两国标准化战略、标准联通共建"一带一路"建设等进行了深入交流。② 2020 年 11 月 30 日，中法标准化合作双边视频会议在京召开，双方探讨了全球疫情防控中标准化工作典型经验做法、国际标准化组织框架下的合作③（见表 6－4）。此外，中法两国积极开展联合制定国际标准的双边合作。2022 年 8 月，由中法双方合作主导编制的商务区可持续发展国际标准 ISO 37108 最终国际标准草案（FDIS）已经正式进入出版阶段。④

表 6－4　　　　中法标准化委员会部分会议主要讨论内容与会议成果

会议年份	会议主要讨论内容	会议主要成果
2015	中法铁路、农业食品、电子医疗/老年经济、城市可持续发展/智慧城市、二维码、核能、金融等领域合作	《2015 年中法标准化合作委员会会议决议》《中法铁路标准化合作路线图》
2018	两国标准化战略、标准联通共建"一带一路"建设等	
2020	全球疫情防控中标准化工作典型经验做法、国际标准化组织框架下的合作	

资料来源：根据中国标准化管理委员会相关新闻整理得到。

三、中国与国际标准化组织和国际电工委员会合作的深化

国际标准化组织（ISO）和国际电工委员会（IEC）是国际上最重要

---

① 胡玉迎. 2015 年中法标准化合作委员会研讨会与双边机制会议在北京召开 [EB/OL]. [2015－12－02]. 国家标准化管理委员会，http：//orac. hainan. gov. cn/bzhfw/gnwbzhdt/2015/12/142054. shtml.

② 国家标准化管理委员会. 中法标准化合作委员会第三届合作机制会议在深圳召开 [EB/OL]. [2018－12－20]. 国家标准化管理委员会官网，https：//www. sac. gov. cn/xw/bzhyw/art/2018/art_a1c63bea468248b2ac945a4a9e5c0a66. html.

③ 河北省药品监督管理局. 田世宏出席中法标准化合作双边视频会议 [EB/OL]. [2020－12－04]. 市场监管总局，http：//yjj. hebei. gov. cn/hbpda/xwdt/yjyw/20201204994716030. html.

④ 上海市可持续发展研究会. 中法结硕果：全球首个商务区可持续发展国际标准正式发布 [EB/OL]. [2022－09－28]. 上海市可持续发展研究会官网，http：//www. ttbz. org. cn/Home/Show/45088/.

的两大全球性国际标准化组织，承担了世界上85%的国际标准制定。中国与国际标准化组织和国际电工委员会加深合作，逐步提升在两大国际标准化组织中的参与度、影响力和话语权对于"一带一路"标准"软联通"具有重要意义。第一，中国可以通过国际标准化组织将优质的中国标准转化为国际标准，有利于中国标准"走出去"。第二，两大国际标准化组织是中国与其他国家重要的关于标准制定的合作交流平台，促进中国与其他国家的标准联通。

（一）中国与国际标准化组织的合作

国际标准化组织成立于1947年2月23日，是一个独立的非政府性国际组织，负责制定、出版、修订除电工、电子标准以外的各个领域的国际标准。目前，ISO共有167个成员方，是世界上最大、最具权威性的国际标准化机构，中央秘书处（Central Secretariat）设在瑞士日内瓦。

从性质上来看，ISO是由各成员方标准化机构组成的联合会，每个成员方派出1个本国最具代表性的标准化团体作为成员团体。ISO的最高权力机构是全体大会（The General Assembly），属非常设机构，每年召开一次，所有成员团体均具有投票权。ISO的管理机构是理事会（The ISO Council），通常每年召开3次会议。根据ISO的议事规则，在ISO所有成员方中业绩排名前五位的成员团体被指定为常任成员。之后分别从第6~第20名、第21~第50名中各选出5名代表，从第51名以后中选出3名代表参加成为理事会成员。这种分组选举的方式虽然在成员方之间起到了一定的平衡作用，但是大多数发展中国家在ISO中的发言权依旧较为有限，重大的政策问题由大国所把持。[1] ISO内部负责技术管理和协调的管理机构是技术管理局（Technical Management Board，TMB）。技术管理局的成员包括1名主席和12个成员团体。ISO在TMB成员的选举方面同样有着严格的规则：首先按照确定的打分原则将全体成员团体按分数高低排

---

[1] 中华人民共和国自然资源部. 国际标准化组织（ISO）简介及组织机构［EB/OL］. ［2013 - 10 - 14］. 中华人民共和国自然资源部官网，https：//www.mnr.gov.cn/zt/kj/kjfz/bzh/201310/t20131014_2369523.html.

队，前四名成为技术管理局的连任成员，之后在第 5 ～ 第 12 名、第 13 名之后分别选举 4 个成员。技术管理局下辖标准样品委员会（REMCO）、技术咨询组（TAG）、技术委员会（TC）。其中每个技术委员会负责 1 项具体标准的编制修订工作，下设分技术委员会（SC）和工作组（WG），技术管理局会为每个技术委员会指定一个成员团体担任秘书处的工作。各成员团体有权利参加任何其感兴趣的已成立的技术委员会。

长期以来，中国与 ISO 合作紧密。1978 年 9 月，中国正式恢复 ISO 成员方的身份。1981 年，中国在 ISO 机制下主导制定了第一项国际标准《粉末冶金测氧方法标准》（ISO 4493：1981）。2000 年后，中国与 ISO 的合作加速。2008 年，中国成为 ISO 的常任理事国。2013 年，中国成为 ISO 技术管理局的常任成员。2015 ～ 2017 年，我国专家首次担任了 ISO 主席。中国在 ISO 中的参与度也在 2000 年后有明显提高。2021 年，中国成为参与 ISO 技术委员会和分技术委员会数量最多的国家。同时，2021 年中国共承担 68 个技术委员会与分技术委员会秘书处，数量排名第六，而 2000 年承担技术委员会与分技术委员会秘书处的数量仅为 6 个。中国在参与 ISO 组织和管理事务的同时，也在积极主导制定或修订 ISO 国际标准。2021 年 8 月，中国主持制定的首项铁路应用领域的 ISO 国家标准《铁路基础设施 钢轨焊接 第 1 部分：钢轨焊接的通用要求和试验方法》正式发布，标志着中国在铁路标准国际化方面工作取得重大突破。[①] 2023 年 3 月，《反应堆技术—核聚变反应堆—核聚变堆高温承压部件的热氦检漏方法》由 ISO 正式发布，这不仅是中国主导的首项核聚变领域的国际标准，同时也是 ISO 发布的首项核聚变领域国际标准。[②] 此外，中国在交通基础设施领域积极推动国内标准化机构与 ISO 技术委员会的对口合作。例如，全国集装箱标准化技术委员会与 ISO/TC 104（Freight containers）技术委员会

---

① 中华人民共和国中央人民政府. 我国主持的首项 ISO 铁路国际标准正式发布实施［EB/OL］. ［2021 - 09 - 11］. 铁路局网站，https：//www. gov. cn/xinwen/2021 - 09/11/content_5636765. htm.

② 中华人民共和国科学技术部. 中国牵头制定核聚变领域首个 ISO 国际标准正式发布 ［EB/OL］. ［2023 - 03 - 30］. 四川省科技厅，https：//www. most. gov. cn/dfkj/sc/zxdt/202303/t20230330_185300. html.

开展对口合作，全国内河船标准化技术委员会与 ISO/TC 8/SC 7（Ships and marine technology/Inland navigation vessels）技术委员会开展对口合作、全国港口标准化技术委员会疏浚装备分技术委员与 ISO/TC 8/SC 7/WG 11（Ships and marine technology/Inland navigation vessels/Dredgers）开展对口合作。

（二）中国与国际电工委员会的合作

国际电工委员会是世界上最早的国际标准化组织，成立于 1906 年，是主要负责有关电气工程和电子工程领域国际标准化工作的非政府性国际组织。目前，国际电工委员会共有 89 个成员方，总部同样设在瑞士日内瓦。

任何有意愿的国家均可以申请加入 IEC，在经理事会投票通过后，便可成为 IEC 的正式成员。每个 IEC 成员方需要在本国设立国家委员会，并且指定一个特定的机构以国家委员会的名义成为 IEC 的成员来开展工作。IEC 的最高权力机构是全体大会，由 IEC 官员和成员方国家委员会主席组成，每年至少召开一次会议。IEC 具体负责管理和执行的机构是 IEC 董事会（IEC Board），由 IEC 官员和 15 名经理事会投票选出的成员组成。IEC 董事会下设管理咨询委员会（Business Advisory Committee）、标准化管理局（Standardization Management Board）、合格评定局（Conformity Assessment Board）。其中，标准化管理局是负责标准方面工作的主要机构，包括决定建立或解散特定的技术委员会（TC）、指定特定技术委员会秘书处的承担方和主席人选。[①] 目前，国际电工委员会已经编制出版相关国际规则 10000 个，并为世界各国普遍采用。[②]

中国在 1957 年加入国际电工委员会，且近年来在其中发挥着日益重要的作用。目前，中国是 IEC 董事会成员之一，同时也是合格评定委员会以及标准化管理委员会的成员。截至 2021 年，中国共参加了 188 个技术

---

① 中华人民共和国自然资源部. 国际电工委员会（IEC）简介及组织机构［EB/OL］.［2013 - 10 - 14］. 中华人民共和国自然资源部官网，https：//www. mnr. gov. cn/zt/kj/kjfz/bzh/201310/t20131014_2369525.

② 国际电工委员会官网，https：//iec. ch/what - we - do.

委员会与分技术委员会，占 IEC 现有技术委员会和分技术委员会的 94%。同时，中国共承担着 11 个技术委员会及分技术委员会秘书处工作，在全体成员方中位列第 7；担任 10 个技术委员会及分技术委员会主席，在全体成员方中排名第 7。① 近年来，中国借助 IEC 平台发挥在国际标准制定和修订中的作用。截至 2022 年 1 月，IEC 下属轨道交通电气设备与系统技术委员会在编国际标准 30 项，中国主持其中 3 项，并参与所有其他 27 项标准的制定工作。② 2023 年 3 月，中国电子技术标准化研究院联合中国信科集团制定的《光纤有源元件和器件—封装和接口标准　第 22 部分：带温度控制单元的 25Gb/s 直接调制激光器封装》，由 IEC 正式发布。这是中国在光通信有源器件领域主导制定的第一项 IEC 国际标准。③ 2022 年 4 月，《IEC60477 – 1：2022 实验室电阻　第 1 部分：实验室直流电阻》和《IEC60477 –2：2022 实验室电阻　第 2 部分：实验室交流电阻》两项由中国主导修订的 IEC 国际标准正式发布，这是中国首次主导修订的电磁实验室测量领域 IEC 国际标准。④

近年来，中国与 ISO 和 IEC 的合作深度大大提升，不仅全面地参与两大组织的管理事务，还借助 ISO 和 IEC 的平台与其他国家共同参与到国际标准的制定和修订过程中，发挥着越来越显著的主导作用。中国与 ISO、IEC 等权威的全球性国际标准化组织合作的深化，有助于中国标准的国际化，更有利于打破发达国家对于国际标准制定的垄断，将更多符合广大发展中国家利益的国际标准推向世界，促进中国与"一带一路"共建国家的标准联通。

---

① PonyPony. 中国参与 ISO、IEC 数据报告［J］. 测绘标准化，2022，38（3）：121 – 122.

② 中华人民共和国中央人民政府. 我国主持的 1 项 IEC 铁路国际标准正式发布实施［EB/OL］.［2022 – 01 – 07］. 中华人民共和国中央人民政府官网，https://www.gov.cn/xinwen/2022 – 01/07/content_5666863.htm.

③ 杨璇铄. 首个中国主导制定的有源光器件 IEC 国际标准发布［EB/OL］.［2023 – 03 – 23］. 央视新闻客户端，https://news.cnr.cn/native/gd/20230323/t20230323_526192436.shtml.

④ 白静芬，王真，陈瑜. 我国主导修订的两项 IEC 标准发布［EB/OL］.［2022 – 04 – 06］. 科技日报，https://www.chinanews.com.cn/sh/2022/04 – 06/9720735.shtml.

第四节 本章小结

长期以来，发达国家凭借强大的经济实力、科技实力以及在权威的国际标准化组织中的掌控力与话语权，主导国际规则的制定。而广大的发展中国家往往因经济实力或科技力量薄弱，在跨国合作中需要付出高昂的成本。此外，由于各国在科技发展水平、社会治理能力、政府行政管理体系、文化传统和国际化程度等方面存在差异，不同国家在各自国内相关领域制定和采纳的主要标准也就不会完全相同。考虑到"一带一路"共建国家多为发展中国家，且各国的国内标准纷繁复杂，中国提出"一带一路"技术标准"软联通"作为协调共建国家之间国内技术标准的中国方案，以使共建"一带一路"不受国家间标准相互冲突的阻碍。目前，中国通过促进中国标准"走出去"、加强国家间技术标准协调对接、强化与主要国际标准化组织的合作三个路径推进"一带一路"技术标准"软联通"，并取得了积极进展。

然而，"一带一路"技术标准"软联通"依旧存在一些问题与短板。首先，中国在国际标准制修订过程中的角色已经从被动接受者转化为主动参与者，积极主导部分国际规则的制修订工作。但是，相比于美国、英国、德国等标准化强国，中国无论是在国际标准制修订工作中的话语权抑或是在国际标准的转化率上均有待进一步提高。其次，中国与其他国家技术标准的协调对接工作需要进一步加强。截至 2022 年底，中国仅与 63 个国家、地区标准化机构和国际组织签署标准化双边、多边合作文件。① 中国仅与英国、法国、德国共建有双边的标准化合作机制。中国仅与英法两国确认了双边标准互认清单，并且实现互认的标准数量较少，覆盖的领域较窄。最后，中国企业对于国际标准化工作参与度不足。目前，参与国际

---

① 国家市场监督管理总局标准创新管理司. 中国标准化发展年度报告（2022 年）［R/OL］. ［2023-04-24］. 国家标准化管理委员会官网, https://www.samr.gov.cn/cms_files/filemanager/samr/www/samrnew/bzcxs/sjdt/gzdt/202304/P020230424592418259786.pdf.

标准制修订工作的中国机构主要为事业单位、大型国有企业与科研院所,中小企业很少参与到国际标准的制定中。

针对这些问题中国应通过科学合理的政策,推动"一带一路"技术标准"软联通"进一步优化发展。首先,中国应该从内外两个方面入手,继续提升在国际标准制修订过程中的话语权与影响力。一方面,中国应做好内部工作,进一步健全国内标准体系,完善标准制定程序,培育、发展、壮大一批标准化问题的专门性科研机构,培养标准化问题的专业人才;另一方面,中国要进一步增加承担国际标准化研究的机构数量,掌握国际标准的发展动态,参与到更多国际标准的编制修订工作之中。其次,中国要与更多的"一带一路"共建国家开展标准互认工作,可以尝试在"一带一路"框架下构建多边的标准化合作机制,进一步促进共建国家之间技术标准的协调对接。最后,中国应更加注重发挥市场主体在"一带一路"技术标准"软联通"中的作用,鼓励企业根据技术进步和共建"一带一路"的实践需要建立起适应市场与用户需要、具有先进性的企业标准或团体标准,并积极推动企业标准和团体标准的国际化。

第七章

以共建"一带一路"推进
高水平对外开放

2013 年 9 月和 10 月，国家主席习近平着眼于人类共同面临的各类挑战和全球性问题，提出共建"一带一路"重大倡议，旨在传承丝绸之路精神，促进共建国家和地区携手打造开放合作平台，为各国合作发展开创新机遇，谋求新动力，拓展新空间。倡议至今，已历经 10 年。10 年来，"一带一路"倡议推动共建国家和地区经济融合、发展联动、成果共享，成效斐然，已成为深受欢迎的国际公共产品和国际合作平台，促进了各国深度融合以及人类共同进步发展。共建"一带一路"弥补了既有全球治理体系的不足，推动世界向着实现共同繁荣、构建人类命运共同体的美好愿景不断前进，为解决人类面临的共同问题提供了中国智慧与中国方案。

"一带一路"倡议还成为新时代我国打造全方位对外开放新格局的主要旗帜，既推动我国形成了更大范围、更宽领域、更深层次的对外开放格局，又引导经济全球化朝着更加开放、包容、普惠、平衡、共赢的方向发展。党的二十大报告着眼全面建设社会主义现代化国家的历史任务，做出"坚持深化改革开放"的战略部署，提出"坚定不移扩大开放"，明确了推进高水平对外开放的新举措、新要求。① 其中，推动共建"一带一路"高质量发展是我国推进高水平对外开放的顶层设计和管总规划。"一带一路"倡议源于中国，机会和成果属于世界。未来中国将会不断扩大和深化

---

① 中华人民共和国中央人民政府 . 习近平：高举中国特色社会主义伟大旗帜为全面建设社会主义现代化国家而团结奋斗——在中国共产党第二十次全国代表大会上的报告［R/OL］.［2022－10－25］. 新华社，https：//www.gov.cn/xinwen/2022－10/25/content_5721685.htm.

对外开放，不断以中国新发展为世界提供新机遇，推动建设开放型世界经济，更好惠及各国人民。

第一节　以"一带一路"统筹谋划全面开放新格局

"开放带来进步，封闭必然落后"，对外开放是我国经济发展的重要举措，也是中国经济实现高质量发展的重要条件。改革开放以来，特别是加入世贸组织后，中国经济嵌入国际大循环，利用国内国际两个市场、两种资源，形成"两头在外""世界工厂"的发展模式。彼时，我国对外开放的主要方向是发达国家，不仅技术，而且市场也主要依赖发达国家，而我国本身则成为全球加工制造生产的平台。此外，在对外开放的空间布局上，我国自 20 世纪 80 年代以来，开始实施沿海开放及优先发展战略，我国的东部沿海地区成为最先开放和发展的地区，但内陆地区和西部地区的对外开放则相对滞后。2008 年全球金融危机爆发后，发达国家经济增长乏力、需求减弱，近年来，国际上单边主义、保护主义抬头，"中国生产—西方消费"模式面临终结。在这种情况下，我国扬弃单一的出口导向战略，把扩大内需作为基本立足点，提出要加快构建以国内大循环为主体，国内国际双循环相互促进的新发展格局。

构建新发展格局的关键在于国内国际经济循环的畅通无阻。"一带一路"倡议是统筹国内国际发展与联通国内国际循环的重大举措。2013 年 9 月，习近平总书记提出"一带一路"倡议的同时规划了其总体框架，把政策沟通、道路联通、贸易畅通、货币流通和民心相通列为重点工作领域。这"五通"为有效联通国内国际两个市场、充分利用国内国际两种资源提供了政治基础、物质前提、平台资源以及金融支持和社会支持。2013 年 11 月，中共十八届三中全会通过《中共中央关于全面深化改革若干重大问题的决定》，在"构建开放型经济新体制"这一章中指出"推进丝绸之路经济带、海上丝绸之路建设，形成全方位开放新格局。"① 此后，"一带

---

① 中共中央关于全面深化改革若干重大问题的决定 [R/OL]. [2013 - 11 - 19]. 新华网，http：//www. beijingreview. com. cn/zt/txt/2013 - 11/19/content_578970. htm.

一路"倡议成为我国打造全方位开放新格局的主要旗帜和顶层战略设计的一部分。

把共建"一带一路"作为我国全方位开放新格局的战略重点，拓展了我国对外开放的空间布局，促进了我国与区域内发展中国家之间要素的有序流动、资源的高效配置、市场的深度融合，也带动了我国西部和内陆地区的对外开放。20 世纪 90 年代末以来，我国开始实施"西部大开发""振兴东北""中部崛起"战略，逐渐形成了覆盖我国区域发展总体战略，其核心目标是缩小区域差距和实现区域协调发展。"一带一路"建设改善了我国西部和内陆地区省份的区位条件。新亚欧大陆桥、中蒙俄、中国—中亚—西亚、中国—中南半岛、中巴和孟中印缅六大国际经济合作走廊的建设给我国西部和内陆地区省份开放带来了新的战略机遇，对促进沿海和内陆地区的互动和协调发展有重要作用，推动我国形成了海陆统筹、东西互济的全方位开放新格局。以新疆为例，自"一带一路"倡议提出以来，通过加快推进丝绸之路经济带核心区高质量发展，大力推进铁路、公路、航空、通信、管道"五位一体"互联互通网络体系建设，大力实施中欧班列集结中心示范工程建设，新疆从过去的边远地带，日益成为联通欧亚的"黄金通道"和"枢纽地带"。"一带一路"倡议还给很多中西部省份的开放发展创造了历史性的新机遇、开辟了新天地，使中西部省份一跃成为我国高水平对外开放的新高地。据统计，2021 年，我国中西部地区进出口 1.1 万亿美元，是 2012 年的 2.5 倍，年均增长 10.7%，占全国的比重从 2012 年的 12% 提升到 17.7%。[①]

第二节　以"一带一路"推动建设更高水平开放型经济新体制

党的二十大报告提出，未来 5 年，要让我国"更高水平开放型经济新

[①]　国家统计局. 高水平开放成效显著合作共赢展现大国担当——党的十八大以来经济社会发展成就系列报告之十六［R/OL］.［2022 - 10 - 09］. 国家统计局官网，http：//www. stats. gov. cn/xxgk/jd/sjjd2020/202210/t20221009_1889045. html.

体制基本形成"。构建开放型经济新体制，是我国对外开放赢得经济发展和国际竞争的主动的必然要求。而建设更高水平开放型经济新体制，则对制度型开放提出了更高要求。这需要我们加快制度建设、法规建设、改善营商环境以降低市场运行成本，提高运行效率。高水平的国内对外开放制度环境为"一带一路"高质量发展提供了坚实的基础，而推进共建"一带一路"，也为我国建设更高水平开放型经济新体制提供了必要动力。

随着"一带一路"建设的不断推进，其中涉及越来越多商品、资金、人员、数据的跨境流动，由于目前"一带一路"共建国家的规则、标准呈现碎片化，导致部分"一带一路"项目面临协调难、纠纷多、仲裁难、风险高的问题。因此，亟须加强我国和"一带一路"共建国家的规则标准"软联通"。党的二十大报告明确提出了"稳步扩大规则、规制、管理、标准等制度型开放"的新要求，这和加强"一带一路"规则标准"软联通"的要求同频共振。稳步扩大制度型开放，一方面，要通过加大对内改革主动对接国际高标准市场规则；另一方面，需要积极参与全球经济治理体系改革，推动构建公平合理、合作共赢的国际经贸投资新规则。值得注意的是，任何的国际规则都不是完全中性的，制定者必然能从其中获得巨大的利益。二战后，部分发达国家长期掌握着制定国际议程的权力，影响着国际新规则的制定。近年来，部分发达国家为了更好地维护其自身经济利益，试图重塑经贸规则，抢夺规则制定的先机。这些新规则中涉及竞争政策、知识产权保护、劳工问题、环境问题等诸多内容。此外，近年来，美国、欧盟、日本等分别提出了各自的"互联互通"计划，试图强调制度规则"软联通"，以区别于"一带一路"偏重基础设施"硬联通"的特点。面对世界百年未有之大变局加速演进和日益激烈的规则竞争，我国一方面要推进高水平自立自强，提升发展的自主性、安全性；另一方面要坚定实施对外开放基本国策，着力推动制度型开放，在开放合作中实现自立自强和互利共赢。

推动"一带一路"规则标准"软联通"能够与"扩大规则、规制、管理、标准等制度型开放"找到新的结合点。制度型开放意味着从以商品和要素自由流动为主的"边境开放"向规则导向的"境内制度开放"转变。而在高质量共建"一带一路"的过程中，不仅需要继续加强基础设施的"硬联通",而且需要注重规则标准"软联通"。制度型开放的重点在于既要通过扩大对外开放水平来促进国内规则体系的转型升级,又要主动投身于全球经贸秩序的调整及改进中,尽可能增强自身在国际规则制定中的话语权。对主权国家来说,一方面,国际规则是其参与国际事务、进行国际交往所要遵守的原则和规范;另一方面,国家内部也有约束国内行为主体的规则。"一带一路"规则"软联通"既包括国际规则对国内规则的塑造,也包括国家间的规则共商对接,这与扩大制度型开放的目标高度契合。

习近平总书记对于规则标准对高质量共建"一带一路"的影响非常重视。在第一届"一带一路"国际合作高峰论坛上,习近平总书记指出要促进"政策、规则、标准三位一体"的联通。[①] 在第三次"一带一路"建设座谈会上,习近平总书记认为高质量共建"一带一路"要把基础设施"硬连通"作为重要方向,把规则标准"软联通"作为重要支撑,把同共建国家人民"心联通"作为重要基础。[②] 从国际经验来看,制度、规则、标准等"软性基础设施"的联通可以有效降低国际经贸的交易成本,对贸易和经济增长具有非常重要的促进作用。

经过 10 年的探索和发展,"一带一路"通过基础设施"硬联通",带动了各国理念、政策、规则、标准的"软联通",逐渐在一些重要的规则标准"软联通"方面取得了进展。截至 2022 年 3 月,中国已累计与 48 个共建国家和地区签署"经认证的经营者(AEO)"互认协议,使通关时间和成本大幅下降,贸易投资自由化便利化水平持续提升。[③] 此外中国与共建国家还就水电建设、民用航空、会计准则、税收征管、交通运输等规则标准签订了合作协议。据统计,目前"一带一路"共建国家和地区在建的

---

① 中华人民共和国中央人民政府. 习近平出席"一带一路"国际合作高峰论坛开幕式并发表主旨演讲 [EB/OL]. [2017 – 05 – 14]. 新华社,https://www.gov.cn/xinwen/2017 – 05/14/content_5193673. htm#1.

② 中华人民共和国中央人民政府. 习近平出席第三次"一带一路"建设座谈会并发表重要讲话 [EB/OL]. [2021 – 11 – 19]. 新华社,https://www.gov.cn/xinwen/2021 – 11/19/content_5652067. htm.

③ 中华人民共和国中央人民政府. 中国 – 泰国海关签署 AEO 互认行动计划 [EB/OL]. [2022 – 03 –29]. 海关总署网站,https://www.gov.cn/xinwen/2022 – 03/29/content_5682251. htm.

重点基础设施项目有超过 1/3 采用中国标准。① 此外，我国还在传统的自由贸易区的制度基础上，创造性地结合我国经济发展需要的经验及模式，设立了 21 个自贸试验区和海南自贸港。② 通过发挥自贸区和自贸港的试验田作用，我国尝试对接高标准国际经贸规则，形成了一大批可复制、可推广的重大制度创新成果，打造出了开放层次更高、营商环境更优、辐射作用更强的开放新高地。

第三节 以"一带一路"引导经济全球化向正确方向发展

经济全球化为世界经济增长提供了强劲动力，促进了商品和资本流动，科技和文明进步，但经济全球化也带来了国家间收入分配不均、贫富差距加大的问题。应该让经济全球化朝着更加开放、包容、普惠、平衡、共赢的方向发展，让不同国家共享经济全球化带来的机遇。共建"一带一路"追求的是发展，崇尚的是共赢，传递的是希望。10 年的成功实践，已让"一带一路"倡议成为我国参与全球开放合作，改善全球经济治理体系，促进全球共同发展繁荣，推动构建人类命运共同体的中国方案。"一带一路"倡议得到了越来越多国家的热烈响应，其影响和成果从亚欧大陆扩展至全球，通过与共建国家实施有效的硬件、软件对接，把中国的经济发展与其他国家的发展结合起来，打造新的发展空间，创建新的发展引擎，实现各国共同发展。截至 2022 年末，我国已经与 150 个国家签署了合作文件。③ "一带一路"倡议有力地推动了全球互联互通水平，构建了广泛的"朋友圈"，实现了与共建国家的互利共赢。

---

① 中华人民共和国中央人民政府. 中国标准走出去打造"一带一路"标志工程 [EB/OL]. [2022 - 07 - 10]. 央视网，https：//www. gov. cn/xinwen/2022 - 07/10/content_5700333. htm.

② 中华人民共和国中央人民政府. 近十年来，全国设立 21 个自贸试验区及海南自由贸易港——中国开放新高地"多点开花" [EB/OL]. [2022 - 04 - 20]. 人民日报海外版，https：//www. gov. cn/xinwen/2022 - 04/20/content_5686196. htm.

③ 中华人民共和国中央人民政府. 开创改革开放新局面 [EB/OL]. [2023 - 02 - 26]. 经济日报，https：//www. gov. cn/xinwen/2023 - 02/26/content_5743339. htm.

经济全球化是由西方发达国家主导，部分发展中国家长期处于贫困的状态。共建"一带一路"秉持相互尊重、平等协商、开放包容的新理念，探索以全方位互联互通推动各国务实合作，帮助广大发展中国家改善基础设施和民生福祉，为发展中国家创建可持续发展的综合环境。

我国通过推动共建"一带一路"，不断深化国际产能合作，根据区域发展中国家的需求，对我国优质产能进行跨国配置，向发展中国家提供有竞争力的生产装备、先进技术、管理经验，推动发展中国家基础设施与产业结构升级，提升工业化和现代化水平。10 年来，一大批建设项目在共建国家落地生根，中老铁路、亚吉铁路、蒙内铁路、中缅油气管线等重大项目投入运营并产生巨大效益，造福了当地社会，实现了合作共赢。此外，我国与"一带一路"共建国家产能合作的方式日益多样化，在推动产能合作的过程中始终秉持正确义利观，积极打造互利共赢的合作机制。例如，我国在国内产业园区建设的成功经验基础上，积极拓展出境外经贸合作区这种新型合作方式，以此拉动境外产业园区及其周边地区的基础设施、主导产业、公共服务升级，并增加当地就业，加强人文交流。截至 2021 年末，我国投资的境外经贸合作区分布在 46 个国家，累计上缴东道国税费 66 亿美元，为当地创造 39.2 万个就业岗位，有力促进了互利共赢、共同发展。①

"一带一路"是开放之路。习近平总书记指出，"共建'一带一路'是开放包容进程，不是要关起门来搞小圈子或者'中国俱乐部'；是不以意识形态划界，不搞零和游戏，只要各国有意愿，我们都欢迎"。② 欧洲处于欧亚大陆的另一端，是"一带一路"倡议的重点联通方向。"一带一路"向所有欧洲国家开放，很多欧洲国家也抓住"一带一路"的历史机遇，通过深度参与"一带一路"建设，与中国进一步加深合作关系，分享中国经济增长的红利。例如，"一带一路"倡议通过大力促进交通基础设施的互联互通，将发达的欧洲经济圈和活跃的中国大市场更加紧密地联系

---

① 王雨萧，于佳欣. 2021 年我国对外投资超 9300 亿元［EB/OL］.［2022-01-20］. 新华社，https://www.gov.cn/xinwen/2022-01/20/content_5669524.htm.

② 国纪平. 习近平主席提出"一带一路"倡议 5 周年：构建人类命运共同体的伟大实践［EB/OL］.［2018-10-05］. 人民日报，https://www.gov.cn/xinwen/2018-10/05/content_5327979.htm.

起来，同时带动了欧亚大陆广大内陆区域的发展。以"中欧班列"为例，开通 10 年来，累计开行突破 5 万列，运送货物超 455 万标箱、货值超 2400 亿美元，通达欧洲 23 个国家的 180 个城市。① 研究发现，中欧班列的发展给区域内城市带来了较大程度的积极影响。例如，显著促进了节点城市的总体就业，特别是第三产业的就业；同时，中欧班列也带动了更加活跃的企业投资活动和更多相邻区域的联动发展。新冠疫情期间，在全球海运受阻的情况下，中欧班列更是成为名副其实的"生命班列"，中国通过中欧班列，努力向欧洲国家供应防疫物资，为欧洲供应链的稳定和基本民生提供了有力保障。此外，我国还积极拓展第三方市场合作，已经和法国、英国、奥地利等 14 个国家签署了有关第三方市场合作的官方文件，涉及领域包括金融融资、基础设施建设、能源产能合作、医疗卫生、文化娱乐等众多行业。②

近年来，经济全球化遭遇逆流，单边主义、保护主义、孤立主义上升，世界经济低迷，国际贸易和投资大幅萎缩，给人类生产生活带来了前所未有的挑战和考验。现阶段，推动"一带一路"建设也面临新的挑战。一方面，"逆全球化"导致部分国家提出各自的全球基础设施计划；另一方面，受新冠疫情和国际局势等"大事件"影响，全球环境更加复杂，国际合作不确定因素变得更多。但世界绝不会退回到相互封闭、彼此分割的状态，开放合作仍是历史潮流，互利共赢依然是人心所向。新的形势下，世界各国特别是广大发展中国家对和平与发展具有更加强烈的需求，所以"全球合作"反而变得更加重要和迫切。"一带一路"是构建以合作共赢为核心的新型国际关系的理想方案，推动各方建立起命运共同体，为破解"全球合作"难题提供了有效途径。我国通过共建"一带一路"向世界表明，中国是经济全球化的积极参与者和坚定支持者，中国将始终站在历史正确的一边，站在人类进步的一边，将引导经济全球化向正确方向发展。

---

① 陆娅楠. 中欧班列累计开行超 5 万列 ［EB/OL］. ［2022 – 01 – 30］. 人民日报，https：// www. gov. cn/xinwen/2022 – 01/30/content_5671290. htm.

② 邱海峰. 中方已与 14 个国家签署第三方市场合作文件——第三方市场合作受热捧 ［EB/ OL］. ［2019 – 09 – 06］. 人民日报海外版，https：//www. gov. cn/xinwen/2019 – 09/06/content_ 5427727. htm.

　　"志合越山海，聚力共前行"。10年前，习近平总书记以马克思主义政治家、思想家、战略家的非凡理论勇气、卓越政治智慧、深厚天下情怀，以大国领袖的责任担当，提出了"一带一路"倡议。10年来，共建"一带一路"坚持以"共商、共建、共享"为原则，尊重各国人民自主选择的发展道路和社会制度，形成了相互尊重、协商合作的新发展合作范式。这种新型发展合作范式，既符合时代潮流，又符合各国人民利益，搭建了广泛参与的国际合作平台，在实现经济增长的同时追求民生、社会、生态环境的共同发展，为维护和发展开放型世界经济提供了中国智慧、中国方案。

第八章

"一带一路"规则"软联通"
面临的问题与优化方案

"一带一路"规则"软联通"是一项兼具长期性和复杂性的系统工程。在中国与"一带一路"共建国家合力推动下,"一带一路"规则"软联通"虽然已经取得了积极的进展,但是仍然存在一些问题和短板。在全球规则竞争日益激烈的情况下,要加大力度、多措并举、聚焦沿线、放眼世界,推动"一带一路"规则"软联通"进一步走深走实。

第一节 "一带一路"规则"软联通"
面临的主要问题

第一,地区和功能领域间规则联通的差距较大。首先,中国与"一带一路"共建国家间规则"软联通"的水平存在明显的国别和区域间的差距。由于"一带一路"规则"软联通"以"一国一策"为原则,中国与共建国家根据具体国情以及合作中的现实需要选择规则联通的领域和方式,因此"一带一路"规则"软联通"的水平呈现出明显的国别和区域差异性。例如,截至 2023 年 1 月 6 日,与中国签署"一带一路"合作文件的非洲国家占全部非洲国家的比例为 83.87%,亚洲国家的这一比例为 83.33%,欧洲国家的比例为 58.70%,北美洲国家的比例为 30.77%,各大洲之间存在明显的差异性。[①] 又如，中欧班列沿线国家关于铁路货运通关规则的联通达到了很高的水平，而亚欧大陆其他国家的铁路货运依旧受到规则不通的阻碍。此外，中国与东盟、新西兰、智利、巴基斯坦等重要伙伴国和地区曾经签署的自由贸易协定在近年来实现了升级和更新。然而目前绝大多数"一带一路"共建国家尚未与中国签署自由贸易协定。其次，中国与"一带一路"共建国家的规则联通水平在各功能领域之间也表现出明显的差距。目前，中国与共建国家在贸易、投资、货币合作等传统领域的规则"软联通"水平较高，在生态环境、卫生健康、数字网络、争端解决等非传统领域的规则联通虽然发展迅速，但是与经贸等领域的规则联通相比依旧水平较低，存在明显差距。

第二，规则联通质量亟待提高。规则"软联通"的质量主要是指"'一带一路'规则'软联通'的受保障程度和标准水平"。当前，"一带一路"规则"软联通"的质量水平有待进一步提高。首先，"一带一路"规则"软联通"的受保障程度较低。在现阶段的"一带一路"建设过程中，中国与共建国家主要利用谅解备忘录、联合声明、共同倡议等"软法"实现规则联通。虽然有学者提出了"软法不软"的观点。还有学者认为，尽管正式的国际条约等"硬法"是国际法的渊源之一，却不存在足够强的法律约束力，国家作为具有独立主权的行为体，其自身的同意或承诺才是条约约束力的最主要来源。[②] 但是，正式的国际条约一经缔约国国内法律程序采纳便具有一定的国内法效力，缔约国需要保障相关规则在国内的履行。同时，正式的国际条约通常明确地规定了各缔约方可享受的权利与应履行的义务。而"软法"只是初步协调各方在这些领域开展合作的基本路径和方向，并未对各方权利与义务以及违反后果等做出明确规定。因此，利用"软法"实现的规则联通受保障程度明显较低。其次，"一带一路"规则"软联通"的标准水平较低。共建国家大多为发展中国家，在贸易投资、数字网络、绿色环保等"一带一路"的重点合作领域，无论

---

① 资料来源：笔者根据中国"一带一路"网数据计算得出。

② 顾宾. 软法治理与"一带一路"法治化和全球化 [J]. 外交评论（外交学院学报），2022，39（4）：1-27，165；韩立余. 构建国际经贸新规则的总思路 [J]. 经贸法律评论，2019（4）：1-13.

是在实践层面还是在规则制度层面的发展均落后于国际先进水平，难以接受当下的高标准国际规则。因此，在"一带一路"建设过程中，中国与共建国家为实现规则联通而达成的规则安排的标准水平普遍较低。

第三，部分规则安排滞后。在现阶段"一带一路"建设的推进过程中，部分规则安排已经明显滞后于实践需要。基础设施建设一直以来是"一带一路"建设最重要的合作领域。共建基础设施涉及中国企业的海外投资，而企业的海外投资会面临众多无法回避的风险，其中首要是政治风险。近年来，部分基建项目出现了东道国政府单方面叫停致使中方企业遭受损失的情况。因此，参与共建"一带一路"的中方企业迫切需要对其海外投资进行保障的规则制度。然而，与此相关的中外双边投资保护协定大多是在"一带一路"倡议提出之前完成签署，甚至许多协定的签署要追溯至20世纪90年代，已经很难在现阶段的"一带一路"建设中起到积极作用。例如，在争端解决规则方面，早期双边投资保护协定通常只规定了投资者可选择通过东道国法院或第三方仲裁的方式解决与东道国的争端。而在目前的实践中，投资者普遍产生了在投资仲裁领域建立上诉机制的强烈需求。① 虽然，中国以"一带一路"国际商事调解中心为依托开创了"调节 + 仲裁"的争端解决模式。然而，上述关于投资争端解决的新需求和新经验却尚未被落实到规则安排中，未实现对现有规则安排的更新。事实上，在上述典型案例之外还有不少规则安排是滞后于"一带一路"建设实践的，因此对过时滞后的规则安排进行更新升级具有很高的紧迫性。

第四，面临来自发达国家的规则竞争。近年来，部分发达国家大力宣传和推行所谓"基于规则的国际秩序"，把规则作为国际秩序的核心，致使国际规则的竞争日益激烈。例如，部分发达国家试图逐步将竞争中立、跨境数据自由流动、公开政府数据、碳边界税等各功能领域的规则引入其主导或参与的区域经济合作中。

第五，文化差异促使对某些规则产生争议和分歧。各国的文化差异是客观存在的，而文化差异则会带来思想理念上的差异，进而造成对于特定

---

① 王贵国，李鋆麟，梁美芬."一带一路"争端解决机制［M］. 杭州：浙江大学出版社，2017：45.

的规则持有不同的看法。各国的文化差异来源于各国独特的历史、宗教、道德或社会价值观。文化层面上的差异包括社会习俗差异、宗教信仰差异等。无论是习俗差异还是信仰差异，都意味着合作中可能存在的误解，这种误解除了同政治、经济层面的要素一样对合作造成阻碍以外，还有可能在社会层面上引发道德风险。此外，相比文化习俗，宗教信仰更有可能成为"一带一路"争端的直接诱因。"一带一路"共建国家中有许多历史悠久、宗教氛围浓厚的国家，一些国家的宗教信仰甚至法律化。如果对合作国家宗教差异化有足够的认知，或者没有处理好与当地宗教的关系，则很可能会产生国际规则与宗教教派的矛盾，对"一带一路"国际合作产生不利影响。文化层面上的差异表明"一带一路"的规则"软联通"不仅是狭义上的正式规则的联通，还具有浓厚的文化属性。"一带一路"共建的重点，就是"五通"，而"五通"中的最后一通是"民心相通"。"一带一路"规则"软联通"不是短、平、快的合作，不是一蹴而就的，而是建立在"共商、共建、共享"原则之上的长期合作，而长期合作要求合作双方相互理解、相互尊重、相互信任。在双方因规则而产生矛盾时，如何引导矛盾双方走向相互理解，达成真正意义上的"民心相通"，也是"一带一路"规则"软联通"建设需要关注的。

第二节 "一带一路"规则"软联通"的优化方案

第一，扩大"一带一路"规则"软联通"的地理范围和功能领域。首先，中国相关部门应着手对"一带一路"规则"软联通"的进展情况进行全面的评价，找到"一带一路"规则"软联通"在地理维度上的短板，与相关国家共商提升两国规则联通水平的方案，打破合作中规则相互冲突的障碍。其次，中国与共建国家应合力扩大"一带一路"规则"软联通"涉及的功能领域，尤其是在网络空间、极地治理等关乎"一带一路"发展又缺乏权威国际规则的新兴领域，共同探索相关国际规则的制定，实现在这些领域的规则联通。

第二，提高规则联通的质量，更新滞后规则。首先，中国和"一带一路"共建国家相关部门要不断提高"一带一路"规则"软联通"的质量。一是中国与共建国家应构建起契合共建"一带一路"发展要求、符合广大发展中国家利益的规则体系，提升共建"一带一路"相关规则安排的标准水平；二是中国与共建国家要适时推动重点合作领域内相关规则的联通方式，由利用"软法"转向利用"硬法"，为"一带一路"规则"软联通"提供更长期和更有效的保障。其次，中国与共建国家要及时把共建"一带一路"进程中产生的新需求和形成的新经验，落实到规则制度层面，对已过时的滞后规则安排进行迭代与升级，使其能够在新情况与新形势下继续发挥作用。

第三，夯实"一带一路"规则"软联通"的国内规则基础，提高合作的制度化水平。首先，中国要做好内部工作，进一步夯实"一带一路"规则"软联通"的国内基础，继续加大力气扩大制度型开放，加快国内自由贸易试验区建设，充分发挥其在国内外规则互动中先行先试的作用，让国内规则与高标准国际规则充分互动，使国内规则的先进性不断提升。其次，中国要努力培育"外力"，不断提高共建"一带一路"的制度化水平，在发挥好现有双边、多边合作机制对"一带一路"规则"软联通"支撑作用的同时，根据实践需要创设共建"一带一路"框架下的全新合作机制，作为服务于"一带一路"共建国家规则"软联通"的制度平台。

第四，积极应对国际规则制定的竞争，在国际规则制定的竞争中有所作为。一是发挥好"一带一路"倡议的独特优势，继续秉持"共商、共建、共享"合作原则，做好和共建国家的规则联通；二是保持开放心态，主动对接高标准国际规则，利用现有国际规则中的合理因素推动国内高水平制度型对外开放；三是要讲好"一带一路"规则"软联通"的中国故事，让共建国家理解"一带一路"规则"软联通"的目的是促进共同发展，而不是"输出"中国规则。

长期以来，国家间规则互动普遍由发达国家主导，这些发达经济体在规则互动中占据优势地位。规则互动模式的冲突使国家间围绕国际规则制定的博弈日益激烈，而多边合作停滞不前，造成机制封闭化、规则碎片化，使广大发展中国家的发展陷入复杂严峻的环境之中。在此情形下，中国大力倡导以共赢为基础的国家间规则互联互通,并以共建"一带一路"这一国际合作新平台为载体,在实践中推进互利共赢的合作方式。"一带一路"规则"软联通"的概念由此产生,它是通过高质量共建"一带一路"成功实践而形成的标志性成果之一,是"和平合作、开放包容、互学互鉴、互利共赢"的丝路精神的重要体现。通过 10 年耕耘不辍,"一带一路"规则"软联通"已经取得了累累硕果。展望未来,中国应通过科学合理的政策路径,推动"一带一路"规则"软联通"的进一步优化发展。

第三节 以加强文明交流互鉴推动 "一带一路"规则"软联通"

从长期来看,人文交流"心联通"是高质量共建"一带一路"最重要的人文基础,这同样也是推动"一带一路"规则"软联通"最重要的人文基础。"一带一路"承载着"和平合作、开放包容、互学互鉴、互利共赢"的丝路精神。古丝绸之路把中国的造纸术、火药、印刷术、指南针经阿拉伯地区传播到欧洲,推动了文艺复兴和宗教改革,促进了欧洲思想解放和社会进步;郑和七次下西洋,将先进的技术传至南洋,带动当地族群的文明与开化;古丝绸之路又把阿拉伯的天文、历法、医药介绍到中国,这些都是古丝绸之路推动互学互鉴的例证。高质量共建"一带一路",秉持"共商、共建、共享"的原则。共商,就是中国和共建国家共商"一带一路"建设合作大计,从共建国家包括中国的具体国情出发,从相互尊重的原则出发,寻找利益共同点,形成共识,并制定共同发展的合作思路。共建,就是"一带一路"共建国家共同打造合作平台,利用"一带一路"共建国家垂直分工与经济互补的优势,实现互利共赢,共同发展。共享,就是为"一带一路"合作创造新的发展空间,欢迎各国共同搭乘中国发展"快车",共享发展机遇。"共商、共建、共享"原则是中华优秀传统文化中的体现,同时也借鉴了国际组织和发达国家在国际合作方面的一些成功经验,扬弃了发达国家国际发展援助模式的弊端,并吸取了其中的教训。丝路精神奉行"计利当计天下利"的正确义利观,这是中国共产党坚持把马克思主义基本原理同中国具体实际相结合，同中华优秀传统文化相结合，为人类进步事业而奋斗的表现。

"一带一路"共建国家拥有千差万别的文明形态、文化风俗，这些差异是客观存在的，正如中国国家主席习近平 2017 年在联合国日内瓦总部的演讲中指出，"人类文明多样性是世界的基本特征，也是人类进步的源泉。世界上有 200 多个国家和地区、2500 多个民族、多种宗教。不同历史和国情，不同民族和习俗，孕育了不同文明，使世界更加丰富多彩"。① 这些文化差异可以对各国对于规则的认可产生影响，而不同的文化背景和价值观也可能导致不同的社会行为和价值判断，从而影响"一带一路"共建国家对规则的接受和遵守。但从另一个角度来说，客观存在的文化差异也可以促进"一带一路"共建规则的多样性和包容性。不同文明间的交流和对话可以丰富"一带一路"共建规则的制定过程。通过理解和尊重不同文化的价值观，"一带一路"共建国家可以更好地建立普遍适用且具有广泛认可性的规则标准，从而实现"一带一路"规则"软联通"，降低"一带一路"国际合作制度性成本，促进各国共同发展。

2023 年 3 月 15 日，习近平总书记在中国共产党与世界政党高层对话会上首次提出全球文明倡议，与全球发展倡议、全球安全倡议一样，这是新时代的中国为应对全球共同挑战、共创人类未来提供的又一个重要公共产品。② 2023 年是习近平主席提出"一带一路"倡议十周年，全球文明倡议进一步拓展了构建人类命运共同体的方法路径，丰富了推进"一带一路"倡议的思想内涵，为推动文明交流互鉴、促进人类文明进步提供了中国方案、贡献了中国智慧，也对推动"一带一路"规则"软联通"带来了重要契机。

文明多样性是人类历史发展的必然规律，文明交流互鉴是文明发展的本质要求。当今世界各国前途命运紧密相连，不同文明包容共存、交流互鉴，在推动人类社会现代化进程、繁荣世界文明的"百花园"中具有不可

---

① 习近平主席在联合国日内瓦总部的演讲 [EB/OL]．[2017 – 01 – 19]．新华社，http：// www. xinhuanet. com/world/2017 – 01/19/c_1120340081. htm.

② 习近平在中国共产党与世界政党高层对话会上的主旨讲话 [EB/OL]．[2023 – 03 – 15]. 新华社，http：// www. news. cn/politics/leaders/2023 – 03/15/c_1129434162. htm.

替代的作用。全球文明倡议倡导以文明交流超越文明隔阂，以文明互鉴超越文明冲突，以文明共存超越文明优越，旨在促进世界不同文明在相互尊重的前提下深化交流互鉴，为人类和平发展进步汇聚文明力量。

"四个共同倡导"是全球文明倡议的核心理念。① 第一，共同倡导尊重世界文明多样性。世界文明的多样性是客观存在的，是世界存在的本质特征。尊重和承认世界文明的多样性，是实现各国和平相处的基本前提，我们倡导各国秉持相互尊重的理念，弘扬平等、互鉴、对话、包容的文明观。秉持平等谦虚，摒弃傲慢偏见，决不以国力强弱判定文明优劣；秉持择善而从的重要原则，在平等相待的前提下取长补短、兼收并蓄；推动不同文明交流对话、和谐共生；给予不同文明交往之间以充分的弹性和适应空间，求同存异找寻共同利益契合点。第二，共同倡导弘扬全人类共同价值。文明的国家间交往模式少不了和平、发展、公平、正义、民主、自由的良性循环。全人类共同价值凝聚了人类不同文明的价值共识，超越了意识形态、社会制度和发展水平差异，切实回应了各国人民的普遍期待和共同诉求，为国际社会实现最广泛的团结提供了可信的价值纽带。我们倡导各国遵循历史规律、把握历史主动，推动交流互鉴、增强价值共识，反对话语霸权，谋求共同发展。第三，共同倡导重视文明传承和创新。文明传承和创新，既要发挥本国珍贵的历史资源，又要积极借鉴他国优秀文化；既要对自身传统文化加以继承，又要进行创造性转化和创新性发展；既要避免传统文化在现代化进程中遗失，又要运用现代的高科技创新手段来激发活力，增添文明发展的动力之源。第四，共同倡导加强国际人文交流合作。我们倡导各国秉持开放包容的态度，加强文化、教育、旅游、科技、体育、生态文明等众多领域的交流合作，构建全球文明对话合作网络，增进理解信任，消除隔阂冲突，促进民心相通，共同维护世界和平发展、推动人类文明进步。上述"四个倡导"是一个有机统一的整体。第一个"倡导"是人类文明进步的核心理念，推动世界文明包容共存；第二个"倡导"是人类文明进步的价值指向，推动世界文明相互尊重；第三个

---

① 习近平在中国共产党与世界政党高层对话会上的主旨讲话 [EB/OL]. [2023 – 03 – 15]. 新华社，http：//www. news. cn/politics/leaders/2023 – 03/15/c_1129434162. htm.

"倡导"是人类文明进步的时代需求，推动世界文明守正创新；第四个"倡导"是人类文明进步的发展方向，推动世界文明繁荣兴盛。

经济发展为文明交流互鉴提供了保障，因此，可以把经济发展和增进不同文明相互理解相结合，把推动"一带一路"高质量发展与落实全球文明倡议相结合。共建"一带一路"是习近平总书记深刻思考人类前途命运以及中国和世界发展大势，做出的重大决策。共建"一带一路"通过加强"民心相通"，能够推动中国和世界文明交流互鉴。"一带一路"倡议和全球文明倡议都是中国给国际社会提供的公共产品，也是实现共同发展、共同推动人类文明发展进步的开放合作平台。"一带一路"建设致力于追求开放、包容、普惠、平衡、共赢的经济全球化，开创合作共赢的国际关系新模式，开拓交流互鉴的文明新视野，为人类和平发展筑牢根基。丝路精神在共建"一带一路"的实践中不断发扬光大、推动文明交流互鉴走深走实。全球文明倡议进一步拓展了构建人类命运共同体的方法路径，为维护世界和平架设起文明交流互鉴的桥梁，为人类发展进步汇聚文明力量，对世界文明的发展有深远意义。

在推动落实全球文明倡议的过程中，可以结合推动高质量共建"一带一路"，加快落实2030年可持续发展议程，缩小南北"发展"鸿沟，为发展中国家，特别是最不发达国家、小岛屿发展中国家的文明存续和繁荣提供坚实支撑。同时，在推动"一带一路"规则"软联通"的过程中，可以结合推动落实全球文明倡议，加强和巩固与各国的人文交流"心联通"，与共建国家深入开展规则标准领域的人文交流与合作，更多开展"小而美"民生工程建设，不断促进共建国家人民间的"心联通"，从而带动共建国家规则标准的"软联通"。

参 考 文 献

[1] 彼得·卡赞斯坦. 国家安全的文化 [M]. 宋伟，刘铁娃，译. 北京：北京大学出版社，2009：译者前言第11页。

[2] 邓新明，许洋. 双边投资协定对中国对外直接投资的影响——基于制度环境门槛效应的分析 [J]. 世界经济研究，2015（3）：47-55，128. DOI：10.13516/j. cnki. wes. 2015.03.005.

[3] 东艳. 全球贸易规则的发展趋势与中国的机遇 [J]. 国际经济评论，2014（1）：45-64.

[4] [英] 哈特. 法律的概念 [M]. 张文显等，译. 北京：中国大百科全书出版社，2011：81-100.

[5] [英] 赫德利·布尔. 无政府社会：世界政治中的秩序研究 [M]. 张小明，译. 上海：上海人民出版社，2015：50，60-63.

[6] 胡必亮. 推动共建"一带一路"高质量发展——习近平关于高质量共建"一带一路"的系统论述 [J]. 学习与探索，2020（10）：102-119.

[7] 江金彦，王晓玲. 我国税收对投资影响的实证分析 [J]. 工业技术经济，2006（11）：158-161.

[8] 金碚. 论经济全球化3.0时代——兼论"一带一路"的互通观念 [J]. 中国工业经济，2016（1）：5-20.

[9] [美] 科尼利厄斯·M. 克温. 规则制定——政府部门如何制定法规与政策 [M]. 刘璟等，译. 上海：复旦大学出版社，2007：7.

[10] 李爱仙，郭晨光，刘春卉. "一带一路"背景下政策、规则、标准的软联通 [M]. 北京：中国标准出版社，2020.

[11] 李建军，李俊成. "一带一路"基础设施建设、经济发展与金

融要素［J］.国际金融研究，2018（2）：8-18. DOI：10.16475/j.cnki. 1006-1029.2018.02.002.

［12］李明月.国内规则与国际规则的互动研究［M］.北京：中国社会科学出版社，2019：78.

［13］李明月.国内规则与国际规则的互动研究［M］.北京：中国社会科学出版社，2019：34-43，84.

［14］李向阳.布雷顿森林体系的演变与美元霸权［J］.世界经济与政治，2005（10）：14-19.

［15］李向阳.国际经济规则的形成机制［J］.世界经济与政治，2006（9）：67-76.

［16］李向阳."一带一路"的高质量发展与机制化建设［J］.世界经济与政治，2020（5）：51-70.

［17］林民旺，朱立群.国际规范的国内化：国内结构的影响及传播机制［J］.当代亚太，2011（1）：136-160.

［18］刘倩，马鑫.2023 共建"一带一路"：十年征程再出发［N］.光明日报，2023-01-11.

［19］刘卫东，等."一带一路"建设进展第三方评估报告（2013-2018 年）［M］.北京：商务印书馆，2019：29.

［20］刘晓红.论"一带一路"建设中的软法治理［J］.东方法学，2022（5）：102；顾宾.软法治理与"一带一路"法治化和全球化［J］.外交评论，2022（4）：3-5.

［21］刘兴华.国际规范与国内制度改革［M］.天津：南开大学出版社，2012（12）：38-40.

［22］刘叶深.法律规则与法律原则：质的差别？［J］.法学家，2009（5）：120-133.

［23］潘忠岐.广义国际规则的形成、创制与变革［J］.国际关系研究，2016（5）：3-23.

［24］秦亚青，魏玲.新型全球治理观与"一带一路"合作实践［J］.外交评论（外交学院学报），2018（2）：1-14.

［25］秦颖，彭飞，董军.我国工程建设标准在"一带一路"沿线国

家的应用 [J]. 建筑经济, 2019, 40 (4): 11-16.

[26] 松浦四郎. 工业标准化原理 [M]. 北京: 技术标准出版社, 1981: 29.

[27] 宋明顺, 许书琴, 郑素丽, 等. 标准化对企业出口 "一带一路" 国家的影响——基于京津冀企业的分析 [J]. 科技管理研究, 2020 (6): 216-222.

[28] 苏长和. 中国与国际制度——一项研究议程 [J]. 世界经济与政治, 2002 (10): 5-10.

[29] 孙玉红, 赵玲玉, 周双燕. 自由贸易协定深度对中国服务贸易出口的影响研究 [J]. 国际商务 (对外经济贸易大学学报), 2021 (2).

[30] 太平, 刘宏兵. 签订双边投资协定对中国吸收 FDI 影响的实证分析 [J]. 国际商务 (对外经济贸易大学学报), 2014 (4): 53-61. DOI: 10.13509/j.cnki.ib.2014.04.006.

[31] 田野. 国际关系中的制度选择: 一种交易成本的视角 [M]. 上海: 上海人民出版社, 2006: 92.

[32] 田野. 交易费用理论视角下的国际制度需求分析 [J]. 欧洲, 2002 (1): 12-20.

[33] 王光. 双边投资协定与外商直接投资——基于信号模型的博弈分析 [J]. 经济数学, 2020, 37 (1): 25-33. DOI: 10.16339/j.cnki.hd-jjsx.2020.01.004.

[34] 王平. 再论标准和标准化的基本概念 [J]. 标准科学, 2022 (1): 6-14.

[35] 王宛. 新形势下强化共建 "一带一路" 规则标准 "软联通" 的思路和建议 [J]. 宏观经济研究, 2022 (8): 158.

[36] 王逸舟. 中国崛起与国际规则 [J]. 国际经济评论, 1998 (Z2): 32-34.

[37] 王征, 李自卫, 丁东江. 中华人民共和国国家标准标准化基本术语第一部分 [J]. 化工标准化, 1985 (3): 42-44, 12.

[38] [德] 维克多·J. 范伯格. 经济学中的规则和选择 [M]. 史世伟, 钟诚, 译. 西安: 陕西人民出版社, 2011: 97.

［39］许小平，陆靖，李江．签订双边投资协定对中国 OFDI 的影响——基于"一带一路"沿线国家的实证研究［J］．工业技术经济，2016，35（5）：60 - 64.

［40］严存生．规律、规范、规则、原则——西方法学中几个与"法"相关的概念辨析［J］．法制与社会发展，2005（5）：115 - 120.

［41］杨宏恩，孟庆强，王晶，等．双边投资协定对中国对外直接投资的影响：基于投资协定异质性的视角［J］．管理世界，2016（4）：24 - 36. DOI：10.19744/j. cnki. 11 - 1235/f. 2016. 04. 004.

［42］［美］约瑟夫·E. 斯蒂格里茨．重构美国经济规则［M］．张昕海，译．北京：机械工业出版社，2017：5.

［43］张鲁青．双边投资协定对发展中国家吸引 FDI 的影响——基于面板数据的实证研究［J］．财经科学，2009（9）：26 - 33.

［44］张乃根．"一带一路"倡议下的国际经贸规则之重构［J］．法学，2016（5）：93 - 103.

［45］张宇燕．多角度理解"一带一路"战略构想［J］．世界经济与政治，2016（1）：1.

［46］赵磊，白桦，齐福全．重视"一带一路"早期项目的建设与评估［J］．开放导报，2019（1）：23 - 29.

［47］赵明昊．与世界的"软联通"［J］．神州学人，2015（10）：3.

［48］赵忠龙．高质量共建"一带一路"：既要"硬联通"也要"软联通"［EB/OL］．https：//m. gmw. cn/baijia/2021 - 07/23/35019916. html.

［49］郑宇．21 世纪多边主义的危机与转型［J］．世界经济与政治，2020（8）：126 - 153.

［50］朱孟楠．金融监管的国际协调与合作［M］．北京：中国金融出版社，2003：58.

［51］宗芳宇，路江涌，武常岐．双边投资协定、制度环境和企业对外直接投资区位选择［J］．经济研究，2012，47（5）：71 - 82，146.

［52］Andrew Cortell，James Davis. How Do International Institutions Matter？ The Domestic Impact of International Rules and Norms［J］．International Studies Quarterly，1996，40（4）：451 - 478.

［53］Crawford S, Ostrom E. A Grammar of Institutions ［J］. The American Political Science Review, 1995, 89 (3): 583 - 586.

［54］Elinor Ostrom. An Agenda for Study of Institutions ［J］. Public Choice, 1986, 48 (1): 6.

［55］Esfahani H S, Ramirez M T. Institutions, Infrastructure, and Economic Growth ［J］. Journal of Development Economics, 2003, 70 (2): 443 - 77.

［56］John Mearsheimer. The False Promise of International Institutions ［J］. International Security, 1994, 19 (3): 9.

［57］Li Yuan et al. Estimating Causal Effects of BRI Infrastructure Projects Based on the Synthetic Control Method ［J］. Asia Europe Journal, 2021 (19): 103 - 129. Doi: 10. 1007/s10308 - 021 - 00621 - 7.

［58］Lon Fuller. The Morality of Law ［M］. New Haven: Yale University Press, 1964: 6.

［59］Martha Finnemore. Dynamics of Global Governance: Building on What We Know ［J］, International Studies Quarterly, 2014, 58 (1): 221 - 224.

［60］Martha Finnemore, Kathryn Sikkink. International Norm Dynamics and Political Change ［J］. International Organization, 1998, 52 (4): 887 - 917.

［61］Robert D. Putnam. Diplomacy and Domestic Politics: The Logic of Two - Level Games ［J］. International Organization, 1988, 42 (3): 430.

［62］Stephen D. Krasner. Global Communications and National Power: Life on the Pareto Frontier ［J］. World Politics, 1991, 43 (3): 336 - 366.

［63］Stephen G. Brooks, William C. Wohlforth. Reshaping the World Order ［J］. Foreign Affairs, 2009 (88): 49.

［64］Susanne K. Schmidt. Mutual Recognition as a New Mode of Governance ［J］. Journal of European Public Policy, 2007b, 14 (5): 667 - 681.